구약의 개혁신학

| 박신배 지음 |

크리스천헤럴드

| 머리말 |

　　　　마틴 루터의 종교개혁이 일어난지도 어언 500년이 되고 있다. 역사는 500년을 주기로 종교의 변혁과 갱신이 필요했다. 이제 새로운 종교개혁이 일어나기를 기대한다. 초대 교회의 복음이 변질되지 않고 원형을 유지하고 순수성을 가지기를 한국교회에 바란다.

　한국 역사에 대한 관심에서부터 시작된 구약의 종교 개혁에 대한 연구는 나의 연구의 커다란 주제가 되었다. 1987년 석사 논문을 썼던 것을 다시 이 책에 수록하며 그 때의 생각을 다시 반추하여, 온고지신의 지혜를 얻고자 하였다. 나아가 최근에 연구된 학문적 이론들을 더욱 연구하여 소개하고 있다. 한국의 구약 신학이 어떠한 방향으로 나가야 할지 생각하며, 개혁 교회와 통일 신학을 추구해야 하지 않나 골몰한다. 박사 학위 논문(신명기 역사의 히스기야 개혁의 전승사 연구, 2001년 2월)을 쓴 이후에 새로운 관점에서 쓴 논문들을 골랐고, 한국 문화 신학 학회지에 발표했던 삶의 신학과 한국에서 신학함에 대한 소고들을 엮었다. 수업 시간에 논의를 더 계속하고, 구약의 종교 개혁에 관심을 갖는 분들 위해 이 책을 내놓고자 한다. 구약 신학에 있어 개혁의 관점을 가지고 연구하고, 한국의 문화와 상황에 대한 끊임

없는 질문 속에서 함께 연구하고자 한다. 독자 여러분들과 함께
구약 개혁 신학을 연구하기를 고대한다. 부디 많은 지도 편달,
조언과 충고, 제언 부탁드린다. 이 책을 출판해주신 크리스찬
헤럴드의 이명권 박사님께 감사드리며, 이 책을 김찬국, 박준서
교수님에게 바친다.

등촌 골짜기 봉황이 알을 품는 봉제산 기슭 연구실에서
그리스도대학교 구약학 교수
박 신 배

A Table of Contents

2장 히스기야 개혁 신학

A Table of Contents

3장 구약의 개혁 신학의 방향

A Table of Contents

유대 왕국의 종교 개혁

| 1장 유대 왕국의 종교개혁 |

이 장에서는 유다 왕국의 개혁, 특히 히스기야 왕과 요시야 왕의 개혁 연구에 집중하고자 한다. 히스기야 왕과 요시야 왕의 개혁은 예루살렘에 제의를 집중화하는 "제의 중앙화" 개혁이었다. 신명기를 기록한 신명기 저자는 당시의 삶의 정황에서 신명기 전통에 근거하여 신명기 신학으로 개혁을 해석한다.

따라서 1절에서 신명기 역사의 접근과, 처음부터 현재까지의 개혁과 관계있는 제의 중앙화를 연구하고자 한다. 그리고 히스기야 왕과 요시야 왕이 행했던 개혁의 의도와 목적에 대해 살펴보고자 한다.

그리고 2절에서 히스기야 왕과 요시야 왕의 개혁으로부터 문제화된 개혁 형태들과 군주시대 동안의 유다의 종교정책을 차례로 연구한다. 이러한 종교정책의 배경에서, 히스기야 왕과 요시야 왕의 종교개혁의 전통이 의미하는 것이 무엇인지, 그리고 개혁을 중시하는 신명기 역사 기자의 신학적 목적은 무엇인가 다룬다.

3절에서는 종교 · 사회적 상황을 살피며 히스기야가 제의 중앙화 개혁을 시행한 역사적 배경을 연구한다. 그 다음에 이러한 배경에서 히스기야가 정치 · 경제적 목적으로 제의 중앙화를 실시한 것이 무엇인지 연구한다.

4절에서는 앞 단원과 같은 방식으로 요시야가 종교개혁의 전통에 따라서 제의 중앙화와 제의 순수화를 실시한다는 것을 연구한다. 그의 개혁적인 과정, 목적, 결과를 설명한다.

끝으로 히스기야 왕과 요시야 왕이 다윗 왕 이래로 최고의 평가를 받았던 이유를 설명하고 동시대의 예언자, 즉 이사야와 예레미야를 중립적 관점에서 연구한다(히스기야 왕에게는 이사야, 요시야에게는 예레미야 예언자). 연구내용을 간략히 정리하고, 종교개혁 기사의 유사성과 차이점을 밝힌다. 그리고 유다 종교 개혁에 대한 평가와 앞으로 더 연구해야할 과제를 제시한다.

I. 유다 왕국의 종교 개혁 문제 제기

   이 연구의 과제는 신명기 역사서에 나타난 남왕국시대의 종교개혁에 관하여 살펴봄으로써 신명기 역사가의 신학적 관점과 히스기야 왕과 요시야 왕의 종교개혁 특징을 이해하는데 있다. 이스라엘 역사의 과정에는 종교개혁(Cultic Reform)이 줄곧 있어왔다.[1] 이스라엘 초기 시대에는 모세(신 9:7~29)와 여호수아가 종교를 개혁했고, 사사시대는 기드온(삿 6:25~32)이 개혁을 일으켰고, 통일왕국 시대는 다윗 왕과 솔로몬(삼상 28:3~25) 왕이 제의중심지를 예루살렘에 정하고, 예루살렘 성전을 건축함으로써 개혁을 꾀했다. 분열왕국 시대는 대표적으로 히스기야 왕과 요시야 왕의 종교개혁을 들 수 있다.

   그런데 이러한 종교개혁 중에서 이 책에서는 특히 분열왕국 시대 때 일어난 남 왕국의 종교개혁-히스기야, 요시야 종교개혁-을 고찰하려 한다.

   이 책의 관심은 히스기야와 요시야 왕이 왜 종교개혁을 일으키게 됐는가, 신명기 역사가는 이 왕들의 종교개혁을 어떻게 평가하며, 어떤 기준에서 평가하는가라는 문제에 있다.

---

1) A. D. Hayes, *The Story of Israel Between Settlement and Exile: A Redactional Study of the Deuteronomistic History*(London: SCM Press, 1983), p.12.

히스기야 왕과 요시야 왕이 이스라엘의 종교적 위기[2]와 정치적 예속에서 야웨 종교의 순수화를 시도하였고, 민족주의적 독립을 쟁취하려했던 개혁이었는지 밝히려한다. 한편, 두 개혁자의 중심 개혁 원칙인 "제의 중앙화"의 문제를 연구하고자 한다.

따라서 이 책의 연구 방법은 문헌고찰 방법을 통하여 고고학적 방법으로 고증한 이스라엘 역사서를 토대로 사용한다. 또한 전승사적 연구방법으로 밝혀낸 '신명기 역사서' 연구를 본 책에 적용하여 신학적 의도를 추출하고 사회학적 방법을 사용하여 시대적인 상황을 밝히려 한다.

신명기 역사서에 대한 연구사를 개괄하면 다음과 같다. 신명기적 역사의 문제를 제기하였던 여러 학자들은 여러 가지 견해들을 말해 왔다. 신명기적 역사에 대한 본격적인 연구는 마틴 노트(Martin Noth)[3]부터 이었다고 할 수 있다. 그러나 오늘날에 와서는 마틴 노트의 견해가 수정되고 있고, 특히 크로스(F. M. Cross)[4]의 견해는 주목받고 있다.

여기서 신명기 역사서 연구를 노트 이전과 노트 이후로 두 부분으로 나눌 수 있다.

---

2) 종교적 위기란, 히스기야 시대는 아하스의 종교정책으로 앗시리아의 종교가 예루살렘 성전에 도입되었고, 요시야 시대는 므낫세의 종교정책으로 아하스의 혼합주의 풍토가 되살아나 야웨 종교가 혼탁해졌다.

3) M. Noth, *The Deuteronomistic History*, JSOTS12(Sheffield: JSOT Press, 1981).

4) F. M. Cross, *Canaanite Myth and Hebrew Epic*(Cambridge; Harvard Press, 1980).

1. 노트 이전의 연구

오경연구 학자들은 초기에 오경의 자료들(J. E. D. P)이 여호수아서에서도 있다고 생각하였다. 또한 신명기 편집자들의 기록은 그 다음 책들, 사사기, 사무엘, 열왕기 등에서 분간해 낼 수 있다고 여겼다.[5] 예를 들면, 벨하우젠(Wellhausen)이 1885년에 발간한 이스라엘 역사 서설 「Prolegomena to the History of Israel」이란 책에서 위와 같은 사실을 발견할 수 있다.[6] 그러나 19세기 말 에는 J와 E자료가 여호수아서를 넘어서 계속 남아 있다는 이론이 지지 받기 시작했다. 예를 들어 코닐과 부데(C. H. Cornill, K. Budde)가 왕상 2장으로부터 이와 같은 자료들을 추출할 수 있다고 주장했다.[7] 그 후 1920년대 특별히 그러한 견해는 널리 지지를 받게 되었다.[8] 그래서 육경에서와 같이 사사기로부터 열왕기하 까지를 문서 분석하는 일을 하였다.

지금까지 살펴본 견해보다 더 오래된 견해는, 사무엘서와 열왕기가 각각 독립적으로 기원하여 신명기 편집자에 의해서 나중에 편집되었다는 것이다. 그러나 이러한 견해는 포기되고, 후

---

5) M.Noth, *op.cit.*, p. vii.

6) J. H. Hayes, *An Introduction to O.T.Study*(Nashville: Abingdon Press, 1981), p. 206.

7) M.Noth, *op. cit.*, p. vii.

8) 1921년 벤징거(I. Benzinger)는 J 자료는 왕하 17장에 계속되고, E 자료는 왕하 22~23장의 요시야 통치기사에 계속된다고 주장했다. 또한 아이스펠트(O. Eissfeldt)도 J와 E, L자료는 전기예언서에서 찾을 수 있다고 주장했다. 1923년 휠셔(G. Hölscher)는 E 자료가 왕하 끝부분까지 계속되는 반면 J 자료는 왕상 12장 안에서 왕국분열기사에서 찾을 수 있다고 주장했다.

에 포러(G. Fohrer)에 의해 수정되었다.

1920년대 키텔(R. Kittel)과 로스트(L. Rost)는 사사기, 사무엘서, 열왕기의 구성이 육경과 같은 형태로 구성되었다는 '문서 이론'(Documentary Theory)의 견해를 반대하였다. 키텔은 이 책들의 일부가 육경 자료 J, E자료와 관련이 있다고 결론내린다. 그래도 이 책들은 본래 많은 개개의 소문헌 단위들과 복잡한 것들로 구성되었다고 주장하였다.[9]

더 나아가 로스트(L. Rost)는 J와 E자료는 이 책들(삿~왕하)에서 발견되지 않는다고 주장하면서. 1926년에 발표된 그의 소책(Die überlieferung von der Thronnachfolge Davids)에서 소위 "계승설화"(삼하 9~20＋왕하 1~2장)를 본래의 독립된 자료와 형태의 한 예로서 육경의 어떤 문서들과도 연관되지 않았다고 지적하였다.[10]

지금까지 살펴본 것을 요약해서 말하면, 신명기 역사 연구 초기에는 오경연구와 연관되어서 오경의 자료들(J, E, D, P)이 여호수아서까지 찾아볼 수 있다고 생각하여 신명기적 역사서를 '사사기-열왕기'로 생각하였다. 그러나 1920년대는 J, E 자료는 '사사기-왕하'와 관련이 없다고 보았다. 다만 이 책들은 수많은 적은 단위로 구성되었다는 이론으로 대별되어 나타난다.

키텔과 로스트와 같은 학자들이 발전시킨 연구 방법을 노트가 문제를 제기하여 전승사 연구에서 상세히 밝히고 있다.

---

9) M.Noth., *Ibid*, p. v11.
10) 또 다른 예로서 "법궤기사"(삼상 4~6장＋삼하 6장)를 들 수 있다고 하였다.

노트는 오경자료-J, E. P –들 중 어떤 자료도 신명기 끝을 넘어서(신명기, 여호수아, 그 밖의 신명기 역사서) 나타난다고 보지 않는다. 이 견해는 1938년 여호수아 주석 책에서 밝히고 있다. 대신 노트는 「신명기 – 열왕기하」 책이 포로기 한 저자가 기록한 작품이라는 「단일 저작설」(Single Historical Work)을 말한다. 이 저자는 본래의 신명기를 그의 역사서 첫 장에 편집하고 수많은 개개의 문학 단위와 복합된 자료들을 편집 배열하였다. 그는 이러한 모든 자료들을 가져와서 여기저기에 자신의 기사를 삽입하고 설명하여 새롭게 엮었다.[11]

이러한 마틴 노트의 '신명기 – 열왕기하' 연구는 구약성서 연구에 있어 고전적인 연구 중에 하나가 되었다. 이 연구는 지금까지 문학적인 역사서의 근본적인 연구로 남아 있고, 신명기 역사서(신명기~열왕기하)의 구성과 성격을 심층 탐구하기 위한 기본적인 근거와 틀을 제공하고 있다.[12] 이와 같이 마틴 노트의 연구는 신명기적 역사 연구의 기본 골격을 형성해 놓은 것이다.

2. 노트 이후의 연구

오늘날 대부분의 학자들은 노트의 '신명기 – 열왕기하' 구성에 대한 견해를 받아 들여서 자신들의 이론을 정립하여 그의 이

---

11) M. Noth, *Ibid.*
12) *Ibid.*

론을 더욱 발전시키고 있다. 그러나 포러(G. Foher)는 노트 이전의 오경자료들이 전기 예언서에 나타난다는 견해를 아직까지도 옹호한다.[13] 노트의 견해에 대하여 수정, 보완 한 학자는 스멘트(R. Smend), 리히터(W. Richter)와 디트리히(W. Dietrich) 등이다.[14] 이 학자들은 각기 다른 입장으로 주장하는데 그 의견의 분기점은 "신명기 역사서"의 구성연대와 관견 된 것이다.

노트는 최종 구성연대로 포로기 시대로 보는 반면, 크로스(F. M. Cross)는 두 편집 설을 주장한다.[15] 그는 주장하기를 첫 편집은 요시야 시대에 개혁을 뒷받침하기 위해 편집되었다는 것이고, 두 번째 편집은 포로기(주전 550년대)에 고난당하는 백성을 위해 기록하였다는 것이다.

다음으로 이 연구와 직접적으로 연관 있는 "종교개혁" 연구를 살펴보자.

3. "종교개혁" 연구

신명기적 역사연구에서 신명기 역사의 통일성을 재구성하려

---

13) 포러는 오경자료들이 여호수아서와 사사기 1장 1~2장 25절에 계속된다는 견해를 고수하지만, 또한 다른 해결점을 찾는다.
14) 이경숙, "바빌론 포로시대의 신학적 위기와 그 극복", 「기독교사상 6」 (1983), p. 233.
15) 크로스와 더불어 넬슨(Richard D. Nelson, The Double Redactoin of the Deuteronomistic History)도 2차 편집을 주장한다. 넬슨은 왕치세양식(regnal formulae)를 연구하여 유다의 마지막 넷 왕은 치세양식이 다른 왕과 다르다는 것을 밝히고 후기 편집을 주장한다.

는 움직임으로 호프만(H. D. Hoffmann)은 신명기적 역사의 근본 주제인 종교개혁(Cultic Reform)기사를 연구하였다. 이 연구에서 그는 다섯 가지 종교개혁 유형을 밝혀 놓았다. 이 유형에 따르면, 히스기야 왕과 요시야 왕의 종교개혁은 종교와 정치가 통합된 개혁이었다는 것과 요시야 왕의 개혁기사의 특징을 설명한다.

히스기야 왕과 요시야 왕의 종교 개혁은 "제의 중앙화"에 대한 문제가 중심이다. "제의 중앙화"에 대한 학자들의 주장은 어떠한지 살펴보자.

일반적으로 학자들은 신명기서의 근본적인 요구의 하나가 단일 중앙 성소에서 야웨 예배를 드리도록 하는 것이라는데(야웨가 선택하실 곳)에 동의한다.

그러나 "제의 중앙화" 기원에 대한 문제에서는 견해가 일치하지 않는다.

이러한 견해는 대체로 7가지로 나누어 볼 수 있다.[16]

첫째, 모든 이스라엘에게 예배의 단일 중앙화 요구는 팔레스틴에서의 생활과 분리된 포로들의 제사장들에게는 실행 할 수 없는 이상에 지나지 않는다(G. Hölscher).

둘째, 다른 학자들은 예배의 중앙화는 지방 성소에서 실행하였던 성전 매음을 철폐한 요시야 왕이 선택한 것을 의미한다고 믿는다(R. H. Kennett).

셋째, 몇몇 학자들은 8세기 예언자들의 가르침과 그들의 산

---

16) E. W. Nicholson, "The Centralisation of the Cult in Deuteronomy", *VT13* (1963), pp. 380~382.

당에 대한 비난 등으로 기원했다고 본다(S. R. Driver, A. R. Siebens, R. Kittel).

넷째, 또 다른 이론은 크고 중요한 성소들이 백성들의 많은 공물을 독점함으로 적은 성소들이 수입의 손실이 증가함에 따라서 고통을 받게 되었다. 그 결과 조그만 성소의 제사장들이 제사직분을 통합하는 측면에서 예배를 중앙 성소에서 집중화시키도록 제정하였다(A. Bentzen). 이 지방 제사장들이 "제의 중앙화"의 기원자들로서 그들은 신명기가 기록된 당시인 7세기의 제의장소에서 자라다가 가르치게 되었다(G. von Rad).

다섯째, 예배의 중앙화는 주전 701년 산헤림 침공 때 예루살렘의 기적적인 구원으로 말미암은 것이라고 한다(V. Maag).

여섯째. 히스기야가 예루살렘에 제의를 중앙화 한 것은 앗시리아로부터 독립을 쟁취하기 위해 도성을 보호하려는 의도에서 이었다는 것이다. 이것은 민족적 감정을 유도하여 도성을 집중하려하였다. 즉 제의의 중앙화는 정치적 필요성에 의한 것이었다(T. H. Robinson, W. O. E. Oesterley).

일곱째, 최근에는 중앙 성소에 대한 신명기적 이론(dogma)이 대두하였는데, 그것은 소위 "지파동맹 시대"(Amphictyonic Period)의 특징인 중앙 성소에서 기원한다는 주장이다(M. Noth, J. Bright, F. Dumermuth).

이러한 일곱 가지 견해를 반박하고,[17] 니콜슨(E. W. Nicholson)은 예배 중앙화의 기원은 히스기야 통치 때 부터였다는 것이 타당하다고 주장한다. 왜냐하면 구약성서에서 히스기야 때

---

17) *Ibid*. pp. 381~383.

처음으로 산당을 철폐하고 공식예배를 한 성소로 집중시켰다고 강조하기 때문이다.

그 이전에는 아무도 히스기야와 같은 개혁을 시도하지 않았다는 것이다.

다른 한편, 하란(M. Haran)은 "제의 중앙화"에 대한 문제에서 두 개혁기사의 차이점을 밝히고[18) 두 개혁(히스기야, 요시야)의 이념적 배경을 연구하여 요시야의 종교개혁은 신명기(D)신학에 영향을 받고, 히스기야의 개혁은 제사장(P)신학에 이념적 영향을 받았다고 주장한다.

다음 장에서는 분열 후 남 왕국시대의 종교개혁을 살피려 한다.

첫째로 신명기 역사서 연구에서 호프만이 제시하는 종교개혁의 유형을 살피고, 둘째로 분열 후부터 히스기야 시대까지 종교정책을 고찰한 후에, 셋째로 히스기야, 요시야 종교개혁이 받은 전승과 신명기 역사가의 신학적 의도를 밝히려 한다.

---

18) M. Haran, "The Centralization of the Cult" in : *Temples & Temple Service in Anicent Israel*, (Oxford : Clarendon Press, 1978), pp. 132~148.

II. 분열 후 남 왕국시대의 종교 개혁

1. 종교개혁의 유형

신명기 역사에 대한 연구에서 새로운 관점으로 신명기 역사의 통일성을 재구성하려 했던 학자는 호프만(H. D. Hoffmann)이였다.[19] 그는 노트(M. Noth)[20]의 전승사 방법을 재구성하여 신명기적 역사(Deuteronomistic History)의 근본 주제인 종교개혁(Cultic reform)을 연구하였다.[21] 호프만은 종교개혁 기사에는 두 종류가 있다고 밝히고 있다. 하나는 부정적인 개혁(negative reforms)으로 신명기 역사가(Deuteronomistic History writer)의 눈에서 벗어난 것으로서, 야웨 종교(Yahwism)와 분리된 개혁이고, 또 하나는 긍정적인 개혁(positive reforms)으로 제의의 순수화와 관련된 개혁이다.

호프만이 말하는 신명기 역사가는 왕국시대(Monarchy period)를 다섯 시대로 나누어 종교개혁의 유형을 나누어 놓았다.

---

19) A. D. H. Mayes, *The Story of Israel Between : Settlement and Exile : A Redactional Study of the Deuteronomistic History*(London : SCM Press, 1983), p. 10.
H. D. Hoffmann, *Reform und Reformen*, ATANT 66(Zurich, 1980)
20) M. Noth, *op.cit.*
21) A. D. H. Mayes, op.*cit.*, *pp.*10~11.

첫째 시대는 솔로몬 통치하에서 다윗 왕국의 근본적인 제의 경향을 소개하고(왕상 11:1~13), 북 왕국과 남 왕국의 기본적인 종교 제의를 묘사한다.

두 번째 시대는 북 왕국에서는 아합 왕(Ahab, 869~850 B.C., 왕상 16:30~33)과 그를 따랐던 왕들 — 아하시야왕(Ahaziah, 850~849 B.C., 왕상 22:53~54), 요람왕(Joram=Jehoram, 849~842 B.C., 왕하 3:1~27)과 남 왕국에서는 아사 왕(Asa, 913~873 B.C., 왕상 15:9~15), 여호사밧 왕(Jehoshaphat, 873~849 B.C., 왕상 22:43~47) 등의 종교적 조처들을 묘사하였다. 이 두 번째 종교 개혁 기사들에서는 아합 왕과 아사 왕이 다른 계승자들이 따를 종교적 행동의 모델로서 제시되었다.

세 번째 시대는 혁명과 개혁시대로서 북 왕국에서는 예후 왕(Jehu, 842~745 B.C., 왕하 9~10장), 남 왕국에서 여호야다(Jehoiada, 왕하 11:1~20) 제사장의 기사로 시작된다. 그들의 계승자로는 북 왕국의 여호아하스 왕(Jehoahaz, 815~801 B.C., 왕하 13:1~9)과 남 왕국의 요아스 왕(Joash, 837~800 B.C., 왕하 12:5~17), 요담 왕(Jotham, 742~735 B.C., 왕하 15:34~35)으로서, 그들의 행동은 선조들의 개혁시대를 끝맺는다. 그리고 북쪽에서는 이스라엘의 몰락을 예비하고, 남쪽에서는 아하스왕 시절 타락의 길을 가게 된다.

네 번째 시대는 종교와 정치의 밀접한 통합을 보여준다. 열왕기하 17장 7~23절의 기사는 북 왕국 멸망기사로서 북 왕국의 모든 죄를 열거한다. 그리고 열왕기하 17장 24~41절은 앗시리아 통치아래서 야웨 숭배와 다른 신 숭배와의 혼합에서 계속되는 북 왕국의 종교를 기록한다. 이 기간들은 요시야 종교개혁기사를 위해 하나의 준비 단계(전제)로 놓인 것이다.

요시야의 종교개혁은 아하스왕(Ahaz, 735~715 B.C.)의 개혁들과는 대조적이며, 또한 그의 개혁은 정치적인 조치이었다.

다섯째 시대는 마지막으로 유다와 이스라엘 종교 역사에서 가장 절정을 이룬 시대로 히스기야 왕(Hezekiah, 715~687/6 B.C., 왕하 18:1~6), 므낫세 왕(Manasseh, 687/6-642 B.C., 왕하 21:1~18), 요시야 왕(Josiah, 640-609 B.C., 왕하 22~23장) 등이 활동하던 시대이다. 유다 왕국의 죄는 므낫세 왕 때 절정에 달한다. 므낫세의 종교조처들은 유다 왕국의 몰락의 근거로서 신명기 역사가는 지적한다. 요시야 왕과 히스기야 왕은 모든 왕의 모범적인 왕으로 각색되었다(왕하 23:25, 참조19:5).

이와 같이 호프만이 말하는 신명기 역사가는 왕국시대의 종교개혁을 시대별로 다섯 가지 유형으로 나누었다.

이 장에서는 마지막 시대인 남 왕국의 히스기야 왕과 요시야 왕의 종교개혁을 다루고자 한다. 이 두 왕의 종교개혁은 호프만이 말하는 종교개혁의 유형이 같을 뿐만 아니라 앞으로 다룰 개혁의 목적과 의도, 제의 중앙화 등 개혁내용들이 유사하다는 점에서 연구할 만한 가치가 있다.

한편 히스기야 왕과 요시야 왕이 신명기 역사가의 기록에서 최상의 평가를 받는 그 원인이 무엇이었는지를 찾으려 한다.

다음절에서는 히스기야, 요시야 종교개혁을 다루기에 앞서 분열 후부터 히스기야 시대까지 남 왕국 왕들의 종교정책을 살펴봄으로 히스기야, 요시야의 종교개혁 의의를 밝히려 한다.

2. 분열 후부터 히스기야 시대까지 종교 정책

이 절에서는 남 왕국에서 신명기 역사가가 본 역대 왕들의 종교개혁을 전반적으로 살피려 한다. 신명기 역사가는 계약신앙에 입각하여 신앙의 순수성을 강조하며 토라(Torah)에 대한 순종은 축복을, 불순종은 징벌을 가져온다는 공식으로써 이스라엘 역사를 해석한다.[22] 그래서 이스라엘 생활을 주변의 문화의 오염으로부터 순수하게 지키기 위하여 예루살렘에서만 예배를 드릴 것과 백성들의 혼합주의와 우상숭배가 성행하던 모든 주변 성소들(산당)을 철폐할 것을 주장하였다.[23] 분열왕국의 모든 왕들은 계약복종에 대한 신명기 역사가의 기준에서 고정된 형식으로 비판받는다.[24] 이스라엘의 왕들은 모두 역사가의 비난을 피할 수가 없었고, 유다의 왕들도 마찬가지였다. 단지 남 왕국의 두 명의 왕만(히스기야, 요시야) 만족한 점수를 받고, 여섯 명의 왕들은 겨우 통과할 만한 점수를 받았다. 그리고 열 명의 왕들은 "낙제" 점수를 받았다. 그러면 남 왕국의 왕들은 구체적으로 어떤 평가를 받았는지 살펴보자.

지금부터 우리는 남 왕국의 왕들을 르호보암 왕부터 히스기야 시대까지(992~687/6 B.C.) 각 왕들의 종교정책을 세 부분으

---

22) 박준서, "구약성서", 「성서와 기독교」 종교교재편찬위원회편(서울: 연세대학교 출판부, 1985), p. 75.
23) B. W. Anderson, *Understanding the O.T.*,(New Jersey; Englewood Cliffs, 1971), p. 232.
24) *Ibid*, p. 234

로 대별할 수 있다.

1) 르호보암부터 아사 왕(922~873 B.C.)까지

솔로몬의 혼합주의 정책은 르호보암 왕에 이르기까지 그 영향을 미쳤다. 그래서 르호보암 왕은 솔로몬과 이웃나라 여자인 나아마(Naamah) 사이에 장남으로 태워 났다(왕상 14:21). 르호보암의 어머니가 암몬(Ammonite) 여자라는 사실은 정치적인 결혼 정책이 적용되었다는 것을 의미한다.[25] 암몬은 아마도 솔로몬의 외교 선린 정책 중에서 첫 번째 대상이었을 것이다. 왜냐하면 이스라엘 지파의 갓과 르우벤 사람들과의 관계가 오랜 세월동안 있었고, 그들과의 관계에서 변방을 보호해야 할 입장이 있었기 때문이었다. 이와 같이 르호보암 왕은 솔로몬의 외교 정책을 답습하여 이교적인 종교가 예루살렘 성전과 예루살렘 전역에 퍼져 있게 하였다(왕상 14:23~24).

> "이제 너희도 산 위에와 모든 푸른 나무아래 산당과 우상과 아세라 목상을 세웠음이라 그 땅에 또 남색 하는 자가 있었고 여호와께서 이스라엘 자손 앞에서 좇아내신 국민의 모든 가증한 일을 무리가 본받아 행하였더라"(왕상 14:23~24).

지방 성소가 세워져 오랜 지방 정령 숭배와 풍요 제의(祭儀)의 모방적 마술의식이 성전매음으로 실행되었다. 이 성소들의

---

25) J. Gray, *I & II king*(London : SCM press, 1977), p. 342.

특징인 산당은 신의 현존이나 혹은 신 현현의 장소를 상징하는 것이었다.[26] 아세라 목상은 보통 거룩한 기둥 또는 양식화된 나무들(Stylized Trees)을 말하는데 그것은 풍요제의(Fertilty Cult)를 의미한다(신 16:21; 삿 6:26; 렘 17:2). 아세라는 가나안 풍요제의에서 여신이었다(Ras Shamra 문서에서 발견, Amarna 토판 문서의 신명(神名)에서 나옴).

아세라는 자연제의에서 비를 오게 하는 자연적인 풍요여신을 상징한다. 남색 하는 자는 성전 매음 자들로서 자연의 풍요를 증진하려고 모방된 마술 의식이었다.

르호보암의 아들, 아비얌(Abijam=Abijah, 915~913 B.C.)은 아버지를 따라 위에서와 같은 종교적 악행을 계속하였다(왕상 15:3ff). 아비얌은 모친 마아가(Maacah)에 영향을 받아 아세라 상을 섬겼을 것이다(왕상 15:13).[27]

그러나 아사(Asa, 913~873 B.C.) 왕은 솔로몬 때와 그 직후의 왕들의 혼합주의적 경향을 막고,[28] 종교개혁을 일으켰다. 그는 태후의 섭정에서 벗어나서 그 태후를 폐위시키고, 그녀가 섬기던 가나안여신, 아세라 예배를 금하였다(왕하 15:13). 처음으로

---

26) 이러한 산당들은 초기 족장시대에는 신 현현의 장소를 상징했지만(창 28:18, 22:31:31; 35:14 등) 그러나 지파동맹의 성소(세겜, 길갈)와 예루살렘성소, 벧엘 성소는 점점 가나안지역 성소와 연관을 갖게 되었다. 그래서 마침내 신명기 개혁에서 공식적으로 지탄받게 되었다.

27) 아비얌의 모친과 아사의 모친이름이 같이 압살롬의 딸 마아가이다(왕상 15:2; 10, 13). 이 문제는 아비얌과 아사가 형제간 였을 가능성과 마아가가 아사의 모친이 아닌 할머니였을 가능성을 시사한다. 벨하우젠은 전자를 주장하고, 그레이(J. Gray)는 후자를 주장한다. cf., J. *Gray, op. cit*, p. 348. note 참조, J. A. Montgomery, *The Books of King*, I. C. C., p. 242.

28) B. W. Anderson, *op. cit*., p. 242.

아사왕은 신명기 역사가의 눈에서 다윗 왕을 좇은 왕이 되었
다.[29] 그는 땅에서 성적(性的)제의를 행하는 성적 매음 자들을
축출하고 조상들이 섬기던 모든 우상들을 제거하였다(왕상
15:12). 더 나아가 기드론 골짜기에 아세라 상을 불태웠다.

2) 여호사밧부터 아달랴까지(873~837 B.C.)

남북 두 왕국사이의 적대 관계는 르호보암 왕부터 아사 왕까
지 계속되었다.[30] 그러나 북왕국의 오므리(Omri, 876~869
B.C.) 왕조 시대(876~842 B.C.) 이후는 동맹 관계가 지속된
다.[31] 그것은 이웃나라들 ─ 다메섹, 요압, 에돔, 시리아, 블레
셋 ─ 과 강대국 앗시리아의 서진(西進) 정책에 공동으로 대처하
기 위해 외교관계와 영토적 확장 등의 문제로 결탁된 것이었다.
　여호사밧(Jehoshaphat, 873~849 B.C.) 왕은 자신의 아들(여호
람)과 북이스라엘 아합왕의 누이(혹은 딸),[32] 아달리아(Athaliah)
와 결혼시킴으로써 이스라엘과 동맹을 맺었다(왕상 22:44).
　이 같은 동맹은 유다에 영토적 확대와 교역 통로의 확장 등
으로 번영을 갖다 주었다. 이러한 동맹관계로 북이스라엘과 밀
접한 관계를 맺었음에도 불구하고, 유다에서는 그가 살아 있는
동안에는 바알(Baal) 제의가 성행할 수가 없었다. 여호사밧은

---

29) J. Pedersen, *Israel: Its Life And Culture*, III-IV(London : Oxford Univ Press,
　　1953) p. 569.
30) Oesterley Robinson, *A History of Israel*, Vol. I-II(Oxford : Clarendon Press,
　　1995), p. 267.
31) *Ibid.*
32) J. Bright, *A History of Israel*(Philadelphia : Westminster press, 1981), p. 242.

선왕(先王) 아사처럼 자기 영토 안에서는 이교적 경향을 억누르려 노력했던 충실한 야웨 숭배자였다(왕상 22:43).[33]

여호사밧의 종교정책에 대한 신명기 역사가의 기사(왕상 22:43~45, 47)에서 아사왕이 지방성소의 예배를 계속하여 묵인한 반면, 여호사밧 왕은 이것을 개혁하려고 시험적인 노력을 하였다고 기술한다. 비록 성소자체는 제거하지 못했지만 지방제의의 정규적인 특징인 성전 매음하는 자를 제거하여 제의를 순수화하게 하는 데에 최선을 다하였다(왕상 22:46).[34]

그러나 여호사밧이 맺은 동맹은 종교적으로 유다의 심각한 위기를 초래하였다. 여호사밧의 왕위를 계승한 여호람(Jeho-ram=Joram,849~842 B.C.) 왕은 오므리가(家) 출신의 왕비 아달리야(Athaliah)에게 바알 제의를 도입하도록 허용하였다.

> "저가 이스라엘 왕들의 길로 행하여 아합의 집과 같이 하였으니 이는 아합의 딸이 그 아내가 되었음이라 저가 여호와 보시기에 악을 행하였으나" (왕하 8:18)

북왕국의 아합 왕은(Ahab, 869~850 B.C.) 아버지 오므리의 결혼정책으로 두로(Tyre)의 왕, 엣 바알의 딸 이세벨(Jezebel)과 결혼하였다. 아합은 이세벨을 맞이하여 솔로몬왕이 외국인 아내들을 위하여 예루살렘에다 산당을 지어 준 것처럼 '바 알 신전' 을 지어 주고, 거기에다 제단과 여신 아세라 상을 마련해 주

---

33) *Ibid.*, p. 251.
34) Oesterley & Robinson, *op. cit.*, p. 323.

었다(왕상 16:32~33).[35]

이와 같이 북이스라엘의 이교 종교가 유다에서는 아달리야를 통하여 국가적으로 조성(助成)되었던 것이다. 그녀는 바알 멜카룻(Baal-Melkart) 신(神)의 열성적 숭배자였으므로 예루살렘에서는 바알제의가 성행하게 되었다. 여호람이 무력하게 짧은 기간 통치하다 죽자 그 뒤를 이어 아하시야(Ahaziah, 842 B.C.)가 왕위를 계승하였는데 아버지 여호람 때의 이방 종교풍토가 계속되었고, 태후 아달리야의 섭정으로 아버지 때의 종교정책은 일관되었다(왕하 8:18).

아하시야는 북이스라엘의 왕인 삼촌 요람이(Jehoram = Joram, 849~842 B.C) 부상당하여 문병 갔다가 거기서 예후의 혁명 와중에서 돌연 죽게 되었다.[36]

그 후 아달리야(Athaliah, 842~837 B.C.)가 즉시 왕위를 찬탈(簒奪)하여 왕실의 모든 혈육을 죽여 버렸다(왕상 11:1~3). 특별히 신명기 역사가는 아달리야의 재임 기간의 기사에서 열왕 들에 대한 구조적이고 조직적 기술 형상으로 된 전체적인 공식을 기록하지 않았다.[37] 그것은 그녀가 유다 왕위를 유혈로 강탈하였기 때문이었다(왕상 11장). 그녀는 앞으로 언급한 바알 멜카룻의 숭배자였고, 북쪽 왕국의 이세벨처럼 유다에 바알 종교를 전

---

35) B. W. Anderson, *op.cit.*, p. 250.
   여기서 말하는 바알은 바알-멜카룻(Baal-Melkart)로서 두로(Tyre)의 공식적인 수호신으로 가나안 자연종교의 페니키아 판이다.
36) G. W. Anderson, *the History and Religion of Israel*, 「이스라엘 역사와 종교」, 김찬국(역)(서울: 대한기독교서회, 1970), p. 117.
37) A. D. Mays, *op.cit.*, p.107 그러나 르호보암 기사에서는 나오나 완전한 형태를 찾아볼 수 있다(왕상 14:21, 29~31).

파하는데 도움을 주었다.

3) 요아스부터 히스기야왕까지(837~867 B.C.)

아달리야 통치기간 여호람의 숨겨진 아들 요아스(Joash, 837~800 B.C.)는 자신을 보호해 준 성전 제사장 여호야다 (Jehoiada)와 땅의 사람들(the people of the land)[38]이 손을 잡고 일으킨 혁명에 의해 왕위에 올랐다(왕하 11:4~20).[39]

요아스가 왕위에 오르자 백성과 왕 사이에 관련된 의식을 거행한 후(왕하 11:17)에 바알 성전을 파괴하였다. 그 후에 아달리야와 바알 제사장 맛탄(Mattan)은 암살당했다. 이로써 요아스왕은 유다에서 개혁을 일으켰던 역대 왕들 중의 하나인 아사만 한 인물로 여겨져서 신명기 역사가로부터는 꽤 좋은 평을 받았다(왕하 12:1~3)[40]. 그러나 산당은 제거하지 못했다.[41]

요아스는 종교 사업으로 성전 수리와 개수 작업에 착수하였다(왕하 12:4~6). 그는 첫 번째 조처로서 성전에 들어올 때 내는 은전(銀殿)금고를 성전 수리에 소용(所用)하지 않기 때문에 성

---

38) B. Oded. "Judah and the Exile" in *Israelite and Judaean History*, ed. by J. H Hayes & J. M. Miller(Philadelphia: The Westminster Press, 1977), p. 393.

39) B. W. Anderson, *op. cit.*, p. 262.

40) *Ibid*, cf. G. W. Anderson, *op. cit.*, p.118. 요아스 혁명에 대한 3가지 특징은 ① 제사장에 의해 일어났다는 점 ② 바알 숭배자에 대한 대량학살이 없다는 점 ③ 혁명이 일어나기는 했으나 그 여파로 왕조가 바뀌기까지는 하지 않았다는 점 등이다.

41) J. Pederson, *op. cit.*, p. 570. 아마시야, 웃시야, 요담왕들에게 선포한 유사한 심판이 요아스에게도 선포되었다. 그들은 비록 다윗과 같이 행하지는 못했지만 야웨를 온전히 기쁘게 하였다(왕하 14:3; 15:3, 34).

전 수리의 책임을 제사장에게서 박탈하였고, 두 번째 조처로서 성전에 대한 왕권을 발동하여 계수하는 제사장과 왕정 서기관을 두어 성전 개수 작업에 온 힘을 다하였다.[42] 요아스는 40년간 통치 끝에 자신의 부하들에게 암살당하여 죽게 되었다. 그후 그의 아들 아마시야가 왕위를 계승하였다.

아마시야(Amaziah, 800~783 B.C.)가 통치하던 주전 8세기 국제적인 정세로 인하여 유다와 이스라엘 왕국은 다윗, 솔로몬시대와 같은 번영을 누리게 되었다. 그래서 유다는 많은 군인을 소집하고 용병을 모집하여 에돔과 아멜렉과[43] 싸워 정복할 수가 있었다. 아마시야는 전쟁의 승리로 교만하여 전쟁의 승리를 준 하나님을 얕보게 되었다. 그리고 아말렉으로 부터 가져온 이방신을 섬겼다.[44] 만일 그가 아말렉의 종교를 섬기고 하나님을 모욕했다면 이스라엘과 무모한 전쟁으로 폐한 것과 그로 인해 포로로 잡혀가게 된 것은 당연한 역사적 순리다. 그러나 아마시야의 재임기간에 대한 신명기 역사가의 기사(왕하 14:1~22)에서는 아마시야를 부분적으로 인정하고 있다.

"아마샤가 여호와 보시기에 정직히 행하였으나……" (왕하 14:3).

아마시야는 라기쉬(Lachish)에서 암살당하고 그의 아들 웃시

---

42) J. Gray, *op. cit.*, p. 586.

43) William Whiston, tr. by *Josephus*(Grand Rapids; Kregel Pubilcations, 1981), p. 206

44) *Ibid.*

야(Uzziah=Azariah, 783~742 B.C.)가 왕위에 올랐다. 웃시야 시대는 남·북(여로보암2세 치세)왕국이 번영의 시대였다. 웃시야는 영토적 상업적 팽창 정책으로 중요한 상업적 요지(要地)를 점령하였고 국경선을 보다 넓혔다.[45] 이로써 유다는 물질적인 풍요를 누릴 수 있었다. 그러나 사치와 도덕적 부패, 사회적 부정을 동시에 동반하였다(사 2:6~9; 3:1~23; 5:7). 웃시야의 특별한 종교정책을 알 수 없지만 유다 백성들이 형식적인 야웨 숭배를 행한 것을 알 수 있다.[46] 그들은 상업주의의 물결에 휩쓸려 야웨의 백성보다는 오히려 상업인에 가까워 보였다. 그리하여 유다에는 블레셋 마술 관습(Magic Customs)과 동방(시리아) 점쟁이가 가득하고 우상 숭배가 만연하였다(사 2:6~9)[47]

웃시야 왕이 그의 통치 말년에 문둥병에 걸려 직접 행정을 맡지 못하게 되자 처음에는 그의 아들 요담(Jotham 742~735 B.C.)이 섭정으로 왕권을 대행했으나 주전 742년부터는 정식으로 왕이 되어 주전 735년까지 다스렸다. 요담의 종교 사업은[48]

---

45) B. W. Anderson, *op.cit.*, pp. 265~266, cf, J. Bright, *op.cit.*, pp. 257~258.
   영토적 확장으로 서쪽블레셋 족속의 도시, 갓(Gath), 야브네(Jabeneh), 아스돗(Ashdod) 등을 점령하고, 요르단 동편 지역을 정복하였다. 남쪽으로는 이집트 입구까지 국경선을 넓혔다. 상업적 확장으로는 아마시야가 점령한 에돔에 엘랏(Elath) 요새화된 항구를 열었고. 2세기 전에 솔로몬이 개통한 아라비아 세계로 들어가는 상업요로들을 되찾았다. cf. E. W. K. Mould, *Essentials of Bible History*(New York : Thomas Nelson and sons, 1940), p. 244.
46) E. W. K. Mould, *Ibid*, p. 245.
47) G. B. Gray, *The Book of Isaiah 1 - XXXIX*, in I. C. C. pp. 52~54. G. W. Wade, *The Book of the Prophet Isaiah*, Westminster Commentaries(London: Methuen, 1911).
48) Josephus, *op, cit.*, p. 209.
   요담의 종교적 상황은 야웨주의적인 것이라고 평가한다. 그래서 성전을 수리하고 벽을 쌓고 커다란 탑을 세웠다고 한다.

성전 위의 문을 건축한 것을 들 수 있는데 이 문은 성전에 있는 베냐민 위의 문이었는지는 확실치 않다.[49] 그레이(Gray)는 성전 북동쪽에 있는 베냐민 문이었을 것이라고 말한다. 시리아와 이스라엘이 앗시리아 침공에 대항하기 위해 동맹(시로-에브라임동맹)을 맺고 유다에게 동맹에 참가할 것을 종용해 오던 때에 요담 왕은 죽었다.

그 아들 아하스(Ahaz, 735~715 B.C.) 왕은 유다 역사상 가장 위기에 찬 시대에 왕위를 앉게 되었다. 그 당시 유다는 거센 공격을 받아 삼면(三面)에서 침공을 받았다.[50] 왕좌가 위태로와지고 스스로 방어할 수 없게 되자 아하스왕은 앗시리아의 디글랏 빌레셀 III세(Tiglath-pileser III, 745~727 B.C.)에게 원조를 호소하게 되었다(사 7:1~8:18). 이러한 호소는 북이스라엘과 같은 재난을 피할 수 있었지만 자유 독립 국가를 포기하고 앗시리아 제국의 봉신(封臣)으로 격하시킨 것이었다. 정치적으로 앗시리아에 엄청난 조공을 바치는 예속관계는 그 당시 고대 근동의 세계관에서는 종교적인 예속을 의미한 것이었다.[51] 이러한 증거로써는 아하스가 앗시리아의 속주(Province) 다메섹에 있는 디글랏 빌레셀을 만나러 올라가 거기에 설치된 청동제단에 경의를 표하고, 이 제단을 본떠 똑같은 것을 만들어 예루살렘 성전

---

49) J. Gray, *op. cit.*, p.630.
50) J. Bright, *op. cit.*, p.274.
   시리아-에브라임 연합군이 북쪽에서 유다를 침공하여 예루살렘을 포위하고 에돔족이 이 무렵에 독립을 되찾고, 아하스 군대를 엘랏(Elath, Eziongeber)에서 쫓아냈다. 같은 시기에 서쪽에서는 블레셋 사람들도 동맹군에 협력하여 네겝지방과 세펠라(Shephlah) 지방을 급습하여 국경지대의 몇몇 성읍을 점령하였다.
51) *Ibid*, p.276.

에 세우게 했던 사실에서 볼 수 있다(왕하 16:10~18).

이러한 행위는 곧 앗시리아에 대한 충성을 의미한 것이었다.

어려운 상황에서 아하스 왕은 이방종교를 받아 들여 안일을 추구하고, 반면 야웨 민족종교에 대한 열정은 버린 것이었다. 그래서 그의 종교 정책에 혼합주의적 풍조가 팽배한 것을 열왕기하 16장 3절과 예언서 기록(사 2:6~8, 20; 8:19f; 미 5:12~14)에서 볼 수 있다. 즉 토착화된 이교적 관습이 외국의 온갖 풍속이나 제의 또는 미신과 함께 실행하였다. 실지 그는 이교의 예배 의식을 권장했을 뿐만 아니라 자기 아들을 불에 넣어 죽이는 희생 제사까지 서슴치 않고 시행했다(왕하 16:2~4).[52] 후세 사람들은 아하스의 통치시대를 배교 시대의 하나로 기억하고 있었다.[53]

히스기야(Hezekiah, 715~687 B.C.) 왕은 아버지 아하스의 혼합주의 정책에 반대하여 종교 의식의 혁명을 일으켰다(왕하 18:4). 그는 앗시리아와의 모든 관계를 끊으므로 동방 제의의식을 제거하고, 특히 가나안의 아세라 상을 금하였고 산당을 제거하였다. 그리고 모세 시대부터 민간 신앙으로 내려오는 놋뱀을 부수었다(왕하 18:4). 그리고 성전 밖에서의 제의행위를 금하는

---

52) G. W. Anderson, *op. cit.*, p. 123.

　　J. Gray, *op. cit.*, p. 631~632, 人身祭儀는 힌놈 골짜기에서 행하였다.

　　H. Schmidt 와 Eissfeldt는 아하스가 자기아들을 불에 넣어 희생시킨 제사는 마치 메사(모압왕)가 도성이 포위됐을 때 장남(인신제의)을 바친 것처럼, 시로-에브라임 전쟁으로 인한 위기 촉발에서 행한 예외적인 것이었다고 주장한다.

　　이것은 또한 Melek-'attar(molek or milcom) 제의와 연관되었다.

53) J. Bright, *op. cit.*, p. 277.

조치를 취한다(왕하 18:22). 이러한 일련의 종교 개혁 조처는 야웨 종교(Mosaic Yahwism)로 돌아가는, 신명기 역사가에 마음에 든 첫 종교정책이었다.[54]

히스기야 왕이 종교 개혁을 일으킨 동기와 국내외적 상황, 개혁의 단행과 결과 등 제 문제는 3장에서 자세히 다루려고 한다. 지금까지 우리는 분열 후부터 히스기야까지 종교정책을 살펴보았다. 이제 우리가 다루고자 하는 히스기야·요시야의 종교개혁을 전승사적 면에서 그리고 신명기 역사가의 신학적 의도에 대해서 살피고자 한다.

다시 말해서 두 왕이 어떠한 종교 전승에 영향을 받아 개혁을 단행하였는가. 좀 더 자세히 말해서 초기 이스라엘 순수한 종교전승이 무엇이었으며 그 전승이 어떻게 변화, 발전되어서 히스기야 왕까지 내려오게 됐는가. 또한 히스기야 종교개혁 전승은 요시야 왕에게 어떤 영향을 미쳤는가. 이 문제는 전승사적 방법으로 연구해야 적합하다. 그러면 다음 절에서는 히스기야왕과 요시야왕의 종교개혁을 전승사적 흐름에서 고찰하려 한다. 다른 한편 요시야와 히스기야왕의 종교개혁 기사가 있는 역사 자료는 성서에서 열왕기와 역대기에 나타나는데, 열왕기에 있는 신명기 역사가의 저작을 통하여 그가 어떤 상황에서 (Context) 두 왕의 종교개혁 기사를 편집하였는가. 그리고 그의 신학적 의도는 무엇인가. 즉 신명기 역사가의 신학적 의도

---

54) J. K. Kuntz, *The People of Ancient Israel*(New York; Harper & Row Publisher, 1974), p. 295.

가 무엇인가.

3. 히스기야 · 요시야의 종교개혁

1) 전승사적 고찰

초기 이스라엘(1250~1050 B.C)의 전승은 야웨가 역사의 주(主)로서 노예상태에서 이스라엘을 해방시켜 출애굽 시킨 역사에 근거한다. 이스라엘은 야웨의 선택받은 백성이었다. 이스라엘 백성에게는 출애굽 사건을 행한 하나님 선택이 그들의 종교 전승이 되어 예언자들에게 깊은 영향을 주었고,[55] 이스라엘 종교에 있어 광야체류, 가나안 정복과 더불어 중심적 사건이 되었다.

이스라엘의 종교 전승은 크게 두 가지 전승으로 나누어 볼 수 있다.[56] 하나는 출애굽 · 시내산 계약 전승으로 북쪽 지파에 의해 계승되어 내려왔고, 또 하나는 예루살렘 시온(제의) 전승과 다윗 계약 전승이다.

이제 히스기야 왕과 요시야 왕 종교 개혁과 밀접한 신명기가 어떤 전승을 갖고 있는지 살펴보자.

a. 신명기와 전승

최근에 많은 학자들은 신명기가 북이스라엘로부터 나왔다는

---

55) R. E. Clements, *Prophecy and Covenant*(London: SCM, 1965), p. 45.

이론에 동의하고 있다.[57] 알트(A. Alt)는 주전 721년 북이스라엘 멸망 후 어느 때인가 환원 계획(Restoration Programme)의 일환으로 유입하여 북쪽 서클(Circle)에 의해서 북쪽에서 구성하였다고 말한다.[58] 바이저(A. Weiser)는 알트의 견해에 동의하여 신명기가 북이스라엘의 환원 계획이며 유다의 제의 예언자(Cultic Prophets) 무리가 북왕국 멸망 후에 보존 해 왔다고 주장한다.[59] 존 브라이트(J. Bright)는 신명기에 깔려 있는 전승들이 북이스라엘에서 나온 것에 긍정하며, 그 전승들이 주전 721년 후에 어느 시기에 남 유다로 가져가서 종교 개혁의 청사진으로 재형성하였다고 주장한다.

이제 신명기의 북전승과 남 유다 전승을 살펴보겠다.

① 신명기와 북이스라엘

처음으로 신명기의 전승을 북이스라엘의 종교적 무리에게서 찾아야 한다고 주장한 것은 1918년 부네이(C. F. Burney)가 사사기 주석 서론에서 제안했던 것이다. 그 후 벨크(A. C. Welch)[60] 벤젠(Bentzen)[61] 폰 라트(G. von Rad)[62] 등의 학자

---

56) *Ibid.*

57) E. W. Nicholson, *Deuteronomy and Tradition*(Oxford : Basil Blackwell, 1967), p. 58.

58) A. Alt, *Essays on O. T. History and Religion*(Oxford : Basil Blackwell, 1966), p. 108.

59) A. Weiser, *Introduction to the O. T.*, London, 1961. p. 132.

60) A. C. Welch, *The Code of Deuteronomy : a new theory of its origin*(London, 1924, pp. 78ff.

61) A. Bentzen, *Die Josianische Reform und ihre Vorussetzungen*, Copenhagen, 1926.

들에 의해 수정 보완되었다. 신명기 저자는 부네이의 주장에 의하면, 예언적 무리 속에서 북왕국의 종교전승의 유산을 찾아야 한다고 주장하고, 벤젠과 폰라트는 레위 지파에서 찾아야 한다고 주장한다. 이 전승은 세겜과 벧엘 성소와 밀접히 연관되어서 주전 721년 앗시리아의 북왕국 정복 후, 종교적 변화가 옴에 따라 그들의 생존기반은 빼앗기게 되었다. 결국 북이스라엘의 제의와 율법 전승은 지파 동맹(Amphictyony)의 체제와 이념으로 되돌아 가야했다. 그래서 신명기는 이런 상황에서 오래된 모세 종교의 발전된 표현으로 정당하게 제시되었다. 신명기의 여러 가지 독특한 특징들은 지파 동맹의 전승을 반영한 것이다.[63]

신명기가 북왕국의 예언자 무리에 의한 전승에 기원한다는 것은 다음의 신명기 연구에 의해 확증된다.[64]

1) 거룩한 전쟁(Holy War) : 신명기에서 거룩한 전쟁의 이념은 예언자 무리에 의해 보전되며 고대 이스라엘 지파 동맹의 전승을 이어 받고 있다. 그들의 관심은 계약 율법에 대한 복종, 거룩한 전쟁에 대한 복종과 지지(支持), 카리스마적인 지도력에 대한 애착, 군주 체제에 대한 비판적인 성향 등에 있다.

---

62) G. von Rad, *Studies in Deuteronmy*(London : SCM Press LTD, 1956), pp, 66ff.
63) R. E. Clements, "Deuteronmy and the Jerusalem Cult Tradition", *VT* 15: (1965) p. 300.
64) E. W. Nicholson, *op. cit.*, p. 69.

2) 신명기와 E 전승 : 신명기와 E 전승은 어법에 있어 유사점이 많으며, 둘 사이에 공통된 정신이 깔려 있는데, 즉 북왕국에서 가나안 종교로 인하여 일어나는 배교와 우상 숭배의 위험에 관심을 표명한 점이다.

3) 신명기와 호세아 : 신명기와 호세아사이에 유사점이 있다. 그것은 신명기 저자가 북쪽 예언자의 영적 유산을 가졌다고 주장된다. 이 둘은 시내산 계약 신앙의 전승에 기초하고, 근본적인 선택신학이 담겨있다.

4) 신명기와 성명신학(Name Theology) : 신명기에는 야웨가 그의 백성 가운데에 거하시는 본성이 있는데, 야웨 자신이 아니라 그의 이름이 성소에 거하신다(신 12:5, 11).

다윗이 예루살렘에 법궤를 옮긴 후, 법궤에 대한 비신화화(非神話化)가 이루어지고 후대 신명기 사가가 첨가한 예루살렘 신학이 중요하게 된다. 성명신학은 북이스라엘이 망한 이후 12지파의 신학적 중요성은 상실된다. 그러므로 예루살렘은 지파 동맹의 중앙 성소로 대체되고 이스라엘 제의 전승에 유업이(heir) 된다. 그 후에 여로보암의 종교 정책으로 인하여 야웨의 성명신학이 강조되고 법궤의 중요성은 사라지게 된다. 이로써 신명기 전승에 대한 북이스라엘 기원은 분명해진다.[65]

② 신명기와 유다

---

65) *Ibid*, p73. cf. R. E. Clements, "Deuteronomy and The Jerusalem Cult Tradition," *VT* 15(1985) pp. 300~312.

신명기가 유다 무리(서클) 혹은 유다 전승에 영향을 받았는가. 이 문제는 신명기 예배의 중앙화 요구 때문에 제기된다. 최근에 신명기가 유다 무리 속에서 유래되었다는 이론을 제안한 학자는 폰 라트와 베흘리(O. Bachli)이다.[66]

폰 라트는 주전 7세기말 유다의 지방 레위 인 무리들 사이에서 신명기의 기원을 찾아야 한다고 주장한다.[67] 또한 베흘리는 시내산 · 모세 계약 전승과 다윗 · 예루살렘 전승에서 신명기의 기원을 찾고, 두 전승이 융합된 열왕기에서는 다윗 왕에게 주목하여 예루살렘 무리들 속에 기원을 찾는다.[68]

다른 한편, 니콜슨(E. W. Nicholson)은 신명기는 북 왕국이 주전721년 멸망한 후에 남 유다에 흘러 들어간 북쪽 무리들 가운데서 기원했다고 주장한다. 이 이론이 널리 인정받는다.[69] 그래서 이러한 기원을 통하여 예루살렘에서 신명기 운동을 (Deuteronomy Movement) 일으킨 무리들이 형성되었으며, 그들이 원하는 개혁 계획(Reformation Programme)으로 자신들의 전승을 형성했으며 유다의 권위에 의해서 받아들여 실행하였다. 그들은 동시에 예루살렘 전승들에 영향 받았으며, 특히 예배의 중앙화에 영향을 받았다. 그들의 희망은 요시야 통치 때 성취되어 신명기가 그의 통치기간 개혁운동에 중요한 역할하

---

66) O. Bachli., *Israel und die Volker : eine Studie zum Deuteronomium*, Zürich, 1962.
67) G. von Rad, *op. cit.*, pp. 60ff.
68) E. W. Nicholson, *op. cit.*, p. 91. 이외에도 Weinfeld는 요시야 궁정 서기관 집단에서, Lindblom은 북왕국에서 예루살렘으로 내려 온 레위인들 중 1명에게서 신명기의 기원을 추적한다.
69) *Ibid.*, p. 105.

기를 바랐다. 결론적으로 말해서 신명기 구성의 직접적인 배경은 주전 7세기의 예루살렘이다. 그리고 주전 721년 남으로 온 예언자 무리들과 전통 고수자들은 므낫세 통치하에서도 책 만드는 일을 계속하여 고대 지파 동맹 전승을 보존시켰으며, 민족 회복과 신명기 개혁 운동을 계속하였다.

b. 신명기와 신명기 사가

신명기는 모세로부터 포로기까지 이스라엘 역사를 신학적 관점으로 해석한 신명기 역사서(Deuteronomistic History)의 기본 원리가 되었다. 이러한 신학적 저작의 시도는 '신명기-열왕기하'의 신명기 역사서에 포함되었다.[70] 이 저작은 신명기 역사가(Deuteronomistic History)가 주전 721~586년의 상황을 서술하면서 어떻게 이스라엘에 재난이 일어났는가에 관심을 가지며, 이스라엘 백성이 모세의 율법(law of Moses)에 복종하는가에 관심을 갖고 서술한다.

신명기 역사가는 두 개의 전승-시내산·모세전승과 시온산·다윗전승-으로부터 영향을 받는다.[71]

히스기야 왕과 요시야 왕의 종교 개혁기사에서 신명기 역사가는 신명기적 개혁의 신념을 갖고 기술한다. 예를 들어, 모든 산당을 폐지해 버리고, 야웨의 예배는 "너희의 하나님 야웨께서 선택하실 장소"인 중앙 성소에서만 드리라고 기록하고 있다.

---

70) M. Noth, *op. cit.,* p. 4.
71) E. W. Nicholson, *op. cit.,* p. 108.

2) 신명기 역사가의 신학적 의도

이제 히스기야왕과 요시야왕의 종교 개혁이 신명기 역사관에서 어떤 위치를 차지하며, 그의 역사 기술에서 어떤 의미를 지니는가를 살펴보자.

신명기 역사에 대한 연구는 노트(Martin Noth)로부터 본격적으로 시작되었다. 그에 의해서 신명기 역사서가 신명기로부터 열왕기까지 한 단위로 한 책이란 것이 정설로 받아들여진 후부터 이었다. 그 후 폰 라드[72]와 볼프(H. W. Wolff)[73]는 노트의 입장을 받아들이면서 신학적 주제에 있어 수정을 가한다. 오늘날은 노트가 주장한 신명기 역사 전체 저작이 포로기 저자(주전 550년)의 신학적으로 창작된 단일 저작이라는 설에 문제를 제기한다. 일반적으로 학자들이 받아들이는 설은 크로스(F. M. Cross)의 두 편집설(① 포로기전 (前)편집자－Dtr1, c. 620~610 B.C.; ② 포로기 편집자－Dtr2, c.550 B.C)이다.

크로스는 두 편집자의 주제를 제시한다. 먼저 제 1편집자(Dtr1)의 주제를 살펴보면 다음과 같다.

1) 북이스라엘 멸망은 여로보암의 죄 때문이라는 주제

---

72) G. von Rad, *op. cit.*, pp. 74~79. 폰 라드는 노트의 입장에 은총의 주제(theme of grace) 와 메시야적 개념(messianic conceptions)을 보충하였다.
73) H. W. Wolff, "Das Kerygma des deuteronomischen Geschtichswerkes", *ZAW*, 73(1961), pp. 171~186. 볼프는 회개의 주제를 강조한다. 그는 노트의 이스라엘 멸망을 완전한 심판이라는 단색적인 묘사를 거부하고 은총에 주목하여 회개를 강조한다.

2) 내가(야웨) 선택한 나의 종 다윗과 예루살렘 주제

신명기 역사가는 위의 여로보암의 죄와 다윗과 요시야의 경건의 두 주제를 대조시킨다.

열왕기의 두 가지 주제는 두 가지 신학적 근원을 반영하는데, 첫 번째는 고대 신명기 계약신학(The Old Deuteronomic Covenant Theology)으로 왕조와 백성의 멸망은 계약위반에 의한 것으로 간주한다.

두 번째는 유다의 왕조신학으로 다윗에 대한 영원한 약속을 나타낸다. 심판과 약속의 두 가지 주제의 병렬은 요시야 종교개혁의 강령을 제공한다. 신명기 역사가는 북쪽지파의 고대 계약형태 모티프(motif)와 다윗 계통의 왕조 이데올로기의 산물을 복합적이고 설득력 있는 프로그램으로 창출해 내기 위해 조화시켰다.[74]

다음으로 제 2편집자[Dtr2]의 주제는 포로기에 예루살렘 멸망을 기록하고, 역사를 재형성하기 위해서 일정한 주제를 설정한다. Dtr2는 포로를 향한 선포와 그들의 회개를 촉구하고 간간히 포로들이 본토로 귀향할 것이라는 회복 약속을 나타낸다.[75]

다시 말해 1차 편집은 요시야 개혁과 다윗 국가의 재생을 도모한 프로그램의 자료로서 요시야 시대에 기록된 것이다. 1차 편집에서 심판과 희망의 주제들은 고대 이스라엘의 근엄하고 질투하는 신으로 돌아가도록 하고 요시야 왕을 축으로 분단된 이스라엘과 유다의 재 연합을 위한 강력한 동기를 부여하였다.

---

74) F. M. Cross, *op. cit.*, pp. 278~285.
75) *Ibid.*, pp. 285~287.

2차 편집은 c550 B.C에 완성되었다. 이것은 요시야 통치 이후의 사건을 연대순으로 부연하여 역사를 새롭게 편집할 뿐만 아니라 이 작품을 유다 포로민들을 향한 역사 연설 설교체로 변형시키려 했다. 2차 편집 때는 1차 편집을 골간으로 하여 재수정은 극히 일부분만 하였다.[76]

신명기 역사가는 남왕국 기사에서 아사, 히스기야, 요시야 등 세 왕의 종교 개혁이 유다의 멸망을 연기하였다고 기술한다.[77]

> "그들이 자신의 선조 다윗과 같이 야웨의 눈에 옳게 헝했다"
> (왕상 2:8:25; 9:4~5).

그들은 신명기 역사가의 눈에 우상 숭배의 서식지인 산당을 철폐하고 모세의 율법에 따라 행한 왕으로 묘사한다(왕하 18:1-8; 왕하 23:25).

한편, 남왕국의 몰락은 신명기 역사가에게는 남왕국의 첫 번째 왕인 르호보암(Rehoboam, 922~915 B.C)과 므낫세 왕(Manasseh, 687/6~642B.C) 치세 때 지은 죄 때문이었다. 그들은 산당을 짓고 우상 숭배를 하여 야웨의 계약을 깨뜨렸다. 그렇기 때문에 요시야 왕의 종교개혁은 파국적인 심판을 유보 할 수가 없었다. 그래서 주전 587년 사건은 므낫세와 르호보암왕의 죄과(罪過) 때문이라는 것을 신명기 역사가는 정당화시켰다. 여기

---

76) *Ibid.*, p. 289.
77) R. W. Klein, *Israel in Exile : A Theological Interpretation*(Philadelphia : Fortress Press, 1979), pp. 36-37.

서 신명기 역사적 기술은 포로기의 백성들에게 유다의 멸망을 신학적으로 해석한 것이었다.

결론적으로, 크로스가 말하는 두 편집설에서 제 1차 편집기사(Dtr1)들은 요시야 종교 개혁을 옹호해 주려했으며, 요시야 시대의 사람들에게 북이스라엘 멸망을 신학적으로 해석해 주려고 저작한 것이고, 2차 편집(Dtr2) 기사들은 위에 살펴본 바 대로 포로들에게 유다의 멸망 이유와 희망의 메시지를 주려고 저작한 것이었다.

III. 히스기야 왕의 종교개혁

1. 역사적 배경과 동기

아사 왕으로부터 시작되는 이방종교 축출은 히스기야 왕의 종교개혁에서는 그 개혁이 강화되었고, 요시야 왕의 종교개혁에서는 절정에 이르렀다고 볼 수 있다. 다시 말해 아사 왕의 종교적 조처들은 왕국시대의 이방종교에 대한 야웨 신앙의 순수성을 찾으려는 첫 개혁이었고 히스기야 왕과 요시야 왕의 종교개혁의 서막이었다.[78] 히스기야 왕의 개혁은 산당에 대한 심각한 문제의식으로 산당을 철폐한다. 신명기 역사가에게는 '산당'의 철폐관건이 왕들의 평가 기준이 되었다. 이런 의미에서 히스기야 왕은 처음으로 신명기 역사가의 기준에 맞는 종교 개혁을 행한 것이고, 또 한편 종교 개혁을 강화한 것이라고 볼 수 있다.

그러면 이제 히스기야 왕이 종교 개혁을 일으킨 역사적 배경을 알아보고자 한다. 앞 장에서 역대 왕들의 종교 정책을 살펴본 대로 히스기야 왕은 선왕의 정치적 예속으로 인한 혼합주의

---

78) Rudolf kittel, *Great Men and Movements in Israel,* ed, by Harry M. Orlinsky(New York: KTAV Publishing House, Inc., 1968), p. 291.

적 종교 풍토에 저항하여 종교 개혁을 일으키게 되었다. 히스기야의 종교 개혁은 한마디로 정치적인 측면에서 앗시리아로부터 독립하려는 의지에서 표출된 행동이었다. 이제 정치적 상황을 살펴보자.

1) 정치적 상황

유다는 앗시리아와 시리아·팔레스틴의 나라들과 북이스라엘, 이집트 등 주변 여러 나라들과의 정치적 함수 관계에 따라서 그때마다 역사적 상황이 바뀌었다. 히스기야 왕이 종교 개혁을 단행하던 당시의 국제 관계는 정치적 변동이 아주 심했다. 먼저 우리는 앗시리아의 제국 정책을 주목해 보아야 한다.

앗시리아 제국은 주전 9세기부터 고대 근동지역의 역사 무대에서 중요한 역할을 차지하기 시작했다. 국력을 모아서 앗수르 바니팔(Asshurbanapal, 669~627 B.C) 시대의 전성기에 이르기까지 지배권을 확장했다. 앗시리아가 갖고 있던 군사력과 제국주의적 행정조직은 정복지의 국가를 지배할 수 있었고, 앗시리아의 주(Province)로 조직할 수 있었다. 그들은 포로들을 멀리 새로운 도시로 보내고 늙은 사람들을 귀국시켜서 정복지 백성들과 앗시리아 사람들을 혼합하여 같이 살게 했다. 그들은 국제 교통수단을 발전시켜 전(全) 제국을 통하여 전략적 요지에 요새화된 전초기지를 세우고 주둔 지역에 많은 군사 수비대원을 두었다. 이것은 어떠한 반란도 분쇄하고 침공하는 적으로부터 제국 경계지대를 방어하기 위한 목적에서였다. 앗시리아 제국의 주(洲)에 속하지 않은 민족국가(national states)와 도시국가(city states)들은—그 수가 적었다—앗시리아 권위에 복종해야만 했다. 이런 나라의 왕은 앗시리아의 봉신이 되어 섬기는 표시로 무거운 조세와 조공을 바쳐야 했고, 생산과 노동의 경비를 지불해야 했다.

유다는 시로—팔레스틴(Syro—Palestinian) 지역의 조그만 나라들 중에 하나였는데, 8세기 특히 디글랏 빌레셀 III세(Tiglath~pileser III, 745~727 B.C)와 사르곤 II세(Sargon II, 711~705 B.C)가 통치하던 앗시리아 제국시대 때, 앗시리아 압박으로부터 헤어 나오려고 했던 여러 나라들 중 하나였다. 아람 · 다메섹(732 B.C 멸망)과 사마리아(722 B.C 멸망)가 독립국가로 탈피하려는 시도는 제국 지역 내에 정치적 상황을 근본적으로 뒤흔들었다. 다메섹과 사마리아는 시리아와 이스라엘의 수도로서 정치적 업무를 통괄하던 강력한 중심지였다. 한편으로 그들은 앗시리아 팽창 정책에 주요한 저해 요인이 되었고, 다른 한편, 앗시리아 제국에 반대하는 선동의 중심지였다. 이 두 나라가 앗시리아 주(洲)로 편입되었을 때 앗시리아 제국의 팽창 정책은 극대화되어 시리아—팔레스틴 국가들의 정치 · 군사 동맹을 맺어 앗시리아에 반대하려는 가능성은 제거되었다.[79]

지금까지는 일반적인 배경을 살펴보았다.

이제는 이스라엘 몰락부터 히스기야 시대까지 정치적인 사건을 살펴보겠다.

---

79) Bustenay Oded, "Judah and The Exile" ed. by J. H. Hayes and J. M. Miller, *Israelite and Judaean History*(Phildelphia: Westminster press, 1977), pp. 435~437.

시로 · 팔레스틴의 반앗시리아 동맹(733~722 B.C)으로 말미암아 이스라엘이 완전히 몰락했을 때 유다는 계속적으로 봉신국으로 남아 있었다. 아하스왕은 주전 733년 자발적으로 디글랏 빌레셀 III세에게 기꺼이 복종하였다(아하스왕 종교정책; 앞장 참조).

그는 계속하여 앗시리아 황제에게 조공을 바쳤다. 그는 앗시리아 기록에 조공을 바쳤던 봉신국 왕들의 목록에 언급되었다.[80] 다시 말해 그는 시로-에브라임 전쟁의 결과로서 조공을 바쳤던 것이었다. 이스라엘의 멸망과 사마리아의 몰락은 유대에게는 훨씬 더 상황이 어렵게 만들었다. 유다는 이제 이스라엘이 앗시리아의 주가 되었기 때문에 앗시리아 제국의 바로 국경 지역이 되었던 것이다. 그리하여 앗시리아에 대한 의존이 더욱 커지게 되었다. 이러한 상황에서 히스기야(715~687/6) 왕은 유다의 왕좌를 계승하였다. 히스기야왕은 그의 부왕과는 달리 반앗시리아 정책[81]으로 앗시리아에 대한 태도를 강경하게 나갔다. 그래서 종교개혁을 시도하면서 민족주의 노선을 따라 유다의 독립을 꾀하였다. [82] 이러한 반앗시리아 정책은 그 당시 앗시리아 제국 안팎에서 일어난 일련의 정치적 사건들로 인해 고

---

80) M. Noth, *The History of Israel*, tr.by P. R. Ackroys(New York: Harper & Row, 1960), p. 264.
81) 히스기야 왕의 부왕 아하스의 친 앗시리아 정책을 이어 받았다고 주장하는 학자(H. J. Gunneweg)가 있고, 반면 B. W. Anderson, G. W. Anderson 같은 학자는 반 앗시리아 정책을 취했다고 주장한다. 그러나 M. Noth는 중도적 입장을 취하여 친 앗시리아 정책을 취하다 주변 상황에 따라 반 앗시리아 정책을 취하였다고 본다.
82) B. W. Anderson, *op. cit.*, p. 319.

무되어졌다.[83]

앗시리아의 사르곤 II세(Sargon II, 722(1)~705 B.C)가 즉위하자마자 사마리아 몰락을 가져오게 했다. 이 사건은 사르곤 II세 통치 기간에 있어서 가장 중요한 첫 번째 사건이 되었다. 그의 재임기간은 계속하여 심각하고 어려운 문제들이 제국 전역에 걸쳐서 그를 기다리고 있었다. 비옥한 초승달지역에서는 동쪽에 바빌론과 서쪽에 시리아, 그리고 팔레스틴이 반란의 중심지였다. 각 지역의 반란 음모들은 두 강대국 – 동쪽에는 엘람(Elam, Chaldea) 서쪽에는 애굽(Egypt)에 의해 촉진되었다.

동쪽에서 갈데아인 군주 마르둑 – 아팔리디나(Marduk – apaliddina)[84]가 영도하는 바빌론의 반란은 사마리아 몰락 후 맞는 심각한 침공이었다. 이 사건은 앗시리아 제국에 대한 반란의 청신호였다.

소아시아에서는 프리기아의 무스키(the Phrygian Mushki) 왕 미타(Mita, Midas)가 선동하여 시리아의 봉신국 칼케미쉬(Car-chemish)도 반란에 가담하였다(717 B.C). 또한 서북 이란에서는 메데인들이 앗시리아를 괴롭혔던 것 같다.[85] 서쪽에서는 주전 720년경 하맛 왕이 사르곤에 반대하여 팔레스틴 동맹을(Arpad, Damascus, 사마리아에 잔존하는 사람 등) 이끌고 반란을 일으켰다. 그리고 블레셋 가사(Gaza) 왕 하노(Hanno)는 이집트와 결탁하여 봉기하였다. 유다는 이 반란에 가담하지 않았다

---

83) J. Bright, *op. cit.*, p. 280.
84) 성서에서는 므로닥 – 발라단(Merodach~baladan)이라 불린다(왕하 20:12;사 39:1).
85) J. Bright, *op. cit.*, p. 280.

(왕하 17:24).[86]

그 후 주전 714~711년경 유다가 가담한 팔레스틴에서 앗시리아 사르곤 II세에 대한 반란이 있었다. 이 당시에 이집트는 에티오피아 왕 피안키(Piankhi)가 25왕조를 창건(710/9 B.C)하면서 재기를 다졌다. 그래서 팔레스틴 반란군(블레셋, 유다, 에돔, 모압)들은 이집트의 원조를 기대하고 봉기하였다(사 18, 20장).[87]

주전 705년 사르곤 왕이 죽고, 그의 후계자 산헤립이(Sennacherib, 704~681 B.C) 왕 위에 오르자 국제 정세는 앗시리아에 반기를 들어도 성공하리라는 희망을 가지게 되었던 것 같다. 그래서 앗시리아 제국의 영토 양쪽 끝에서 반란이 일어났다. 바빌론에서는 갈데아인 군주 마르둑─아팔리디나(므로닥─발라단)가 다시 반란을 일으켜 서부로 확대시켰고, 이집트로부터 지원 요청을 하였다. 한편 히스기야에게는 반란에 가담케 하려고 사절단을 보냈다(왕하 20:12~29; 사 39장). 반란은 팔레스틴과 시리아 전역으로 급속히 확대되어 상당한 규모의 연합세력이 형성되었다.

히스기야는 이 지역의 반란 운동의 주동자들 중의 한 사람이었다고 한다.[88] 두로 왕도 주모자의 한 사람이었고, 다른 페니키아 도시들도 반란에 가담하였다. 아스글론(Ashkelon), 에글

---

86) J. B. Pritchard, *ANET*, p. 285.
87) 이 반란은 이집트 사바카(shabaka, 714 B.C.) 왕이 앗시리아 국경까지 침입할 위협을 느끼고 방위전략으로 음모한 것이다. cf. E. W. K. Mould, *op. cit.*, p. 245.
88) J. B. Pritchard, *op. cit.*, p. 287.

론(Ekron), 모압, 에돔, 암몬 등 군소 국가들이 대거 가담하였을 뿐만 아니라 이집트도 동맹을 맺었다.[89]

705~701 B.C.년 기간 동안 반(反) 앗시리아 연합세력은 굉장히 커졌지만 산헤립이 국내적인 안정을 되찾은 후, 진압에 나서자 진원지 바빌론의 무로닥-발라단으로부터 엘테케(Elthekeh)[90] 전투를 통하여 히스기야 왕까지 산산조각이 났다(왕하 18:1~8, 13~20; 20:20~21, 사 36~39; 22:1~14).

주전 701년 이후, 바빌론 전역에서 반란이 일어나고 앗시리아 패전 소식이 들려오자 히스기야는 산헤립에게 빼앗긴 영토를 되찾았다(왕하 18:8). 그러나 산헤립이 주전 689년 바빌론 지방의 반란을 진압하고, 주전 688년경에는 서방을 공격해와 유다의 국경요새들(라기스, 리브나 등)을 공략하여 항복시키기 시작했고, 다시 한 번 예루살렘을 봉쇄하였다(W. F. Albright).[91] 이집트의 티르하카(Tirhakah, 685/4~664 B.C)가 히스기야를 도우려 진격해 옴으로 앗시리아가 항복을 청하였지만 기적적으로 예루살렘이 점령당하진 않았다.[92] 그 다음해(687 B.C)에 히스기야 왕은 죽는다. 지금까지 살펴본 대로 히스기야가 살았던

---

89) A. H. J. Gunneweg, *Geschichte Israels bis Bar kochbar*, 「이스라엘 역사」, 문희석(역)(서울: 한국신학연구소, 1977), p. 176.

90) 에글론을 구원하러 온 이집트 군대가 엘테케(Eltekeh, 에클론부근)에서 앗시리아 군대와 접전하여 패함.

91) William H. Shea, "Sennacherib's Second Palestinian Campaign", *JBL*(1985), pp. 401~418. 산헤립 침입이 한번 있었다는 이론(one-campaign theory, W. F. Albright 등)

92) J. Bright, *op. cit.*, p. 288. 앗시리아가 점령하지 못한 이유는 첫째, 산헤립군대가 전염병의 만연으로 마비되었기 때문이고, 또 한 가지는 본국으로 급히 귀환하지 않을 수 없는 소식이 날아왔기 때문이었다(왕하 19:35, 19:7)

당시 세계는 앗시리아에 대한 반란시대로 볼 수 있다.

2) 종교적 성향

히스기야 왕이 즉위하기 직전 유다의 종교적 경향은 선왕들의 혼합주의적 종교정책에 의해서 이방종교가 범람하였다. 앞장 역대 왕들의 종교정책에서 선왕 아하스의 종교정책을 살폈듯이 그는 시로 · 에브라임(Syro-Ephraimite)전쟁의 여파로 앗시리아에 정치적 · 종교적으로 완전히 예속되어서 심각한 종교적 위기에 처하게 된다. 신명기 역사가의 기록을 살펴보면 다음과 같다.

> 아하스가 位에 나아갈 때에…….
> 그 조상 다윗과 같지 아니하여 그 하나님 여호와 보시기에 정직히 행치 아니하고 이스라엘 열왕의 길로 행하며 또 정직히 행치 아니하고 이스라엘 열왕의 길로 행하며 또 여호와 이스라엘 자손 앞에서 쫓아내신 이방 사람의 가증한 일을 본받아 자기 아들을 불 가운데로 지나가게 하며 또 산당과 작은 산위와 모든 푸른 나무아래서 제사를 드리며 분향하였더라(왕하 16:2~4).
> 아하스 왕이 앗수르 왕 디글랏 빌레셀을 만나러 다메섹에 갔다가 거기 있는 단을 보고 드디어 그 구조와 제도의 식양(式樣)을 그려 제사장 우리야에게 보내었더니…… 모든 것대로 단을 만든지라(왕하 16:10~11).

신명기 역사가는 아하스에 대한 기록에 있어, 정치적 사건을 그가 주로 관심을 갖는 종교적 사실들에 비추어 초기 연대적 자료들을 사용하였다.[93] 그래서 우리는 정치적 · 종교적 사건을 동시에 분별할 수 있다. 아하스왕이 다메섹에 앗수르 왕 디글랏빌레셀을 만나러 올라간 사실을 통해 역사적으로 시로 · 에브라임 전쟁으로 인해 앗시리아가 다메섹을 멸망시키고 거기서 새로운 주(province)에 앗시리아 제단을 세운 사실을 알게 된다.[94]

아하스왕은 다메섹 몰락(732 B.C) 후, 앗시리아에 의존된 봉신으로 예루살렘 성전에 앗시리아 종교를 위해 방을 만드는 이야기가 열왕기하 16장 10~18절에 기록되어 있다. 기록에서 보듯이 이스라엘의 전통적인 종교관습은 수정된다.[95] 그래서 이제는 이스라엘 야웨종교가 앗시리아 왕을 위한 종교로 변혁되어진 것이었다.

한편, 신명기 역사가가 앞에다 편집해 놓은 가나안 종교 관습은 시로 · 에브라임 동맹과 연유하여 생각해 볼 수 있다.[96] 아하스 왕은 외국 침입의 위협에 기인하여 그들이 요구하는 동맹관계로 가나안 종교 관습을 허용하게 되었을 것이다. 그래서 불로 지나게 하는 인신 희생제사가 행해졌다(16:3). 아하스가 자신의 아들을 희생제사로 드린 것은 두 가지 면에서 생각할 수 있다. 하나는 모압의 메사왕처럼 이스라엘이 침입하여 멸망당

---

93) J. Gray, *op. cit.*, p. 631.

94) M. Noth, *op. cit*, p. 266.

95) 전에 있던 번제 놋단이 옮겨지고, 왕적 권위를 나타내는 왕이 출입하는 낭실은(왕하16:18) 제거되었다.

96) J. Robinson, *The Second Book of Kings*(CBC, Cambridge: Cambridge Univ. Press, 1976), p. 147.

하는 임박한 상황에서 자신의[97] 아들을 인신 희생 제물로 드리는 절망적인 희생 제사처럼 아하스의 행동도 이와 같았다는 생각과 또 하나는 가나안에서 정규적으로 행하였던 것으로, 힌놈 골짜기(the Valley of Hinnom)에서(왕하 23:10; 렘 7:31, 19:2ff. 32:35) 유다 사람들은 이방신 '몰렉'(Molech)에게 제사 드렸다는 생각이다. 이와 같이 가나안 이방 종교 풍토는 신명기 역사가가 계속 주목하여 지적하는, '산당' 예배의 만연이었다(왕하 16:4).

이제까지 살펴본 바에 의하면, 시로-에브라임 전쟁의 위기와 더불어 가나안 이방 종교의 만연과 앗시리아 종교의 수입은 이스라엘 종교사에 가장 커다란 종교적 위기였다.

3) 사회적 현실

히스기야 왕이 다스리던 당시의 사회적 현실은 예언자 이사야(사 1:21~23; 5:8~23; 10:1~4)와 미가(미 2:1~5; 3:9~11)의 예언에서 찾아 볼 수 있다. 주전 735년경 시로-에브라임 전쟁으로 에돔에게 상업적 중요 요지인 에시온 게벨(Ezion-geber)을 빼앗기게 되자 경제적인 측면에서 심각한 타격을 입었다. 유다에게 있어서 에시온 게벨은 중요한 무역항이었기 때문이다.[98]

---

97) 쉬미트(H. Schmidt)와 아이스펠트(Eissfeldt)는 시로·에브라임 위기에서 아하스의 인신제사행동은 예외적인 것이었다고 주장한다.
   cf.) J. Gray, *op. cit.*, p. 932.
98) H. Jagersma, *A History of Israel in the O. T. Period*, tr. by J. Bowden(Philadelphia; Fortress press, 1983), p. 163.

유다의 경제적 상황은 상업과 무역의 위축으로 물질적 생활이 어려웠을 것이다.

한편, 국제적으로 앗시리아는 자국의 이익을 위해 국제적인 부의 생산과 유통·집중을 최대화하기 위한 경제적 정치적 지배를 목적으로 시리아-팔레스틴 국가들의 자치권을 침범하였다.[99] 그러므로 유다는 가일층 앗시리아 제국의 서진(西進)정책으로 경제가 군사적 군축비용에 집중되어야 했다.

이제 유다 사회내부의 구조를 파악하기 위해 우리는 그 당시 사회 계급을 분석해야 한다. 주전 10세기에서 8세기에 이르는 200년 사이에 사회적으로 큰 변화가 있었다.[100] 왕정의 출현으로 관리 계급이 나타났고, 또 관리들과 결탁한 거상들은 도시 문화의 소산인 상업과 기업을 통하여 대지주들이 상층계급을 형성하였다. 반면 경제적으로 약하고 가난한 농민과 하층민들로서 불리한 대우와 착취를 받던 하층계급들이 있었고, 이들의 고통을 대변하고 불평불만을 입 밖에 낼 수 있었던 예언자들이 있었다.

예언자들은(미가, 이사야) 히스기야 시대와 주로 그 이전 시대의 사회상을 고발한다. 이 당시의 사회상을 살펴보면, 부자들의 부정축재는 방탕한 연회(사 5:11~12)와 사치한 의복(사 3:16~24), 무리한 농지매입(사 5:8) 등으로 나타나고 그들의 부조리는 사

---

99) N. K. Gottwald, "Social and Economic Development of Israel", in *IDBS*, pp. 465~468.
100) 서인석, 『성서의 가난한 사람들』(서울 : 분도출판사, 1979), pp. 93~94.
　　초기 부족형태에 있어 이스라엘은 사회경제적으로 평등주의적이었다. 군주정치에 의해 도입된 정치적 계급제도는 사회적 계층화를 촉진했고 도와주었다.

기행위와 재산투기(미 2:1ff), 사직당국의 부패(사 1:23; 미 3:11; 7:3) 등으로 나타났다.

이와 같이 안 밖에서 사회·경제적 불균형과 사회적 병폐, 그리고 강대국의 군사적 경제적 압박은 유다의 사회를 좀 먹어 갔다. 이러한 상황에서 히스기야는 그의 개혁사업 중 사회개혁도 고려하였던 것이다.[101]

히스기야는 엄격한 야웨 신앙으로 되돌아가기 위해 필연적으로, 그 당시 누적되어 왔었던 경제적 악폐를 제거하려고 노력했다. 이사야와 미가도 이 경제적 악폐를 신랄히 비난했었다(미 3:12). 히스기야가 사회적인 분야에서 어떠한 조치를 취했는지 우리는 모른다. 대략 이 시대에, 왕의 도장이 찍힌 그릇들이 출현하였는데, 아마 이것은 모종의 재정상의 개혁 혹은 행정상의 개혁이 있었다는 것을 가리키는 것 같다. 짐작하건대, 국가 당국이 직접 어떤 표준적인 도량형을 보급시켜, 조세 징수의 질서를 바로 잡고 부정을 억제하려고 했을 것이다. 또한 이 시대에 기공(장인)들이 착취당하지 않도록 보호할 목적으로, 페니키아 인들의 제도를 모방한 동업조합(guild)같은 조직도 도입되었던 것 같다.[102]

이와 같은 사실로 미루어 보아 히스기야 왕이 사회개혁을 실시하였다는 것을 알 수 있다.

지금까지 우리는 본 절에서 히스기야 시대의 정치적 종교적 사회적 배경을 살펴보았다.

---

101) J. Bright., *op. cit.*, p. 283.
102) *Ibid.*, p. 284.

다음으로 히스기야왕의 종교 개혁 시도를 세 부분으로 나누어 살펴보려 한다.

(1) 히스기야가 개혁한 종교 내용과 개혁을 시도한 목적과 제의 중앙집권화를 처음 시도한 경위를 살펴보고 (2) 히스기야가 단행한 개혁에 대해 동시대에 활동하던 하나님의 예언자 이사야의 태도와 영향을 살펴 본 후에 (3) 이 개혁 기사를 기록한 신명기 역사가의 히스기야에 대한 평가를 살펴보겠다.

2. 종교개혁 시도

히스기야 왕은 앗시리아 제국에 대한 반란 운동의 대열에 서서 독립을 추구하려는 움직임으로 외세 의존의 종교 수입을 거부하고 이에 발맞추어 예루살렘 성전의 제의를 개혁하였다.

앗시리아 왕은 앞에서도 살펴본 대로 봉신국에게 앗시리아 종교를 섬기게 하였다. 아하스 왕은 다메섹에서 앗시리아 제단을 본떠서 예루살렘 성전의 청동제단과 대체하였다. 이와 같이 국가의 존립이 유명무실해지고 국가의 근간이 되었던 야웨 종교가 위협받게 되었다. 이러한 상황에서 히스기야의 개혁은 불가피한 것이었다.

히스기야의 종교개혁 기사는 신명기 역사가(Dtr)가 단지 세 구절(왕하 18:4, 16, 22)에서 언급하고 있다. 그 중 두 구절은 간접적으로 암시하고 있는 것이다(왕하18:16, 22). 자세히 말해서 신명기 역사가는 히스기야왕의 개혁을 한 구절(왕하 18:4)에 요약하여 말한다. 산당(bamot)을 제거하고 주상(柱像, massebot)

을 깨뜨리며 아세라(Ashera) 목상을 찍으며 느후스탄(Nehush-tan)을 부수었다. 그리고 성전문과 기둥을 금으로 장식하여 예루살렘 성전에서 예배를 드리도록 제의 중앙화를 실시하였다는 것을 랍사게(Rabshakeh)의 말에서 알 수 있다(왕하 18:16, 22). 이와 같이 제의 중앙화의 종교 개혁을 실시한 왕은 히스기야 때부터였다.[103] 히스기야 개혁은 예배의 중앙화로 예루살렘 밖에서 예배를 드리는 것을 금지한 개혁으로 성전의 중요성을 증가시키고 제의를 순수화하려 했던 것이다. 혼합주의적 종교 의식을 철폐하고 예배의 단일성소로서 성전의 강조는 히스기야 왕의 경건뿐만 아니라 왕 자신이 제의와 제사장들을 공고히 통괄하였던 계획적인 조치였다는 것을 보여준다.[104]

열왕기하 18장 3절 이하 기록된 신명기적 개혁 기사는 다윗 왕국의 회복을 위한 한 조처로 남쪽에 유일한 국가 성소를 만들어 예루살렘 성전 제의 중앙화를 시행하려는 신명기 역사가의 의도가 담긴 것이다.

이제부터 히스기야가 실시한 제의 중앙화와 그의 종교개혁 목적을 살펴보자.

1) 제의 중앙화와 개혁 목적

① 제의 중앙화

---

103) E. Nicholson, 'The Centralisation of the Cult in Deuteronomy,' *VT13*(1963),p. 363.
104) H.Tadmor, 'The Period of the First Temple, the Babylonian Exile and the Restoration' in: *A History of the Jewish People*, ed by H. H. Ben—Sasson,(Cambridge; Harvard Univ. Press, 1976)

히스기야가 왕위에 올랐을 때는 앗시리아가 북이스라엘을 완전히 멸망시키고 난 후였다. 그래서 북이스라엘은 역사에서 자취를 감추고 그 자리에 앗시리아 정책대로 이방인들이 그곳을 차지하게 되었다. 유다는 북이스라엘과 같은 처지에 놓이지는 않았지만 여전히 앗시리아에 굴종하였다.

이러한 사건은 유다에 영향을 주어 자연히 앗시리아 지배로부터 자유하려는 욕망이 있었다. 그러나 유다에서는 북이스라엘이 몰락한 비극은 북이스라엘 백성이 배교와 우상숭배를 자행하여 야웨의 심판이 내릴 수밖에 없는 운명이었다고 하는 사실을 자세히 살피기 시작했다.[105]

그래서 첫 번째로 산당을 멸망요인의 하나로 크게 생각하고 이때부터 우상숭배의 근원지로 여기고 개혁의 요구가 점증하여서 산당을 철폐하였다.

두 번째로 북이스라엘의 멸망은 남북의 종교분열 때문이었다.[106] 이런 점을 안 유다 사람들은 이 기회가 다윗 시대와 같은 통일왕국의 모습처럼 경계가 확장되고 이스라엘 왕국이 재건설할 시기로 보았다. 그래서 유다 왕국 통치하에 모든 이스라엘이 재 연합하도록 계획한 사람들은 국가의 종교 중심지로 전체의 공통분모를 예루살렘으로 설정하여 재구성할 필요성을 현실적으로 절감하게 되었다. 예루살렘으로 자연히 제의의 중앙화의 근거가 될 수 있었다. 그것은 다윗이 법궤를 예루살렘에 가져와 종교의 중심지로 삼았던 때가 있기 때문이다.

---

106) 북이스라엘의 종교 중심지는 여로보암 1세가 세운 단과 벧엘이었다(왕상 12:26f).
105) E. Nicholson, *op. cit*, p. 384.

그러므로 주전 721년 북이스라엘의 몰락은 유다에 있어서 이미 중앙화의 경향으로 종교 · 정치적 운동이 일어나게 하였던 것이다.[107] 그러나 제의 중앙화의 마지막 요인은 주전 701년 산헤립 1차 침입의 상황에서 일어나게 된다. 주전 705년 앗시리아의 사르곤이 죽고, 그의 계승자 산헤립이 즉위할 때, 앗시리아에 대한 반란이 제국 전역에 걸쳐 일어났다. 이때에 유다는 처음으로 독립운동이 일어나게 되었다. 히스기야는 서쪽에서 반란의 주동자가 되었던 것 같다. 산헤립이 안정을 찾고 반란을 진압하러 유다에 까지 내려왔을 때, 유다는 기록에 의하면 거의 초토화되었고 그 결과 무거운 조공을 바쳐야했다. 이 사건의 결과로 유다는 정치 · 종교적으로 위기에 처하게 되었다.[108]

이러한 상황에서 히스기야는 산당 철폐를 강화했고, 예루살렘으로 예배의 중앙 집권화를 실시하였다. 주전701년 이후에 10년 동안은 앗시리아가 바빌론 세력에 의해 점증적으로 괴롭힘을 당했었다. 이 동안에 의심할 여지없이 유다는 또다시 독립을 위한 움직임이 일어났다. 이 당시에 히스기야는 팔레스틴 지역의 나라들과 전쟁을 하였다(왕하18:8). 이러한 전쟁은 민족 생존의 사활을 건, 국운이 달린 절체절명의 상황으로서 민족갱신과 부흥을 시도한 첫 움직임이었다.

한편 유다 지역 내의 혼합주의적 경향으로 종교적 위기에 처했을 때 히스기야는 초기에 민족주의적 열성으로 이방제의를 축출했을 것이다. 그래서 히스기야는 백성들 사이에 이방제의

---

107) *Ibid.*
108) *Ibid.*

를 실행하는 자들을 저지하였고 산당을 철폐하였다. 이러한 조치는 정치적인 개혁이었다.[109]

이제 히스기야 종교 개혁의 특징인 산당 철폐와 느후스탄 파괴의 종교 조처를 자세히 살펴보자.

a. 산당

산당(בָּמוֹת, bamot)을 제하고 주상(מַצֵּבוֹת, massebot, sacred stones)을 깨뜨리며 아세라(אֲשֵׁרָה, 'asherah)상을 찍은 일련의 종교개혁 조처는 제의 중앙화(Centralization of Cult)의 근본적인 행동이었다. 히스기야 왕의 개혁 기사를 유심히 살펴보면 유다의 역대 왕 중에 처음으로 산당을 철폐한 조처를 행한 것을 알 수 있다.[110]

산당은 단순히 가나안 원주민의 예배와 희생제사의 장소라는 의미를 이미 살펴보았다. 이곳은 점차 바알과 아스다롯의 상징으로 된 주상과 아세라가 하나님의 자리에 앉게 되었다. 초기 시대에는 아마 희생 제사를 위한 제단이 놓였을 것이다. 그러나 시간이 지남에 따라 성전과 건물이 지워졌다. 이스라엘이 가나안에 들어 왔을 때 높은 곳(High places)을 취하여 그들 중 많은 곳은 야웨만을 위하여 혹은 야웨와 바알을 위한 곳으로 사용하

---

109) *Ibid.*

110) R.Kittel, *op. cit.*, p. 206. 열왕기를 자세히 읽어보면 솔로몬 왕 이후 신명기 역사가의 왕들에 대한 주석과 짧은 기사를 볼 수 있는데, 우리는 르호보암 이후 모든 왕들에게 '여호와 보시기에 악했다.' 또는 '여호와 보시기에 옳았다' 라는 언급을 발견하게 된다. 경건한 왕들에 대해선 후자의 언급을 사용하지만, 그들 역시 예외 없이 다음 말을 발견케 된다. '그러나 산당은 제거하지 못했다.' 그러나 히스기야 왕은 산당을 제거하였다고 말한다.

였다. 산당은 각기 다르게 자연스레 발전되었다. 야웨만을 위한 산당에서는 아세라 혹은 다른 형상은 금지되었고, 아스다롯-아세라 예배를 드린 곳에서는 야웨 예배는 결코 드릴 수가 없었다. 바알 신과 야웨 신에게 예배드렸던 산당에서 우리는 바알 옆에 아스다롯과 아세라, 풍요의 여신과 관련된 성창(ritualistic orgies), 그리고 세돔인을 발견하게 된다. 바알과 아세라 형상을 지닌 우상들은 산당이나 예루살렘 근방에 이미 있었다.[111]

산당에서는 어느 때에는 야웨 예배가 행해지기도 하고 또 한 때에는 바알 예배가 드려지기도 하였다. 처음에 산당이 바알 예배의 한 장소이었다. 그래서 끊임없이 백성들을 유혹하여 바알 종교에 빠지게 하였다. 히스기야 왕은 이러한 이방 요소들을 깊이 인식하고 이러한 위험을 완전히 극복하길 원했다. 그래서 산당을 철폐하고 히스기야 왕은 예루살렘 성전에 있던 앗수르신, 앗수르(Ashur)와 이쉬타르(Ishtar)를 산당과 함께 모두 제거하였다. 이와 같이 앗시리아 종교의 영향을 제거한다는 것은 곧 앗시리아의 정치적 권위에 대한 전면적인 거부행위를 의미한 것이었다.

다음으로 느후스탄에 대해 살펴보자.

b. 느후스탄

히스기야 개혁 설화(saga)에서 느후스탄(Nehushtan, Bronze serpent, 놋뱀)은 특별한 위치를 가진다.[112] 역대기 기록에는 없

---

111) *Ibid.*

는[113] 신명기 역사가(Dtr)의 유일한 요소이다.

느후스탄에 대한 최근 학자들의 견해는 대략 세 가지가 있다.

첫째로 로울리(H. H. Rowley)는 느후스탄의 기원이 모세가 아니라 예루살렘 정착 전 여부스(Jebusite) 제사장이었던 사독(Zadok)에 의해 들어오게 되었다고 주장한다. 이 느후스탄은 병 고치는 뱀으로 여부스 시대에 예루살렘에서 이 이야기가 널리 퍼져 있었다.

둘째로 크로스(F. M. Cross)와 로버츠(J. J. M. Roberts)는 여부스가설(Jebusite Hypothesis)에 반대하여 독자적으로 느후스탄의 초기 이스라엘 기원을 주장한다.[114] 그는 사독이란 이름은 유일하게 여부스(족장시대 때 멜기세덱과 유사함)를 지칭하는 것이 아니라 셈족들의 일반적인 이름이었다는 것이 확실하다고 말한다. 역대기 족보(대상 6:1~15, cf. 6:50~53; 9:11; 스 7:1~5, 느 11:10)에서 크로스(Cross)는 다윗이 사독을 여부스 제사장으로 임명할 가능성이 큰 것은 아론부터 헤브론 제사장 계열이었기 때문이라고 주장한다. 로버츠는 시온 전승의 여부스 기원 가능성을 반박하면서 포로기 기원을 말한다.[115] 여부스 기원의 적

---

112) Jonathan Rosenbaum, "Hezekiah's Reform and The Deuteronomistic Tradition," *HTR*, 72(1979), p. 36.

113) 역대기 기자가 기록하지 않은 이유는 모세가 만든 놋뱀이 우상이라고 생각하지 않았기 때문이고, 또한 놋뱀은 이스라엘 사람들이 예루살렘을 점령하기 전 오랜 여부스의 상징이어서 이스라엘이 거주하고도 계속 남아 있었고, 놋뱀을 제거하였다는 이야기가 없었기 때문이다. 참조. H. H. Rowley, "Hezekiah's Reform and Rebellion", in: *Men of God*(London: Thomas Nelson Ltd, 1963), pp. 129ff.

114) H. H. Rowley, *Ibid*.

115) J. J. M. Roberts, "The Davidic Origin of the Zion Tradition," *JBL* 92(1973), pp. 329~344.

절한 삶의 정황(Sitz im Leben)은 다윗-솔로몬 제국이었다고 주장한다.

셋째로 로젠바움(J. Rosenbaum)은 풍부한 성서 외적 고고학 유물에서 놋뱀(느후스탄)과 유사한 형상이 팔레스틴에 널리 있었다는 것을 말한다.[116] 므깃도, 게셀(Gezer), 하솔(Hasor)과 세겜(Shechem)등에서 실제로 뱀은 이방 종교의 요소를 갖고 있다는 것이 판명되었다.

구체적으로 말해서 다음과 같은 유적지에서 실증된다.

특별히 후기 청동기시대(The Late Broze Age) 라스 샴므라(Ras Shamra), 벳산(Bethshan)에서는 이스라엘 전(前) 시대의 진흙으로 된 향제단 유물이 발견됐는데, 그것은 여신 아세라와 연관이 있었다. 뱀은 가나안 풍요제의에서 잘 알려진 형상이다. 텔 베이트 미르심(Tell Beit Mirsim)에는 의복을 입힌 여성상의 낮은 수족 주위에 뱀이 휘감겨있는 모습이 있다. 이것은 창 3장에 이브를 타락시킨 이야기의 뱀과 같은 역할을 나타내 준다. 작은 청동 뱀이 실제로 초기 청동기 시대 층 게젤(Gezel)의 산당 근처에서 발견되었다. 또한 후기 청동기 시대 하솔(Hazor) 성소에서 발견된 두 개의 뱀은 아마도 아세라였을 것이다.[117] 이와 같은 증거로 미루어서 우리는 느후스탄이 히스기야 왕에게는 이방적 요소로 개혁의 대상이 되었던 것을 알 수 있다.

히스기야가 산당과 느후스탄의 제의를 개혁한 후, 앗시리아가 또 한 번 유다를 침입해 왔을 때(c 688.B.C) 예루살렘은 기적

---

116) J. Rosenbaum, *op. cit.*, pp. 36~37. cf. K.R.Joines, "The Bronze Serpent in the Israelite cult," *JBL* 87(1968),pp. 245~256.
117) J. Gray, *op. cit.*, p. 681.

적으로 살아남게 되었다. 이 사건은 기적적인 예루살렘 구원사건이었다. 그러므로 확실히 야웨의 예루살렘 선택은 가시적인 것이 되었다. 사실 히스기야 개혁은 므낫세 통치하에서 산당이 번창한 결과 전체적으로 성공하진 못했다. 그러나 예루살렘이 구원되는 것을 목격한 몇몇의 그룹들이 야웨가 도시를 보존하고 그 곳에서만 예배하게 하는 뜻을 확신케 하였다는 것을 알 수 있다. 이 그룹들이 제의 중앙화를 모세의 율법 이 되게 하였던 신명기 저자들이라는 사실을 알 수 있다.[118]

다음으로 히스기야가 제의 중앙화를 실시하면서 꾀했던 종교개혁의 목적이 무엇이었는지 살펴보자.

② 종교 개혁의 목적

히스기야 종교개혁의 목적은 무엇인가. 성서에서는 그 목적이 개인(왕)의 종교적 의로움 때문에 개혁을 실행했다고 말한다(왕하 18:3~6). 또한 우리는 예언자 이사야, 미가가 국가의 죄에 대한 도덕적 권고로(사 1:5; 미 1:2~9; 3:1~3, 9~11; 6:1~8 등) 왕과 백성들에게 영향을 주어서 개혁을 촉진하도록 도움을 주었다고 추측할 수도 있다.

그러나 히스기야의 종교 개혁은 정치적 목적이 있다는 것을 주목해야 한다.[119] 열왕기하 18장 22절에 있는 랍사게가 예루살렘 시민들에게 항복을 요구하는 말에서 제의 개혁의 정치적 암시를 찾을 수 있다. 이 구절에서 히스기야는 예루살렘 성전의

---

118) E. Nicholson, *op. cit.,* 386.
119) B. Oded, *op. cit.,* p. 442.

예배 중앙화와 산당에서의 예배 금지를 시도한다. 이러한 조치는 유다 백성과 다윗 가문의 계약을 강화한 것이었다. 예루살렘 성전은 왕정 성소로서 다윗 왕조가 세웠던 곳이다.

이러한 개혁은 왕의 권위를 증가시키는 히스기야 제의개혁의 목적중의 하나였다.

또 하나는 다윗 · 솔로몬 왕국시대의 영토를 회복하려는 것이었다.

결론적으로 히스기야 종교 개혁은 종교와 민족주의를 혼합한 운동이었고, 다윗 왕조 때의 전 영토를 통합하려는 목적의 영토적 · 정치적 개혁이었다.[120]

2) 히스기야 개혁과 이사야

국제 정세의 변화는 히스기야 왕에게 국가의 독립과 과거 다윗 · 솔로몬 시대의 권력과 영광을 되찾으려는 열망을 가지게 하였다. 그래서 앗시리아에 반란을 일으키게 하였다. 히스기야 왕의 반란 참가 정책에 반대하고 나선 사람이 이사야 예언자 한 사람이었다. 이사야는 중립적인 정책으로 반 앗시리아적 행위를 중지하도록 그의 동료시민들에게 준엄한 경고를 한다.[121]

"잠잠하고 신뢰하여야 너희가 힘을 얻을 것이다"(사 30:15).

---

120) *Ibid.*, pp. 442~444.
121) H. Jagersma, *op. cit.*, p. 163.

히스기야 왕은 이사야 예언자의 종교적 확신에 찬 권고를 받아들이지 않고 몇 번의 반란을 계획하고 두 가지 조처를 취한다.[122]

(1) 히스기야 자신의 권위를 공고히 하고 유다의 관심을 예루살렘안으로 집중시키려는 조처~제의 개혁 단행(왕하 18:4ff)

(2) 예루살렘 성 방위를 위한 조처 – 히스기야 실로암 수로터널 건설

이사야서에서는 히스기야의 종교개혁 기사가 거의 없다는 사실은 주목할 만하다. 그것은 그 개혁이 순수한 종교적 동기에 의한 것이 아니기 때문에 이사야는 언급하지 않았다고 볼 수 있다. 성서 기사에서 그 개혁을 사용했던 사람은 랍사게 한 사람뿐이었다.[123]

이사야는 그의 후기 예언 활동기간(705~701 B.C)에 히스기야 왕의 반란 사건에 당면한다. 주전 705년 앗시리아와 사르곤 II세가 죽자 히스기야 왕은 앗시리아에 반대하는 바빌론의 사절단(므로닥 발라단)을 맞는다(왕하 20:12~13). 이사야는 바빌론과의 동맹을 반대하고 또한 애굽 원조(에티오피아 사바카) 약속을 불신하고 애굽과의 군사 협정을 반대하였다. 그러나 히스기야는 반란 계획을 밀고 나가 예루살렘은 새장에 갇힌 새처럼 되어 버렸다.

그 후 히스기야가 다시 한 번 앗시리아에 대해 반란을 일으

---

122) Oesterley & Robinson, *op. cit.*, p. 392.
123) *Ibid.*, cf. 열왕기하 28장 22절.

키고 산헤립이 유다를 두 번째 침공하였을 때(688 B.C), 이사야
는 앗시리아의 불경한 오만을 보고 야웨가 치실 것을 말하며(사
10:5~19) 유다의 최악의 궁지에 빠진 위기상황에서 히스기야를
독려하며 예루살렘이 멸망치 않은 것을 예언하였다(사 29:5~8;
37:33~35).

　이사야는 다윗 왕조신학으로 국가의 재난을 해석하였다. 또
한 히스기야 왕에게 영향을 미쳐 개혁 사업에 진력케 하였을 것
이다.[124]

3. 신명기 역사가 평가

　신명기 역사서의 두 편집설을 주장하는 크로스(F. M. Cross)
는 저작 연대와 주제 분석에서 히스기야의 개혁은 신명기 역사
에 영향을 주었다고 한다.[125] 열왕기의 히스기야 개혁과 관련
된 기사는 요시야시대 편집자(Dtr2)의 관점에서 쓴 것이다. 이
저자는 요시야와 동시대인으로 결정적인 다윗제국으로 복원하
려는 요시야 통치 때의 사람이다.

　이 신명기 역사가는 신명기의 제의와 율법의 원칙에 따라 판
단하고, 예루살렘 성전을 옹호하여 충성을 다하였는지 여부를
가려 심판하였다.[126] 이러한 심판 기준에 히스기야왕은 요시야
왕과 더불어 유독 칭찬을 받았는데, 특별히 산당의 철폐와 예루

---

124) J. Bright, *op. cit.*, p. 296.
125) J. Rosenbaum, *op. cit.*, p. 25
126) J. H. Hayes, *op. cit.*, p. 236.

살렘 예배에 있어 히스기야 왕만 이런 요구에 복종하였기 때문에 무조건적으로 칭찬을 받았던 것이었다.[127]

히스기야 왕은 '그 조상 다윗과 같이 여호와 보시기에 옳게 행했다' 고 신명기 역사가는 묘사한다. "다윗과 같이" 라는 말은 함축된 표현으로 정의(正義, justice and righteousness)가 포함되어야 한다고 와인펠트(Moshe Weinfeld)는 주장한다. 그것은 이사야 예언자의 언급에서도 찾을 수 있다고 한다. 그는 산당을 제거하고 예배를 중앙화 시키는 행위뿐만 아니라 더 나아가 신명기 사가의 토라(Torah, 가르침, 율법)에 입각하여 사회 정의를 실현시키는 왕이 다윗과 같은 왕이라고 말 할 수 있다고 한다.[128] 히스기야 왕과 요시야왕은 바로 정의를 실현한 다윗과 같은 왕이었다.

이사야 예언자는 히스기야 왕을 다윗 왕의 참다운 계승자로 생각하였다. 곧 정의(사 9:6; cf16:5)로 왕정을 세웠다고 믿었다.

다른 한편, 신명기 역사가는 "히스기야가 이스라엘 하나님 여호와를 의지하였는데 그의 전후[129] 유다 여러 왕 중에 그러한 자가 없었다" 라고 평가한다.[130]

---

127) E. W. Nicholson, *op. cit.*, p. 6,110.

128) M. Weinfeld, *Deuteronomy and Deuteronomic school*(Oxford Univ. press, 1972), p. 154. note 3.

129) cf. J. Gray, *op. cit.*, p. 671 : Montgomery, *op. cit.*, p. 482; J. Robinson, *op. cit.*, p. 167.
"그의 후에 유다의 모든 왕 중에 그와 같은 자가 없었다." 라는 말은 요시야 왕에 대한 절대적 평가와 모순된다. 그리고 다음 구절, "그의 이전에 있던 자" 라는 표현은 다윗 왕을 잊은 어설픈 후기 부가이다.

130) M. Weinfeld, *Ibid*, p. 358. 이러한 최상의 평가를 받은 왕들은 모세와 솔로몬, 히스기야, 요시야왕 등이다. 솔로몬의 경우에는 조건적인 약속이 부가되어 나타난다. 이러한 최상의 평가는 메소포타미아와 페니키아 왕정기록에 발견된다. 그리고 신앗시리아 왕 연대기에서도 유사한 구절이 있다.

IV. 요시야왕의 종교개혁

1. 역사적 배경과 동기

신명기 역사가의 종교개혁 기록 중에서 철저한 종교개혁을 시도한 왕은 히스기야 이었다. 그가 개혁한 제의는 정치적 상황에서 어쩔 수 없이 도입했던 앗시리아 종교와 오래 전부터 계속 잔존해 있던 가나안 페니키아 종교였다. 히스기야의 종교개혁 정신은 요시야 종교개혁에 영향을 미쳐서 신명기 역사가가 원하는 종교개혁은 연속되었다.

이러한 맥락에서 요시야의 종교를 다루겠다. 먼저 종교 개혁이 일어난 역사적 배경을 살펴보자.

1) 정치적 상황

요시야(640~609 B.C.)가 유다 왕이 되었을 당시 고대 근동에서 앗시리아의 세력은 이미 쇠퇴하고 있었다. 앗시리아 제국은 주위의 강대국에 의해 점차로 굴복되어 가고 있었다. 바빌론에서는 잇따른 반란이 일어나 진압하기가 점점 어려워졌고, 애굽에서는 앗시리아의 오랜 경쟁자로 점점 국운이 회복되고 있었다. 이 당시 애굽은 주전660년경 프사메티쿠스(Psammetichus

I, 664~610 B.C.) 1세, 26왕조가 치세하던 때이다.[131] 이집트가 앗시리아와 동등한 종주국으로 전환되어 가고 있을 때, 이집트에 주둔했던 앗시리아 군대는 주전650년경 철수하였을 것이다.[132] 그래서 이집트는 주전630년경에는 다시 팔레스틴 지역에서 주도권을 장악할 수 있었다. 앗시리아가 팔레스틴에서 약화된 요인은 시리아의 스키티안족(Scythian)의 침략으로 (630~625 B.C.) 총력을 기울였기 때문이다.[133]

같은 시대에(626 B.C.) 바빌론에서는 또 다른 반란이 있었다. 그러나 앗시리아는 외적인 약화와 내적인 갈등을 진압할 수가 없었다. 갈대아인(Chaldaean) 나보폴라사르(Nabopolassar, 626~605B.C.)가 바빌론을 통치하고 메대인과 동맹을 맺고 나서 함께 주전612년 바빌론의 니느웨(Nineveh)를 멸망시켰다.

그러나 앗시리아는 곧바로 멸망하지 않았다. 하란의 대제사장 앗수르 우발리트(Assur–uballit) II세가 주전 610~609년까지 왕위를 지켰다.[134] 이러한 정세에서 이집트는 앗시리아와 동맹을 맺었다.[135] 그리고 주전 609년 바로 느고(Neco II, 610~594 B.C.)는 하란으로 앗시리아를 도우러 간다. 그러나 그 원정길 길목에 있던 요시야 왕은 친 바빌론 정책을 고수하여 이를 저지하려다 므깃도(Megiddo)에서 전사하였다.

---

131) H. Jagersma, *op. cit.*, p. 167.
132) S. Herrmann, *A. History of Israel in O. T. Times*(Philadelphia: Fortress, 1981), p. 260.
133) H. Jagersma, *op. cit.*, p. 167.
134) *Ibid.*
135) 김희보, "요시야왕의 전사와 유대왕국의 멸망" 신학지남46(1979), p. 14 참조. 이집트는 앗수르를 도움으로 신흥국가인 바빌론과 메데의 세력을 막고 수리아와 팔레스틴을 지배하려고 했던 것이다.

2) 종교적 경향

앞에서는 역대 왕들의 종교정책을 히스기야왕까지 살펴보았다. 지금부터는 요시야 왕의 종교개혁 이전 두 왕(므낫세, 687~642 B.C.; 아몬, 642~640 B.C.)의 60년 통치동안 종교정책을 살펴보고자 한다.

히스기야 왕이 죽은 후 그의 아들 므낫세는 어린 소년으로서 왕위에 올랐는데(왕하 21:1), 그는 아예 앗시리아에 대한 저항을 포기하고 충성스런 봉신이 되겠다는 의사를 표명하였다.[136] 므낫세는 부왕 히스기야의 종교정책과는 완전히 결별하고 아하스의 혼합주의 정책으로 돌아갔다. 그래서 가나안의 종교와 앗시리아 우상숭배가 완전히 되살아나게 되었다. 그는 부친 히스기야가 헐어버린 산당을 다시 세우고 농사 종교의 풍요제의(豊饒祭儀, Fertility Cult) 곧 바알 종교를 회복시켰다. 그리고 성전 안에는 이교 제단을 쌓았고, 아하스의 통치 때와 마찬가지로(왕하 16:7) 앗시리아의 종교인 하늘의 일월성신 제의와 사람을 불사르는 희생제사, 인신 제사를 행했으며, 점치는 자와 신접한 자와 박수, 마술을 행하는 자들이 범람했다.[137] 이와 같은 혼합주의적인 종교 경향은 유다가 앗시리아에게 지배받는 상황에서 온 것이었다.[138] 자세히 말해서 에살르핫돈(680~669 B.C.)

---

136) J. Bright, *op. cit.*, p. 88
　　므낫세가 앗시리아의 충성스런 봉신으로 지냈다는 사실은 에사르핫돈의 건설사업의 22명의 왕들 명단에 적혀있고, 또한 앗수르바니팔의 이집트 원정작전을 도와준 봉신들 중의 한사람으로 기록되어 있다.
137) G. W. Anderson, *op. cit.*, pp. 144~146
138) H. Jagersma, *op. cit.*, p. 166.

과 앗수르바니팔(Asshur banapal, 668~627 B.C.)이 다스리던 앗시리아 제국은 국제무대에서 영향력이 커져서 근동지역의 권력을 행사하였다. 그로써 이집트는 주전 671년 에살르핫돈의 수중에 놓여 있게 되었다. 이러한 국제 상황에서 므낫세의 앗시리아의 봉신으로써 굴종은 야웨 종교와 민족주의를 포기하는 것이었다.[139]

아몬(Ammon, 642~640 B.C.) 왕도 그의 부왕의 종교정책을 실행하였다. 아몬에 대한 기록은 거의 알 수가 없지만 다만 살해당했다는 사실을 알 수 있다. 이 살해 사실을 미루어 짐작컨대 반앗시리아 감정을 가진 무리들(땅의 사람들)에 의해 일어나게 되었다는 것을 추측할 수 있다.

이러한 정치적 종교적 상황에서 요시야왕(640~609 B.C.)이 왕위에 오르게 된다. 다음은 내적인 상황으로 요시야 시대의 사회상을 살펴보도록 하자.

3) 사회적 현실

요시야가 다스리던 시대의 사회상은 히스기야시대의 사회구조, 계급형성, 국제상황의 경제구조 등과 유사할 것이다. 그래서 여기서는 요시야왕이 시도한 제의의 중앙화에 따른 사회구조 재형성 및 그 시대의 특징적인 현상을 다루도록 하겠다.

특히 주목해야 할 요시야시대의 사회 계층은 '땅의 사람들'(암하레츠)로서 이들은 궁정에 있던 반앗시리아 당파였다. 이들

---

139) J. K. kuntz, *op. cit.*, p. 313.

은 다윗 왕조를 재건하려고 했던 무리로—므낫세를 살해하고 요시야를 왕위에 앉게 했던—유다 역사에 여러 번 정치적 변혁을 주도했던 자들이다.

신명기 역사가는 요시야의 종교개혁 기록에만 집중하는데. 신명기 율법서는 사회, 경제적, 정치적 행정 조처가 암시되고 있다.[140]

요시야의 비종교적인 개혁은 잘 알려지지 않았지만, "여호야긴(Jehoiachin, 598~597 B.C.)보다 사회 정의를 행했다는 기록에서 사회, 경제적 개혁의 단면을 읽을 수 있다"(렘 22:13~19).

요시야의 종교개혁 계획이 사회, 경제적 영향을 주었다는 것은 분명하다. 요시야는 남북분열 상황에서 전통적인 북쪽 계약법 의식과 개념을 채택하여 다윗왕조 신학으로 통합하여 남과 북의 관심사를 제시할 수 있었다. 그는 신명기 전승에 의해 북쪽 영토의 회복과 예루살렘 중앙화를 추진했다. 한편 이를 추진케 하기 위한 행정조치를 단행했을 것이다. 재정 공무(fiscal affair)를 개혁하여 예루살렘을 강화시키고 유다 외곽을 통치하였다.[141] 따라서 이제는 세금 세납을 시골 제사장과 장로들을 통하지 않고 직접 예루살렘으로 오게 하는 세무유통의 변화가 있었다.[142] 제의 중앙화의 결과로 예루살렘 순례의 증가는 확

---

140) N. K. Gottwald, *The Hebrew Bible: A Socio—Literary Introduction* (Philadelphia: Fortress, 1995), p. 371.
141) W. E. Claburn, "The Fiscal Basic of Josiah's Reforms," *JBL92*(1973), pp. 11~15.
142) N. K. Gottwald, *op. cit.*, p. 389.

실히 도시 번영의 요인이 되었다.[143] 예루살렘 예배의 중앙화는 개혁의 디딤돌로 요시야는 완전히 예루살렘의 행정력과 종교적 권력을 강화하게 되었다.

결론적으로 요시야의 종교개혁은 일련의 사회 변화를 가져오게 했고, 도시의 집중화현상은 두드러졌다.

2. 종교개혁 시도와 결과

요시야 시대는 정치적으로 앗시리아와 바빌론 통치사이의 전이(轉移) 시대로 국제적으로는 각국의 독립을 쟁취하려는 움직임이 있었다. 이때에 유다도 사실상 외국의 지배로 부터 자유로왔다. 또한 종교적으로 므낫세 · 아몬시대의 종교적 예속과 혼합주의 종교 풍토는 민족주의 운동의 중요한 종교개혁 요소가 되어 개혁이 불가피했다. 그래서 히스기야가 아하스의 혼합주의적 종교정책을 반대하였던 것처럼 요시야는 므낫세의 정책을 반전시켰다.

요시야는 민족중흥의 길로서 종교개혁을 시도하였던 것이다.

이러한 독립적인 정책은 3가지 면을 지녔다.[144]

(1) 앗시리아 지배로부터의 정치적 자유

---

143) W. E. Claburn, *Ibid.*
144) B.W.Anderson, *op. cit.*, p. 348.

(2) 정치적 독립이 가져다주는 종교 정화의 기회, 즉 앗시리아의 종교적 영향을 제거하고, 이스라엘 고유의 순수한 신앙을 회복할 수 있는 기회

(3) 국가의 통일, 즉 르호보암 통치와 함께 다윗 집에서 갈려나가 두 세기 동안 앗시리아의 지배 밑에 있어온 북쪽 지역의 지파들과의 재결합 운동 등을 들 수 있다.[145]

1) 제의 중앙화

성서에서 요시야의 종교개혁에 대한 기사는 열왕기하 22~23장과 대하 34~35장에 실려 있다. 이 기사들은 요시야의 제의적 활동과 성전에서 발견된 율법서에 집중하고 있다. 그가 적극적으로 실시한 종교개혁은 철두철미한 예배 의식의 정화와 중앙집권적인 예배제도에 집중되었다.

오뎃은(B. Oded) 요시야의 종교개혁을 다룰 때, 제의의 순수화와 예루살렘의 제의 중앙화를 구별해야만 한다고 말한다.[146] 제의의 순수화는 솔로몬 시대 때(왕하 23:13) 확장되고, 므낫세 통치 때 정점에 달했던 이방적인 제의를 파괴하는 것을 언급한다. 요시야의 제의 순수화 행동은 유다에 국한되지 않고 벧엘과 '사마리아의 도시들'까지 확장한다. 열왕기에 따르면, 요시야의 종교개혁 활동은 제사장 힐기야에 의해 성전에서 '율법서'가 발견된 이후인 그의 통치 18년에 행해졌다고 한다(왕하

---

145) G. W. Anderson op. cit., p. 146. 성서가 취급하고 있는 것은 세가지 국면 중에서 특히 두 번째 것이다.
146) B. Oded, op. cit., p. 460.

23:3).

이방요소들에 대한 제의 순수화를 시도한 왕은 요시야 왕이 처음이 아니었다. 여러 명의 유다 왕들이 제의 순수화를 시도했지만 '그러나 산당은 무너뜨리지 않았다'(왕상 15:14; 왕하 12:3)라고 신명기 사가는 말한다. 히스기야 왕이 처음으로 산당을 철폐하고 예루살렘의 제의 중앙화를 시도하였다. 요시야왕도 히스기야를 따라 예루살렘 밖의 마을과 도시에서 산당을 부수고 예루살렘 성전에서만 예배를 드리도록 제한하였다.

열왕기하 23:8, 15, 19에 기록된 그의 제의 중앙화 조치는 북왕국의 여로보암이 세운 벧엘 산당을 제거한 것으로 특별한 상징적 중요성을 준다.[147]

요시야의 종교개혁은 요시야 통치 18년째에 본격적으로 시작된다. 열왕기하 22장 3절에 의하면, 대제사장 힐기야가 성전에서 율법서를 발견한다. 요시야왕은 이 율법서를 듣고 여선지자 훌다를 청해서 상의한다. 훌다는 그에게 하나님의 참된 율법 말씀만을 지키기를 요구한다. 여태까지 이스라엘 백성들은 토라를 지키지 않았다는 것을 보여준다. 일반적으로 이 토라는 신명기로 알려진 율법서와 동일시되어 왔다.[148]

율법서의 발견으로 요시야가 행한 개혁의 조치는 강하게 뒷받침을 받게 되었다. 이 율법서는 북왕국의 전승을 담고 있는데, 사마리아 몰락이후 기록되어 내려오다 예루살렘 피난민에 의해 가져오게 되었다. 그러다가 1세기 후에 발견케 된다. 그래

---

147) *Ibid.*, pp. 460~461.
148) E. W. Nicholson, *op. cit.*, p. 1. W.M.L.Dewett의 가설이 오늘날 정설로 받아진다.

서 이 율법서에 근거하여 요시야가 취한 종교개혁 조처는 먼저 유다와 이스라엘 장로들을 부르고 야웨 앞에서 계약을 체결한다(왕하 23:3).

이와 같은 계약 갱신의 의식에 뒤를 이어 왕명에 의한 대개혁이 단행되었다.

이 개혁은 거의 일세기 전의 히스기야의 개혁과 유사했지만 그 철저함은 훨씬 더하였다. 이 율법서가 아주 적절한 때에 발견되었기 때문에 이것은 요시야가 몇 년 전에 이미 시작하고 있던 개혁을 가속화하고 그 방향을 뚜렷하게 하였다. 이로 말미암아 이방종교는 제거되었다.

다시 말해 가나안의 바알숭배, 앗시리아의 천체예배, 암몬족의 밀곰 같은 다른 신들의 예배가 이제 제거된 것이다. 그리고 성전 안에서 발견된 외국적 요소들, 남성신 바알, 여신 아세라, 태양에게 바친 말상들, 지붕위의 천체예배의 제단들과 같은 성전 부속물들 등은 잿더미가 되었고, 그리고 종교적 매음, 힌놈 계곡에서 있었던 유아 희생제물, 무당과 남자 마술사에게 점치는 일들도 이제는 단절되었다(왕하 23:4~14).

요시야의 개혁은 예루살렘 성전의 정화에 그치지 않았다.

그는 이방종교의 온상이 되어 왔던 성 밖의 성소 곧 "산당"들을 파괴하고, 여기서 붙어살던 제사장들을 파면시켰다(왕하 23:8~9).[149] 그리고 예루살렘을 예배의 중심지로 삼고 오랫동안 잊혀 있었던 모세 시대의 축제인 유월절을 다시 지키도록 명령하였다(왕하 23:22~23).

---

149) B. W. Anderson, *op. cit.*, p. 350.

그리고 그 종교개혁은 북쪽지역으로 까지 확대되어 갔다.

이 확대시킨 배후에는 요시야의 뚜렷한 정치적 의도가 내재해 있는데, 그는 이 기회에 종교를 정화시키고 더 나아가서는 잃어버린 다윗 왕국의 통일까지 다시 회복시켜 보고자 하는 충동을 가졌을 것이다.[150]

요시야 왕이 제의의 순수화와 중앙 성소의 단일화 등의 종교개혁의 조처를 취하게 된 것이 단지 종교적 동기에서 이었는지 혹은 정치적 독립에서 이었는지의 문제가 남는다. 헤르만(S. Herrmann)은 요시야가 국제 정세 속에 앗시리아의 쇠퇴로 개혁을 진행시켰다고 말하면서 앗시리아로 부터 해방과 개혁의 두 가지 행동을 취했다고 언급한다.[151] 폰 라드(G. von Rad)도 요시야왕의 종교개혁은 신명기에서부터 동기를 얻지 않고 정치적 요소에 의해 영향을 받았다고 한다.[152]

따라서 요시야의 종교개혁은 국제 정세에서 앗시리아의 쇠퇴로 인해 정치적 독립을 획득하기 위해 요시야가 종교개혁을 단행하였다고 할 수 있다.

요시야가 종교적으로 예루살렘의 중앙 성소를 청결케 하고 산당들을 제거한 것이 정치적인 독립과 밀접히 연관되었다는 것을 이미 살펴보았다.

여기서 우리는 요시야의 개혁이 영토적 확장과 더불어 정치적 개혁을 실시하였다는 사실을 주목해야 한다.[153]

---

150) G. W. Anderson, *op. cit.*, p. 148.
151) S. Herrmann, *op. cit.*, p. 265.
152) G. von Rad, "Deuteronomy" in *IDB*, p. 836.
153) H. Jagersma, *op. cit.*, p. 170.

유다 지역 이외에도 정치적 개혁은 확장되어 나갔다. 즉 벧엘과 사마리아까지 영향을 미쳤고, 이스라엘의 다른 지역까지 확대되었다. 므깃도 전투는 요시야의 권력과 그의 영향력이 보다 더 북쪽으로 확장되었다는 것을 보여준다. 이와 같은 사실이 고고학적 발굴로 증명이 된다.[154]

1960년 야브네얌(Yavneh-Yam) 근처에 있는 고대 도성 발굴 결과 잉크로 쓰여진 3개의 히브리 비문이 발견되었는데, 나베(Na-veh)는 그 도성이 요시야 시대 때 유다의 관할 구역에 속했다는 것이 추정된다.

이로 미루어보아 요시야의 관할이 지중해 해안까지 미쳤다는 것을 알 수 있다.

솔로몬이 죽은 이후 북쪽으로 영토를 확장했던 왕은 요시야가 처음이었다.

2) 요시야 당시 예언자들

요시야 왕이 통치하던 때의 예언자들은 스바냐(628~622 B.C.), 예레미야(626~587 B.C.), 나훔(612) 등이다. 성서에서는 이 예언자들과 요시야왕이 직접 대면하는 기사는 기록되어 있지 않다. 다만 이 예언자들을 통하여 요시야왕 당시의 정치·종교상을 알 수 있다.

첫 번째 스바냐 예언자를 살펴보면, 그는 개혁적인 왕 히스기야의 후손이라고 한다(습 1:1). 스바냐가 공격한 유다의 타락

---

154) *Ibid.*

상은 기원전 621년 요시야 개혁 이전의 시대상을 반영하고 있다. 그는 요시야의 종교개혁 직전에 유다왕국의 종교 상태가 극도로 문란해져서 혼합종교로 전락해 있던 시대에 활동하였다.155)

"나는 손을 들어 유다와 예루살렘 온 성민을 치리라……. 바알의 신상을 없애고……. 지붕위에서 하늘의 일월성신을 예배하는 자들…… 밀곰(Milcom) 신을 가리켜 맹세하는 자와 야웨를 배반하고 따르지 아니한 자, 야웨를 찾지도 아니하며, 구하지도 아니한 자를 멸절하리라" (습 1:4~6;3:1~3)

그의 "야웨의 날"(Day of Yahweh) 심판선포 메시지는 요시야의 종교개혁 운동을 일으키는 데 박차를 가하도록 도움을 주었을 것이다.156)

두 번째, 나훔 예언자는 앗시리아 제국의 수도 니느웨가 함락되기 직전(612 B.C.)에 활동하였다. 그는 앗시리아 제국의 종말을 예언하였다. 나훔을 통하여 알 수 있는 것은 앗시리아 제국의 몰락과 바빌론의 등장과정 등 요시야시대의 역사적 상황이다.

"화 있을진저! 피 성이며 그 속에는 궤휼과 강포가 가득하며 늑탈이 떠나지 아니하는 도다. 휙휙 하는 채찍소리, 굉굉 하는

---

155) 박준서, *op. cit.*, p. 116.
156) J. K. kuntz, *op. cit.*, p. 317.

병거바퀴, 번개 같은 창, 살육 당한 떼, 큰 무더기 주검, 무수한 시체여 사람이 그 시체에 걸려 넘어지니 이는 마술의 주인되 아리따운 기생이 음행을 많이 함을 인함이라. 그가 음행으로 열국을 미혹하고 그 마술로 여러 족속을 미혹하느니라. 만군의 여호와의 말씀에 내가 네 대적이 되어서 네 치마를 걷어쳐 네 얼굴에 이르게 하고 네 벌거벗은 것을 열국에 보이며 네 부끄러운 곳을 열방에 보일 것이요. 내가 또 가증하고 더러운 것을 네 위에 던져 능욕하여 너로 구경거리가 되게 하리니 그 때에 너를 보는 자가 다 네게서 도망하여 이르기를 니느웨가 황무하였도다. 누가 위하여 애곡하며 내가 어디서 너를 위로할 자를 구하리요 하리라 하시도다"(나 3:1~7).

마지막으로 요시야 종교개혁기간에 예언자들 중 가장 위대한 예레미야는 요시야가 등극한지 13년 되던 해(626 B.C.)에 예언활동을 시작한다. 그는 예루살렘에서 북동쪽으로 4마일 떨어진 아나돗(Anathoth) 출신으로 제사장 가문에서 태어났다. 그러므로 그는 자연 북이스라엘 전승을 배우면서 성장했을 것이다. 그는 초기 활동기간에(627~621 B.C.) 요시야와 접촉하였을 가능성이 있다. 성서에서는 예레미야와 요시야왕의 관계에 대해 거의 침묵으로 일관하고 있다. 열왕기와 역대기 기사들 중에서 예레미야에 대한 언급은 유일하게 요시야의 죽음을 애도했다고 하는 진술뿐이다(대하 35:25). 그러나 예레미야서에서는 요시야를 유다 역사상 가장 의로운 왕 중의 한 사람 이었다고 예레미야는 요시야를 높게 평가하고 있다(렘 22:15 이하).

이러한 맥락에서 예레미야는 이 종교개혁에 대해서 어떤 태도를 취했었는가. 학자들 간에는 예레미야가 종교개혁을 찬성했다는 견해와 반대했다는 견해로 의견이 분분하다.

그러나 우리가 생각할 수 있는 하나의 가능성은 다음과 같이 설명될 수 있다.[157]

율법책이 발견되었을 당시에 예레미야는 젊은 청년이었다.

왕이 백성들에게 그 율법책의 낭독에 귀를 기울이라고 했을 때 예레미야도 군중들 틈에서 귀를 기울여 들었을 것이다. 여하간 그가 그 율법책을 다 듣고 났을 때, 그는 그 책의 목적에 크게 감동되었다.

특히 예배를 정화하는데 대한 강조가 크게 감동되었다.

그가 종교개혁을 열렬히 지원했던 것은 이 초기에 있어서였을 것이다. 그러나 종교개혁 운동이 나라를 우상 숭배로부터 정화시키려는 부정적인 활동을 이룩한 뒤에 성전과 제의와 율법의 중요성을 강조하는 적극적인 활동에 착수했을 때, 예레미야는 그의 태도를 바꾸었다. 그는 내적인 회개와 개혁이 미비한 것을 깨달았다.

그래서 외적인 율법의 언약이 아니라 여호와께서 그의 율법을 그의 백성들 속에 두시고 그들의 마음에 기록하게 될 새로운 언약을 찾게 된 것이다(렘 31:33).

지금까지 살펴본 바대로 예언자들은 요시야 종교개혁에 지대한 영향을 끼쳤다는 사실을 알게 된다. 그러면 지금부터 요시야 종교개혁의 결과에 대하여 살펴보자.

---

157) 문희석, 「예레미야와 요시야 종교개혁」 기상(72.7), pp. 95~101.

3) 요시야 종교개혁의 결과

① 종교개혁 조처의 결과

제의 중앙화 조처는 산당에 있던 제사장들에게 중요한 영향을 미치게 되었다.

그들은 예루살렘 성전 중앙 성소에 올라가지 못하게 되었다. 그러나 그들은 이 성전의 수입중 일부분은 받게 되었다(왕하 23:9). 이러한 지방 성소 제사장들은 신명기에서 '레위인' 혹은 '레위인 제사장'(Levitical Priests, 신 18:6~9)이라고 불리는데 이들은 중앙 성소에 있는 제사장들과 똑같은 권리를 갖었다. 그러나 요시야시대 부터는 변하여서 제사장 계급 중에 하위에 속하게 되었다. 그들은 이제 명칭도 레위인(Levite)이 되었다.

반면, 예루살렘 성전에 있던 사람들과 그 후손들은 '제사장'(Priest)이라 불리게 되었다.

이러한 조처는 요시야가 정치적, 종교적 목적을 가지고 시행한 결과이기 때문이다.[158] 더 나아가 산당의 철폐는 일반적으로 모든 사람들에게 분명히 동의를 얻어내지 못했다. 따라서 후에 이 산당에서 계속해서 우상 숭배가 있었다는 사실을 발견할 수가 있다(겔 6:1~6). 또한 요시야 후계자들이 취한 종교적 태도에서 선왕 요시야의 종교개혁을 묵살한 것을 볼 수 있다.

그러므로 요시야의 종교개혁이 여러 영역에서―그리고 정치적, 사회적 모든 결과와 더불어―오랫동안 본질적인 갱신이 이루어지지 못했다는 결론에 이른다.[159] 이와 같은 개혁의 실패

---

158) H. Jagersma, *op. cit.*, p. 169.

는 이미 요시야 통치의 종말로 향하게 했고, 주변 나라의 새로운 대군주와 대처해서 강대국의 정책을 받아들여야 했다.

요시야 개혁의 중요한 실패 원인은 실제의 종교적 부활과 갱신이 아니라 권력과 영향력을 얻기 위해 궁전과 예루살렘 중심으로 시도한 개혁이었기 때문이다.[160]

개혁시작 직후에 선포된 예레미야 성전설교와(렘 7:7~15; 26)와 요시야왕에 대한 말씀(렘 22:13~19)에서 위와 같은 사실이 입증된다.

② 요시야의 죽음

하란이 몰락할 때 이집트의 느고(Neco, 610~594 B.C.)는 유프라테스를 향하여 원군을 떠난다. 느고는 가나안을 경유하는 오래 된 카라반(Caravan route) 경로를 지나 므깃도(Megiddo) 평야에 이르렀다. 열왕기하 23장 29절, 역대하 35장 20절에 요시야가 느고와 전투하러 나서는 것이 기록되어 있다. 므깃도는 마리를 경유하는 가장 중요한 전략적 요지였다. 그래서 역사에서 수많은 전투가 므깃도에서 있었다.[161]

구약성서에서는 요시야가 느고를 저지하려는 동기는 자세히 언급하고 있지 않다.

그러나 그의 행동이 친바빌론 정책을 추구하고 있었다는 것

---

159) Ibid., 두 가지 이유에서 갱신되지 못했는데, ① 개혁이 위로부터 너무 많은 것을 강요했기 때문이다. 즉 왕이 예루살렘 제사장들에게 모든 것을 촉구하였다. ② 그러나 정치적 상황은 이와 상반되었다.
160) *Ibid.*, p. 170.
161) *Ibid.*, p. 171.

은 암시하고 있다. 이집트의 바빌론 침공은 유다의 독립에 정치적인 중요성을 갖고 있었다. 그래서 요시야는 므깃도 전투에 나섰을 것이다.

역대하 35장 21~22절은 느고가 처음에 요시야에게 사자를 보내 요시야를 치려는 것이 아니라 다른 세력을 치려한다는 것을 말한 기사가 있다. 그러나 열왕기하 23장에는 달리 적혀 있는 것을 찾아볼 수 있다. 하여튼 요시야는 므깃도에서 전투를 하였다. 이 전투에서 유다는 약화되었고 요시야는 죽임을 당한다.

구약 전승은 그의 죽음에 대한 상황이 일치하지 않는다. 열왕기하 23장 29절에 따르면 므깃도에서 죽었다고 기록되었고, 역대하 35장 23~24절은 므깃도에서 심한 부상으로 인해 예루살렘으로 옮긴 후에 죽었다고 기록되어 있다. 이러한 기록이 정확한 것이라고 결정할 수 없다.[162]

요시야의 죽음은 유다 독립의 중요한 시대를 끝나게 한 결정적인 사건이었다.

그 후 므깃도 전투에서 이긴 느고는 유다를 속국으로 삼고 시리아 북쪽의 중심지인 칼케미쉬(Carchemish II, 605/4~562 B.C.)가 이끈 바빌론 군대에서 완패를 당한다. 그러므로 유다는 잠깐 동안 이집트의 영향권아래 있다가 새로운 주인 바빌론 영향 하에 놓이게 된다.

---

162) *Ibid.*

3. 신명기 역사가 평가

요시야의 종교개혁 기사(왕하 22, 23장)는 초기편집(22:1~7, 9:23:4~20)과 후기편집(22:8. 10~20;23~1~3, 21~24)으로 나누어 볼 수 있는데,[163] 후기 편집의 지배적인 관심은 율법과 계약에 있다. 그것은 이사야 기사를 새로운 포로기란 맥락에서 새로운 빛으로 역사를 조명한 것이다. 반면에 초기 편집은 포로기 전(前)시대의 상황을 보여준다.

신명기 역사가는 요시야를 종교 개혁자로서 모세의 율법에 복종한 왕으로 이스라엘 군주역사에서 비교할 수 없을 정도로 묘사한다.

> "요시야와 같은 마음을 다하며 성품을 다하며 힘을 다하여 여호와를 향하여 모세의 모든 율법을 온전히 준행한 임금은 요시야 전에도 없었고 후에도 그와 같은 자가 없었더라"(왕하 23:25)

초기 편집의 기록은 열왕기하 23장 25절의 결론에 맞추기 위해 편집한 것이다.[164] 한편, 크로스에 의하면 요시야 시대의 신명기 역사가(Dtr1)는 두 가지 주제를 병렬시켜 요시야 개혁을 부각시킨다. 북이스라엘의 멸망은 여로보암의 죄 때문에 오게 되었다는 주제와 두 번째 주제는 다윗과 그의 왕조의 은총의 약속인데 요시야 개혁에서 절정에 이른다.

---

163) A. D. H. Mayes, *op. cit.*, p. 131.
164) *Ibid.*

요시야는 여로보암의 제의를 축출하고 사마리아의 산당을 철폐하여 다윗왕국으로 환원하려 했다. 이 두 주제는 요시야 개혁의 강령(platform)이였고, 요시야 개혁을 지지해 준 것이었다.

신명기 역사가는 요시야를 새로운 왕으로 북이스라엘 여로보암과 대조적으로 야웨께 충성한 왕으로서 다윗왕국을 환원하려 했던 왕으로 본다. 그래서 신명기 역사가는 북쪽에게는 예루살렘을 도성으로, 요시야를 왕으로 인정케 했고, 유다에게는 야웨와 계약을 맺고, 왕에게서는 다윗의 길로 환원할 것을 촉구하였다.

그러나 열왕기하 23장 25절은 요시야 시대의 신명기 역사가(Dtr1)에게는 한계점이 드러난다. 예루살렘이 파괴되고, 유다는 포로로 잡혀가게 되서 마침내 여호야긴이 포로에서 석방되는 역사가 계속되기 때문이다. 따라서 이 구절은 제2 신명기 편집자의 저작으로 돌려야 한다.

열왕기하 23장 25절 부분적으로 분석해서 살펴보면 역사가(Dtr)는 신명기적 어휘를 사용하여 계약적 문맥(Context)에서 율법을 지키고 계약에 충성하였다는 것을 표현한다.

① '마음을 다하며, 성품을 다하며'(With all the heart and the soul)

이 표현은 신명기 5장 4~5절의 Shema 교리에 근거하고 있다.

② '힘을 다하여 여호와를 향하여'(to return to Yahweh with all the heart)

③ '모세의 모든 율법을 온전히 준행한 임금은 요시야 전에

도 없었고 후에도 그와 같은 자 없었더라'(There was not king before him……he rose not after him like him……).

이 표현은 열왕기하 18장 23절에 히스기야 기사와 중복되어 상반되지만 신명기 역사가는 그럼에도 불구하고 요시야는 매우 존경받을만한 인물이기 때문에 채택한 자료를 변경하지 않는다.[165]

요시야를 평가한 또 한 구절은 열왕기하 22장 2절의 초기 편집기사이다.

이 기사에서는 요시야를 제2의 다윗으로 기술한다.[166] 신명기 역사서에선 모세와 다윗, 요시야는 중요한 인물로서 이들은 백성들에게 야웨의 뜻을 따른 왕들로 권위 있는 표현이었다.

① "다윗의 모든 길로 행하였다"(to walk in all his way/ he walked in all of way of David)
② "여호와 보시기에 정직히 행하여"(to do that which is right(and which is good) in the eyes of Yahweh)
이 표현은 계약과 율법을 충성하였다는 것을 의미한다.

---

165) J. Robinson, *op. cit.*, p. 228.
166) A. D. H. Mays, *op. cit.*, p. 132.

V. 결론

히스기야 왕과 요시야 왕의 종교 개혁은 신명기 역사에서 중요한 위치를 차지한다. 북왕국이 앗시리아에게서 멸망당하고, 남유다가 앗시리아에게 위협을 받아 국가가 위기에 처했을 때, 히스리야와 요시야는 민족의 독립과 통일, 하나님 백성의 야웨 신앙 회복 등을 위해 신명기적 개혁운동을 일으키게 된다.

이 시대에는 북쪽 전승에 기원을 둔 신명기적 전승활동이 활발하였다. 이 전승은 종교 개혁에 깊은 영향을 주었다, 즉 신명기 전승은 주전 721년 북이스라엘 멸망으로 남유다에 들어간 북쪽 무리들이 신명기 운동을 일으켜 그들이 원하는 개혁계획으로 전승들을 형성하였으며, 유다의 권위에 의해 수용되어 종교개혁에서 실행되었다. 그리고 신명기 역사가는 북쪽의 시내산 모세전승을 받아 모세의 율법, "Torah"에 따라 왕들을 평가하며, 산당에 대한 관심을 가진다. 또한 역사가는 남쪽의 시온산 다윗전승의 영향을 받아서 다윗왕조 신학을 지지한다. 그래서 예루살렘 제의 중앙화를 강조하고, 최상의 왕들의 평가에서 "다윗왕을 온전히 좇았다"라고 말한다.

유다의 역대 왕들의 종교개혁을 보면 아사, 히스기야, 요시야왕 등이 시대마다 종교 혼합주의적 위기에서 종교개혁을 시도한 것을 발견하게 된다. 아사왕은 솔로몬, 르호보암, 아비얌으로 이르는 이방여인과의 외교 결혼정책으로 인한 이방종교의 예루살렘 성전의 도입과 가나안 종교들의 횡행하는 상황에서 종교개혁을 일으킨다. 북이스라엘과 동맹관계로 전환하던 여호사밧 왕부터는 북의 오므리 왕조로부터 바알 종교가 들어오게 된다. 그래서 아달리야 때는 국가적으로 바알 종교를 조장하게 된다. 이런 종교적 상황에서 요아스 왕이 또 한 번 종교개혁을 일으킨다.

그 후 유다는 아마샤, 웃시야 재임기간 번영의 시대를 맞아 상업주의적 물결과 우상 숭배가 만연하게 된다. 또한 아하스 때는 앗사리아 세력의 팽배로 앗시리아 종교가 예루살렘 성전을 위협하는 역사적 위기에 처한다. 이때 히스기야가 종교개혁을 단행한다.

이것은 신명기 역사가가 원하는 진정한 의미의 개혁이었다. 산당을 처음으로 철폐하였고 제의 중앙화를 실시하였기 때문이다.

히스기야가 종교개혁을 일으키게 된 배경은 정치적으로 앗시리아 종주국이 사방팔방으로 침략받고 잇따른 반란으로 무력해졌을 때고, 종교적으로는 아하스 때의 앗시리아 종교의 예루살렘성전의 도입으로 종교적 위기를 맞았을 때이다. 그리고 사회적으로는 부정 축재와 향락, 도덕적 타락, 부패가 가득 하여 국가 내부가 병들어 있을 때이다.

이와 같은 상황에서 히스기야는 종교개혁을 단행한다.

그는 첫째로 느후스탄을 이방종교의 잔재로 인식하고 부순다.

또한 처음으로 산당에 대한 유례없이 철저한 의식으로 산당을 부수는 등 모든 이방종교를 축출한다. 이러한 일련의 종교적 조치는 제의 중앙화의 근본적 행동이었다. 히스기야의 종교개혁은 종교와 민족주의를 혼합한 운동이었고 또한 다윗왕조 때의 전(全) 영토를 통합하려는 목적의 영토적, 정치적 개혁이었다.

히스기야 개혁에 간접적으로 도움을 주었던 예언자 이사야는 히스기야의 정치적 의도를 띤 종교개혁을 간파하고 중립적인 정책으로 하나님께 신뢰할 것을 전한다. 한편, 신명기 역사가는 히스기야를 Torah의 기준에서 산당과 제의 중앙화 정책을 칭찬하며 다윗과 같이 정의를 베푼 왕으로 최상의 평가를 내린다.

히스기야의 개혁은 요시야에 의해 연속되었다.

요시야 시대는 앗시리아가 완전히 몰락하는 시기였다. 그래서 요시야가 왕위에 오르자 그는 독립을 위한 절호의 기회를 놓치지 않고 남북통일과 정치적, 종교적 완전 독립을 결행하였다. 그의 종교개혁 동력은 바로 율법서 발견이었다. 이 발견으로 종교개혁은 촉진되었다.

요시야 개혁을 신명기 개혁이라 부르는 이유도 바로 이런 연유에서이다.

제의 중앙화와 제의 순수화 종교 조처는 요시야 종교개혁의 원칙이었다. 따라서 앗시리아 앗수르신과 가나안 페니키아의 바알, 아세라신 등 모든 이방종교들이 제거되었다.

이와 더불어 다윗, 솔로몬시대의 영토를 회복하기 위한 정치적 확장 등도 병행된다.

요시야에게 가장 영향을 많이 준 예언자 예레미야는 초기에는 요시야 종교개혁을 지지하였다. 그러나 외형적인 성전, 율법, 제의를 강조하던 때는 개혁에 대한 회의를 느끼고, 마음의 할례와 새로운 언약을 강조한다(렘 31:33). 한편 히스기야에 대한 신명기 역사가의 평가처럼, 요시야는 모세의 율법에 따른 왕, 제2의 다윗왕으로 전무후무한 왕으로 극찬한다.

결론적으로 앞에서 요약한 것을 말하면 우리는 히스기야, 요시야 종교개혁에서 산당 철폐와 제의의 중앙화, 신명기 역사가의 최상의 평가, 예언자들의 중립적 입장 등의 공통된 유사점을 발견하게 된다. 더우기 두 종교개혁이 일어난 동기가 앗시리아의 제국정치 상황에서 민족주의와 종교를 혼합한 운동으로 독립과 민족통일, 다윗왕조 회복 등의 목적으로 일어나게 되었다는 것을 알 수 있다. 그래서 두 왕은 똑같이 선왕 아하스, 므낫세의 종교정책으로부터 반전하여 앗시리아에 대한 반기를 든 것이었다.

앞에서 살펴본 대로 히스기야 왕과 요시야 왕의 종교개혁은 "제의 중앙화" 원칙의 개혁이었다. 제의 중앙화는 히스기야 때 처음으로 시도된다. 그것은 북이스라엘의 멸망상황에서 유다의 생존과 민족해방과 통일의 근거로 예루살렘 중앙화를 실시하게 된다.

제의 중앙화에 대한 조치는 요시야 종교개혁 때 더 철저하게 실시된다.

요시야의 개혁은 히스기야 개혁과 다른 점이 있는데,

그것은 (1) 계약체결 (2) 율법책 발견 (3) 산당 철폐에 보다 철저함 (4) 산당에 있던 모든 제사장들을 유다의 예루살렘으로 이전시킴 (5) 유월절 행사 거행 등이다.

이런 면에서 히스기야 · 요시야 종교개혁 특징의 차이점이 있다. 하지만 이 둘의 종교개혁 의도와 목적은 정치적, 종교적 위기 상황에서 정치적 독립과 민족통일, 종교적 야웨 유일신 신앙회복 등의 과제를 위해서 제의 중앙화를 실시한 개혁 이었다는데 공통점이 있다.

마지막으로 이스라엘 역사에서 히스기야, 요시야의 종교개혁은 중요한 역사적 사건이 된다. 히스기야 개혁은 북이스라엘의 멸망상황에서 남은 유다의 민족의 도태 국면에서 남유다를 지속케 했고, 요시야의 개혁은 신명기 역사가에 의하면 유다의 심판을 연기시킨 결과를 가져다주었을 뿐만 아니라 독립운동이란 유다의 정신적 산물을 남겼다.

참고문헌

김희보, "요시야 왕의 전사와 유다왕국의 멸망," 신학지남, 46. 1979,
　　　pp. 8~24.
문희석, "예레미야와 요시야 종교개혁," 기독교사상 1979. pp. 95~101
　　＿＿＿ 역, 이스라엘 역사(Gunneweg 著), 서울: 한국신학연구소, 1977.
박준서, "구약 성서" in 성서와 기독교, 종교교재편찬위원회편, 서울, 연
　　　세대학교출판부, 1985, pp. 40~173.
서인석, 성서의 가난한 사람들, 서울. 분도출판사. 1979,
이경숙, "바빌론 포로시대의 신학적 위기와 그 극복," 기독교 사상
　　　6(1983), pp. 223~240.

Alt, A., Essays on O. T. History And Religion, Tr. by R. A. Wil-
　　　son New York: Doubleday & Company, 1968.
Anderson, B. W., Understanding the O. T., 3rd. Englewood
　　　Cliffs: Prentice~Hall, Inc., 1975.
Bright, J., A History of Israel, 3rd. ed., Philadelphia: West-
　　　minster, 1981.
Claburn, W. E., "the Fiscal Basis of Joiah's Refoems", JBL
　　　92(1973), pp. 11~22.
Clements, R. E., "Deuteronomy and The Jerusalem Cult Tra-
　　　dition," VT15(1985) pp. 300~312.
　　＿＿＿＿＿, Prophecy and Covenant, London: SCM Press Ltd.,

1965.

Cross, F. M., Canaanite Myth and Hebrew Epic, Cambridge: Harvard Press, 1980.

Gray, G. B., The Book of Isaiah I-XXXIX, in The International Crititical C ommentary ed. by Edinburgh: T&T Clark, 1976.

Gray, J., I&II Kings. Old Testamentary Library, London: SCM Press, 1977.

Gottwald, N. K., The hebrew Bible-A Socio-Literary Introduction, Philadelphia: Fortress, 1985.

________, "Social and Economic Development of Israel". interpreters Dictionary of Bible Supplementary, Nashville: Abingdon, 1976.

Anderson, G. W, The History And Religion of Israel, 김찬국역, 이스라엘 역사와 종교, 서울: 대한기독교서회, 1970.

Haran, M., "The Centralizations of the Cult" in: Temples & Temple Service in Ancient Israel, Oxford: Clarendon Press, 1978, pp. 132~148.

Hayes, J. H., An Introudction to O. T. Study, Nashville: Abingdon Press, 1981.

Herrmann, S., A History of Israel in O. T. Times, Tr. by J. Bowden, 2nd ed., Philadelphia: Fortress, 1981.

Hoffmann, H. D., Reform und Reformen, ATANT 66, Zurich,

1980.

Jagersma, H., A History of Israel in the O. T. Period, Tr. by J. Bowden. Philadelphia: Fortress, 1983.

Joines, K. R., "The Bronze Serpent iv the Israelite Cult", JBL87(1968) pp. 245~256.

Kittle, R., Great Men and Movement in Israel, ed. by Harry M. Orlinsky, New York: KTAV, 1968.

Klein, R. W., Israel in Exile: A Theological Interpretation, Philadelphia: Fortress, 1979.

Kunta, J. K., The People of Ancient Israel, New York : Harper & Row Publishers, 1974

Mayes, A. D. H., The Story of Israel between Settlement and Exile, London: SCM Press, 1983.

Montgomery, J. A., The Books of Kings, in The International Critical Commentary. ed, by H. S. Gehman, Edinburgh: T&T Clark, 1976.

Mould, E. W. K., Essentials of Bible History, New York: Thomas Nelson and Sons., 1940.

Nelson, R. D., The Double Redaction of the Deuteronomistic History, JSOSS18, sheffield: JSOT Press, 1981.

Nicholson, E., "The Centralisation of the Cult in Deuteronomy", VT13(1963) pp. 380~389

__________, Deuteronomy and Tradition, Oxford: Basil Blackwell, 1967

Noth, M., The Deuteronomistic History, JSOTS15, sheffield: JSOT Press, 1981

Noth, M., The History of Israel. Tr. by P. R. Ackroyd, New York: Harper & Row, 1960

Oded, B., "Judah and The Exile" in: Israelite And Judaen History ed. by J. H. Hayes & J. M Miller, Philadelphia: The Westminster Press, 1977, pp. 435~488.

Oesterley & Robinson, A History of Israel, Vol. I~II, Oxford: Clarendon Press, 1955.

Padersen, J., Israel-its Life and Culture, Vol. III~IV, London: Oxford Univ. Press, 1953.

Pritchard, J. B., ed. by Ancient Near Eastern Tests Relating to the O.T. 3rd ed. with Supplement. Princeton: Princeton Univ. Press, 1969

Rad, G. von, "Deuteronomy", in The Interpreter's Dictionary of the Bible, ed. by G. A. Buttrick and Others, Nashiville: Abingdon Press, 1962. pp. 831~838.

__________, Studies in Deuteronomy, Tr. by D. M. G. Stalker(SBT, last series, No.9)London: SCM Press, 1956

Roberts, J. J. M., "The Davidic Origin of the Zion Tradition", JBL 92(1973) pp. 329~344.

Robinson, J., The Second Book of Kings, The Cambridge Bible

Commentary, Cambridge: Cambridge Univ. Press, 1976

Rosenbaum, J., "Hezekiah's Reform and The Deuteronomistic Tradition", HTR72(1979) pp.   23~43.

Rowley, H. H., "Hezekiah's reform and rebellion" in: Men of God, London: Thomas Nelson Ltd., 1963, pp. 98~132.

Shea, W. H., "Sennacherib's Second Palestinian Campaign", JBL. 104/3(1985), pp. 401~418.

Soggin, J. A., A History of Israel: From the Beginning to the Bar Kochba Revolt AD. 135, Rr. by John Bowden, Lodon: SCM Press, 1985

Tadmor, H., "The Period of the First Temple, the Bybylonian Exile and the Restoration" in: A History of Jewish People, H. H. Ben~sasson ed. by(Cambridge: Harvard Univ. Press, 1976).

Wade, G. W., The Book of the Prophet Isaiah, Westminaster Commentaries, London: Methuen, 1911

Weinfeld, M., Deuteromy and The Deuteronomic School, Oxford: Oxford Univ. Press, 1972.

William Whiston, Tr. by Josephus, Grand Rapids: Kregel Publicatioms, 1981.

Wolff, H. W., "Das Kerygma des Deuteronomistischen Geschichtswerkes", ZAW, 73(1961) pp. 308~323.

히스기야 개혁의 신학

신명기 역사의 제의 개혁과 환원 신학 –
아하스, 므낫세, 요시야 왕을 중심으로
앗시리아의 종교 정책과 히스기야 종교개혁
히스기야 개혁의 정치, 종교적 성격과 신학
히스기야 기사에 나타난 환원 신학
역대기 역사의 히스기야 개혁 연구
요시야 개혁과 신명기 역사
(히스기야 개혁과 관련하여)

| 2장 구약의 개혁 신학의 방향 |

I. 신명기 역사의 제의 개혁과 환원 신학—아하스, 므낫세, 요시야
   왕을 중심으로

1. 들어가는 말

이스라엘 역사에서 히스기야 시대(주전 715~687/6)가 분열왕국 시대 중요한 분기점이 되는 시기이었다. 북 이스라엘이 주전 722에 멸망하고 남 유다가 정치적으로 쇠퇴할 무렵에 온 이스라엘의 회복과 통일이라는 과제를 실현하려고 노력하였다.

이러한 회복 운동은 히스기야 왕과 요시야 왕 시대에 크게 일어나서 국력을 크게 신장시키었다. 이 시기에 제의적 움직임은 정치적 개혁과 밀접하게 연관되는지 연구하는 것이 선행되어진다. 그리고 히스기야 전후의 왕들의 제의 정책을 살펴보는 것은, 히스기야 개혁과 요시야 개혁을 이해하는데 중요하고, 유다 왕국 전체의 회복과 환원(다윗 왕국시대로)의 이상을 실현하는 과정을 살피는 데 그 의의가 있다. 특별히 신명기 역사는 포로기 편집 시대와 연관되어 있어 예루살렘 귀환(환원)이라는 역사적 과제를 이해하는데 중요한 자료가 된다. 이 책에서는 신명기 역사를 중심으로 아하스 왕과 므낫세 왕, 요시야 왕의 제의 개혁을 살펴보며 히스기야 왕의 개혁을 비교하여 연구하고자 한다. 포로기의 환원 신학의 관점에서 신명기 역사에 기록된 왕들의 제의 개혁이 어떠한 의미를 가지는지 연구하게 된다. 이 세 왕의 제의적 평가와 역사적 사실, 실제와 역사 기록의 차이를 살피게 되고, 그 제의 의미와 신학을 알고자 한다.

I. 신명기 역사의 제의 개혁과 환원 신학 – 아하스, 므낫세, 요시야 왕을 중심으로

1. 들어가는 말

이스라엘 역사에서 히스기야 시대(주전 715~687/6)가 분열왕국 시대 중요한 분기점이 되는 시기이었다. 북 이스라엘이 주전 722에 멸망하고 남 유다가 정치적으로 쇠퇴할 무렵에 온 이스라엘의 회복과 통일이라는 과제를 실현하려고 노력하였다.

이러한 회복 운동은 히스기야 왕과 요시야 왕 시대에 크게 일어나서 국력을 크게 신장시키었다. 이 시기에 제의적 움직임은 정치적 개혁과 밀접하게 연관되는지 연구하는 것이 선행되어진다. 그리고 히스기야 전후의 왕들의 제의 정책을 살펴보는 것은, 히스기야 개혁과 요시야 개혁을 이해하는데 중요하고, 유다 왕국 전체의 회복과 환원(다윗 왕국시대로)의 이상을 실현하는 과정을 살피는 데 그 의의가 있다. 특별히 신명기 역사는 포로기 편집 시대와 연관되어 있어 예루살렘 귀환(환원)이라는 역사적 과제를 이해하는데 중요한 자료가 된다. 이 책에서는 신명기 역사를 중심으로 아하스 왕과 므낫세 왕, 요시야 왕의 제의 개혁을 살펴보며 히스기야 왕의 개혁을 비교하여 연구하고자 한다. 포로기의 환원 신학의 관점에서 신명기 역사에 기록된 왕들의 제의 개혁이 어떠한 의미를 가지는지 연구하게 된다. 이 세 왕의 제의적 평가와 역사적 사실, 실제와 역사 기록의 차이를 살피게 되고, 그 제의 의미와 신학을 알고자 한다.

2. 아하스의 제의 개혁 – 반제의 개혁자

아크로이드는 아하스와 히스기야 왕을 비교 연구하여, 그 결과 신명기 역사가가 아하스는 부정적인 평가를 받은 왕으로, 반면에 히스기야 왕은 긍정적인 평가를 받았다고 주장한다.[167] 그는 이러한 사실이 열왕기나 역대기에서 똑같이 나타난다고 말한다. 히스기야 왕은 다윗과 비교될 만한 인물이었고, 올바른 제의 개혁가로 신명기 역사가에게 높은 평가를 받았다고 본다. 유다의 다른 어떤 왕들 보다 요시야 왕만이 히스기야와 짝을 이룰 수 있는 왕으로서 긍정적인 평가를 받았다고 보았다.[168] 반면에 신명기 역사(열왕기)와 역대기 역사(역대기)에 나타난 아하스 왕은 히스기야 왕에 비하여 부정적인 대조를 이루는 왕이었다.

열왕기하 18장 4절의 히스기야 개혁의 짤막한 개혁보도는 역대기하 29~31장의 확대된 개혁 기사와 평행을 이루며 짝을 이룬다. 히스기야를 이상화시키는 본문은 역대기하 32장의 기

---

167) P. R. Ackroyd, "The Reigns of Ahaz and Hezekiah" In *the Shelter of Elyon*. Edited by W. Barrick & J. Spencer. JSOT Sup. 31. Sheffield: Sheffield Univ. Press, 1984., 257~59.
168) *Ibid.*

사에서 계속 나타난다. 히스기야 기사가 후대에 가서 이상화된 인물로 나타난다. 후기의 유대 문헌에서는 히스기야를 메시야로 영광화시킨다.[169] 히스기야 기사에 대한 후기 문서에서 신학적 해석이 가미되었다는 것을 알게 된다.

이처럼 아하스에 대한 기사도 신명기 역사에서 신학적 해석이 있다고 아크로이드는 주장한다.[170] 그가 주장한 유다 역사의 후반기에 인위적인 패턴이 사용되었다고 본 주장은 문제가 있어 보인다. 이야기의 구조상 상당히 설득력이 있어 보이지만 역사적 상황에서 볼 때 어느 정도 납득이 가지 않는 부분이 있다. 정치적으로 아하스는 북 이스라엘과 같은 운명을 당하지 않으려고 앗시리아의 제국 정책에 순응하려고 하였다. 그는 정치적으로 안정을 도모하려고 앗수르 신전을 도성에 들여놓는 조처를 취한다. 이것은 야웨 종교화와 상반된 정책이었다.[171] 둘째로 경제적인 측면에서 앗시리아의 조공 요구는 유다에 경제적인 부담이 가중되었다. 이러한 사실은 열왕기하 16장 8절을 통하여 알 수 있다. 열왕기의 기록에 따르면 히스기야는 제의 중앙화와 개혁을 강조하기 위해 조처를 취하려 했을 때, 이미 아하스가 먼저 앗시리아에 제의 요구에 순응한 것으로 기록되어 있다(왕하 16:4, 10~18). 이러한 기록은 신명기 역사가의 신

---

169) *Ibid.*, 249.
170) *Ibid.* 이 패턴은 아하스는 나쁜 왕이고, 히스기야는 좋은 왕이고, 므낫세는 나쁘고, 요시야는 좋고, 여호야킴은 나쁘다는 것이다(중요하지 않은 아몬과 살룸은 생략되었음).
171) H. Tadmor, "Judah from the Fall of Samaria to the Fall of Jerusalem" ed., Ben-Sasson, *A History of the Jewish People*(Cambridge: Harvard Uni. Press,1969), 139.

학적 의도가 반영된 것이었다. 히스기야가 제의 중앙화와 제의 개혁을 강조하기 위하여 아하스의 반(反)제의적인 모습으로 윤색한 것이다. 그래서 아하스의 종교적 태도가 제의 중앙화에 반하는 행동을 하였다고 그리려고 하였다는 것이다.

그러나 로워리는 사회 경제적인 관점에서 아하스가 강압적인 앗시리아의 종교정책에 순응하여 정치적인 안정을 유지한 것으로 해석하지 않고 오히려 앗시리아에 굴종한 상태로 어쩔 수 없이 앗시리아 정책에 끌려갔다고 보았다.[172] 로워리의 연구는 사회, 경제적 상황을 밝히고 있어서 도움이 된다. 그는 앗시리아의 강압적인 조치를 받아들여야 하는 유다의 불가피한 상황을 언급한다. 로워리는 아하스의 친 앗시리아 정책을 불가피하게 받아들여하는 상황과 아하스의 정치적인 안정 노력을 부각한다. 하지만 로워리의 주장은 코간의 이론[173]에 비추어 보면, 종교적 관용정책이 일반화되어 있던 앗시리아 제국 상황에서 맞지 않는다. 왜냐하면 이미 종교적인 관용주의 정책에 따라 앗시리아 제의를 강요하지 않았기 때문이다.[174] 정도의 차이는 있지만 아하스 시대는 앗시리아에 절대적인 지배를 받아야 했던 제국주의 상황이라는 점은 염두에 두어야 한다.

---

172) R. H. Lowery, *The Reforming King*, 130~134.

173) 코간은 앗시리아 제국의 이중 정책을 주장한다. 속국에 대하여 종교적 관용정책을 실시하였고, 속주에 대해서는 억압 정책을 시행하였다고 주장한다. 아하스 시대의 유다는 속국이었다. M. Cogan, *Imperialism and Religion: Assyria, Judah and Israel in the Eighth and Seventh Centuries B.C. E.,* SBLMS,19;(Missoula, MT: Scholars Press, 1974) 참조하라.

174) 아하스와 앗수르의 영향과의 관계에서 앗수르가 종교를 강요하였다고 보는 입장(외스, 옴스테드, 그레스만)과 반대로 앗수르가 종교를 강요한 것이 아니었다고(케이 코간)보는 입장이 있다.

로워리는 특이하게도 아하스의 개혁도 종교개혁이었다고 본
다.[175] 그는 아하스의 종교개혁을 국제적 상황의 배경에서 봐
야한다고 주장한다. 그러한 배경에서 볼 때 아하스가 예루살렘
에 앗시리아의 앗수르 신상을 도입하는 제의 개혁은 혁신적이
지만 야웨 종교에 순기능을 하였다고 보는 것이다. 다시 말해
그는 아하스의 제의 개혁은 야웨 종교를 확장하는 기능을 하였
다고 해석한다. 로워리는 아하스 시대, 앗수르가 이스라엘의 야
웨 종교를 강화시켰다고 본다. 왜냐하면 이사야와 야웨 제사장
우리야가 아하스를 비난하지 않았다고 보기 때문이다. 아하스
는 앗시리아의 관계에서 조공과 뇌물을 바쳤을 것이고, 국제 관
계에서 시리아－팔레스틴 동맹보다 더 많은 이익을 보았을 것
이라고 주장한다. 이러한 이론은 국제 관계나 제의 관계에서 어
느 정도 설득력이 있어 보이지만 앗시리아 제국 정책, 종교 정
책의 입장에서 볼 때 문제가 있어 보인다.

앗수르가 종교를 강요하지 않았다 하더라도 고대 제국시대
의 속국들의 종교는 독특한 종교 개념을 가졌지만 신들의 전쟁
이라는 개념이 있었다. 이 신 전쟁 개념 차원에서 볼 때는 쉽게
납득하기 힘들다. 아합왕과 다메섹의 전투에서 이스라엘의 신
은 '산의 신'이라고 명한 것을 보더라도 쉽게 알 수 있다(왕상
20:28). 이것은 이스라엘이 소수의 힘없는 백성이라는 의미를
가지기 때문에 야웨 종교는 강한 앗수르의 신에 지배받고 있다

---

175) *Ibid.*, p. 121. 정중호, 유다의 종교개혁과 왕, 기상, 66~93.(한국구약학회41
차발표, 94년 5월 21일). 참조하라. 로워리는 종교개혁과 관련된 국제 정치
적인 요인과 경제적인 요인을 연구하며 왕과 제사장의 역할을 살핀다. 왕
들의 개혁을 사회 역사적 방법으로 재구성한다.

는 것을 의미한다. 따라서 은연중에 앗시리아가 남 유다의 아하스 제의에 영향을 미치었음을 알 수 있다. 이러한 상황에서 아하스는 야웨 종교의 확대를 시대 상황에 부응하여 앗수르 제의를 수용하며 실시하였다고 본다.

야웨의 종교 정책의 약화가 아니라 그가 오히려 야웨 제의를 강화하였다는 주장에 대하여 로워리는, 인신 제사문제와 산당 정책에 대하여 신명기 역사가가 부정적으로 악하다고 평가한 것에 대한 반대의견을 제시하고 있다. 인신 제사의식은 오랫동안 지속된 이스라엘의 제의 의식이었다고 본다. 또한 산당도 전형적인 야웨 성소였다고 보았다. 그래서 아하스 이전 유다의 어떤 왕들도 그 산당을 제거하지 않았고, 아하스도 그러한 야웨 종교의 전통을 고수하였다고 본다. 역사적으로 아하스시대로 돌아가 볼 때, 아하스는 야웨 종교의 전통을 따라 야웨 제의를 잘 시행한 왕으로 보고 있는 데, 반면에 신명기 역사가는 아하스를 부정적으로 그리고 있다는 것이다. 역사적 사실과 신명기 역사가의 해석이 상반되어 있다는 것이다.

이러한 주장은 일리 있어 보이지만 신명기 사가가 가장 문제시 삼고 있는 산당이 전통적인 야웨의 성소라는 사실은 이해하기 힘들다. 왜냐하면 역사적 사실을 신학적 관점에서 기술하고 있는, 신명기 역사 기술은 역사성과 역사 기술이 동일선상에 있다는 점에서, 신명기 역사가의 산당 기사는 야웨 종교의 훼손을 보여주고 있는 것이다.

다시 말해 신학적 관점으로 역사 기록을 하였다고 하더라도 거기에는 역사적 진실이 내포되어 있다는 사실이다. 따라서 산당은 야웨 제의에 커다란 장애 요소가 되었다. 마찬가지로 사람을 태우는 인신 제사를 전통적인 야웨 제의 하나로 보는 것도 무리한 해석이다. 이 제의는 다메섹에서 들여온 우상 종교였다.

세 번째로 예루살렘 제의의 대형화를 위하여 아하스가 종교 개혁을 실시하였다고 주장하고 있다.[176) 로워리는 신명기 역사가가 선한 왕−악한 왕−선한 왕−악한왕의 도식으로 아하스를 평가하여 기술하기 때문에 역사적으로 아하스에 대한 사실을 많이 왜곡하였다는 것이다. 신명기 사가의 입장에서가 아닌 역사적 실상에서 볼 때, 아하스는 전통적인 야웨 종교를 양적으로 크게 성장시킨 개혁가로 평가해야 한다고 주장한다. 그의 주장은 한편 새로운 측면, 즉 아하스에 대한 역사적인 측면의 새로운 이해를 생각해 볼 수 있는 여지를 주었지만 너무 지나치게 신명기 역사가의 역사성에 대하여 부정하고 있다. 역사적으로 아하스의 제의 조치가 긍정적인 면에서 해석할 수 있다고 해도 제의 개혁과 제의 중앙화 개혁을 반대하고 있는 아하스의 종교 행위는 히스기야와 대립하고 대치하고 있다. 신명기 역사서의 아하스 본문은 역사성이 보존되어 있다고 볼 때, 로워리의 입장은 성서의 기록과 상치하고 있는 것을 볼 수 있다.

한편, 로워리는 아하스와 히스기야 개혁을 비교하면서 다음과 같이 말한다. 아하스의 제의 개혁에 비하여 히스기야 종교개혁은 산헤립의 유다 침공에 대비한 종교개혁이었다고 주장한

---

176) 그에 따르면 아하스의 제단은 다메섹의 아달림몬 신전이었다는 것이다. 아하스는 크고 새로운 제단을 만들었으며, 동시에 야웨께 개인적으로 제사를 드렸다는 것이다. '주조된 금속 방석'(미삭 하사받이,즈빅켈)이 이것을 증명한다고 말하였다. 그러면서 아하스의 종교개혁의 방향을 긍정적으로 평가한다.

다.[177] 앗수르 침략에 대비한 산당 정책을 시행하여 제의 중앙화를 강하게 실시하여 산당을 제거하였다는 것이다. 산당을[178] 제거한 것은 종교적인 목적에서가 아니라 경제적인 이유에서 적의 침입에 대비하여 적에게 전쟁 자금이 흘러들어 갈 것을 미연에 방지한 효과가 있었다는 것과 신상을 파괴하는 것은 심리적 효과가 있다고 주장한다.[179] 히스기야의 종교 개혁의 방향이 앗수르의 침공에 대비한 종교 개혁으로서 침공에 대비해서 산당의 야웨 종교를 임시 중단한 것이라고 본다. 그러나 히스기야의 제의 개혁과 제의 중앙화 조치는 산헤립과 대항하여 살아남기 위한 필사적인 조치로 보는 것이 더 적절하다. 왜냐하면 산당을 경제적인 측면에서 산당을 철폐했다는 의미는 어느 정도 수용한다 하더라도 종교적인 측면에서 제의를 순수화하고 집중화시키는 측면에서 우상 제의를 완전히 철폐하였다고 볼 수 있기 때문이다.

---

177) *Ibid.*

178) 로워리는 산당의 정체를 알스트룀의 주장을 받아들여 "산당이 경제적 임무를 수행했던 곳"이라고 보았다.

179) *Ibid.*, 157~159. 로워리는 이러한 이론을 바탕으로 하여 1) 십일조세를 강조하여 산당에서 십일조세를 거두어 들였다고 주장하였다. 신명기 법이 이것을 보여준다고 한다(신 12). 그래서 산당을 제거한다고 할 때, 이 제거(hesir)라는 말은 파괴의 의미가 아니라 앗수르 침입에 대비한 임시 조처였다고 주장한다. 그래서 산당의 세무 행정기능이 앗수르에 유입될 상황을 염두에 두고 조치한 것이고, 야웨 종교의 신상이나 성상이 적에게 탈취 당하지 않게 예방한 것이라고 주장한다. 2) 산당에서 제거한 야웨의 신상(성상)은 주상, 아세라, 놋뱀 등으로 우상이 아니라 야웨 종교의 상징이라는 것이다. 그래서 주상은 신의 현현을 상징하는 상징물이고, 쿤틸레트 아주드의 아세라는 야웨의 배우자를 상징하는 조형물이라는 것이다. 그리고 놋뱀(느후스단)은 야웨 종교를 말한다고 보았다. 이렇게 야웨 종교의 상징물이 적에게 들어갔을 때, 심리적인 부담감이 전투력을 감소시킬 수 있기 때문에 철수 시켰다고 주장한다.

이러한 제의 개혁과 앗시리아에 대한 반란은 히스기야 시대의 신명기 역사 전승자(히스기야 시대의 개혁 기록자)와 백성들에게는 완전한 이스라엘의 주권을 회복할 수 있는 길이었다. 반면 히스기야 시대의 역사적 상황에서 제의 중앙화 조치는 종교적 개혁과 정치적 개혁이었다. 이것을 통하여 정치적 독립을 도모하였다. 또한 포로 시대의 최종 신명기 편집자에게는 히스기야 개혁 기사를 통하여 환원 신학의 주제를 찾았다. 그것은 바로 이스라엘 땅을 회복하고 고향으로 귀환할 때를 그리며 준비하는 이야기가 되었다. 환원할 땅에서 제의 중앙화를 시행하고, 제의 공동체로서 이스라엘을 회복케 하려는 청사진으로 제시하고 있다. 그리고 포로지에서는 제의 중앙화의 다른 형태인 제의 순수화를 강조하고 있는 상황이다(12.8~12). 제의 중앙화의 신학이 포로기의 환원 신학 관점에서 제의 순수화로 나타나고 있는 것이다.

3. 므낫세의 제의 조치: 개혁을 무산시킨 므낫세

므낫세 왕은 히스기야가 제의 개혁을 일으켜 유다의 독립을 모색하며 야웨 신앙의 순수성 회복 시도와 운동을 원점으로 돌린 왕이다. 그는 이상적인 왕국으로 돌아가던, 이스라엘의 방향을 완전히 역으로 선회시킨 악한 왕으로 열왕기에는 나타난다. 이것은 포로기 신명기 역사가가 므낫세를 역적과 같은 왕, 가장 악한 왕으로 그리고 있다.[180] 더우기 유다가 포로로 잡혀가게 된 것도 므낫세의 죄 때문이라고 말한다(왕하 21:10~15;

13:26~27). 므낫세는 히스기야 다음 왕으로 과연 그렇게 악한 왕이었는가. 신명기 역사가가 지나치게 나쁘게 묘사한 것은 아닌지, 선한 다윗 왕과 극적으로 대조를 이루는, 나쁜 왕으로서 북 이스라엘 여로보암 왕과 남 유다의 므낫세라는 도식으로 열왕기에 기록하고 있는 것은 아닌지 따져보아야 할 문제이다.

므낫세는 온 이스라엘, 남 유다 파멸의 원인 제공자와 책임자로서 신명기 역사에 기록되고 있다(우리나라의 이완용 같은 인물). 이것은 신명기 역사가의 역사관에 기인하는 것으로 볼 수 있다.

포로로 잡혀간 것이 선과 악 사이를 구별하도록 하지는 못한다. 그래서 포로기 신명기 역사가는 소수의 긍정적인 평가를 받은 왕(다윗, 요아스, 히스기야, 요시야 등)에 대응하여 대부분의 부정적인 평가를 받은 왕들(여로보암을 위시하여 모든 북 이스라엘 왕들과 대부분의 남 유다의 왕들)을 둘 필요가 있었다. 그래서 므낫세 왕은 그러한 악한 왕의 대열에서 가장 악한 왕으로서의 역할을 하고 있다. 신명기 역사가는 왕들의 평가를 통해 역사의 흥망성쇠의 기준이 토라의 순종에 있다는 것을 제시하였다. 다시 말해 왕들에 대한 신명기 역사가의 독특한 역사관, 신명기 역사관에 따라 평가하는 것이었다. 그것의 긍정적인 기준이 다윗과 히스기야가 되었다고 할 수 있다. 그 기준은 토라의 순종 여부에 있었고, 하나님 말씀을 선포하고 행하는 것이었다. 예언자들을 통해 선포된 말씀을 얼마나 잘 준수하고 있는가 하는 것이었다.

---

180) Gary N. Knoppers, "There Was None Like Him : Incomparability in the Books of King," *CBQ* 54(1992), 430.

또한 광야 시대부터 내려왔던 제의 전통을 잘 수행하는 것이 하나님을 잘 섬기는 기준이었다. 역사가는 이와 같은 토라 순종이 국가의 안전과 백성들의 생활에서 복을 주는 것으로 보았다. 한편 이것은 정치적인 생명력과 연관되어서 국가의 보존과 흥망성쇠의 중요한 열쇠가 되었다. 토라를 잘 지키지 못하였던 왕과 백성들의 실패로 인해 종국 이스라엘의 멸망과 바빌론 포로의 불행을 당하게 되었다고 기록하고 있다.

신명기 역사에서 바빌론 포로로 붙잡혀 간 사실을 통하여 종래의 다윗 왕조와 예루살렘 성전 신학에 의해 유다가 구원받을 수 없음을 보여준 것이다(왕상 9:4~9). 나퍼는 신명기 역사의 전체적인 구조에서 최상의 평가 형식(그와 같은 자가 없었다) 연구를 통하여 다음과 같이 말한다.

> "포로기 신명기 기자가 긍정적인 왕의 업적이 부정적인 왕들이 행한 우상숭배(반야웨주의적인 것)를 반전시키지 못한 것에 주목한다. 바빌론 포로로 붙잡혀 가는 역사를 통하여 토라의 교훈, 야웨 유일신 숭배, 예루살렘 독점성 등이 실제로 확증되었다고 강조한다. 때문에 이러한 신명기 역사의 기준이 지속적인 가치를 지녔다고 보며, 양립 불가능의 양식(최상의 평가)이 이러한 평가에 긍정적인 수단이 되었다고 본다."181)

나퍼는 신명기 역사가의 신학을 최상의 평가 문체에 주목하여 히스기야 왕과 요시야 왕의 개혁이 유다 왕국의 운명을 바

---

181) *Ibid.*

꾸어 놓을 수 없었음을 지적하고 있다. 다시 말해 히스기야 개혁과 요시야 개혁으로 유다의 국운은 회복되지 못하였고, 토라의 순종과 제의 개혁, 제의 중앙화 작업은 나라의 운명을 바꿀수 없었다. 대대적인 종교 개혁을 시행한 요시야 개혁은 그의 선왕, 므낫세의 죄(제의, 우상 숭배)를 만회할 수 없었다. 그의 개혁의 결과로써도 므낫세의 범행을 대신할 수가 없었다고 역사가는 그의 죄를 인정하며 언급하고 있다.[182] 한편, 이와 달리 쿠렌은 므낫세를 종래의 부정적으로만 보는 입장을 반대한다. 그는 신명기 역사의 공식적인 처리와는 다른 측면에서 므낫세를 보아야 한다고 주장하고 있다.[183] 쿠렌은 므낫세 왕 이야기는 유다의 역사를 개혁의 역사로 보려는, 포로기 저자가 구성한 통일된 전체 이야기 중에 일부라고 주장한다. 그래서 그는 두 번째로 주장하기를 3~4명의 포로기 편집자가 므낫세 이야기와 관련구절들을 인지하였다고 본다. 셋째로 므낫세 이야기의 상당한 부분은 포로기 편집자에게 온 것이지만, 포로기 전의 신명기 역사가가 유다의 몰락 기사(왕하 23.25b/26~25.30)와 요시야 개혁 기사를 가지고, 역사의 절정으로 끝나는 기사를 가진 것으로 포로기 기자가 확대한 것이라고 보고 있다. 열왕기하 21장

---

182) *Ibid.*, 430.

183) Percy S. F. van Keulen, *Manasseh through the Eyes of the Deuteronomists: The Manasseh Account(2King 21:1~18) & the Final Chapters of the Deuteronomistic History*(Leiden: E, J. BRILL, 1996),1~4. 쿠렌은 히스기야 왕과 요시야 왕의 기사에 대한 연구는 수많이 연구되었지만 므낫세의 연구는 한번도 단일한 연구로는 연구된 적이 없다고 밝히며 신명기 역사서의 마지막 4장의 중요성에 비추어 므낫세의 연구가 중요하다고 밝힌다. 또한 그 4장에서 므낫세 언급이 세 번(왕하 21.11f; 23.26f.; 24.3f) 나온다는 것은 그만큼 중요하다고 말하며, 유다의 몰락의 맥락에서 므낫세 본문을 연구한다.

의 기사에 있어서 포로기 역사가의 삽입은 므낫세의 죄가 더욱 요시야의 개혁을 능가하고 있는 것으로서 므낫세를 비난하려는 목적에서 편집한 것이라고 주장한다. 넷째로, 므낫세 이야기가 열왕기하 19장 37절의 산헤립의 죽음기사로 끝나는 포로기 전(원)신명기 사가의 이야기를 포로기 기자가 확대하여 므낫세 기사를 추가하여 형성한 것이라고 주장한다.[184] 이러한 쿠렌의 주장은 므낫세 기사가 단순히 포로기 편집자의 이야기가 아닌 복잡한 성격의 전승이 결합된 것이라고 밝힌 것이다. 여기서 우리는 므낫세 전체 기사를 자세히 다룰 수 없기 때문에 최근의 므낫세 연구의 새로운 관점을 이해하는데 만족하면서 그동안 펜들(시계추) 시스템에 의한 므낫세 기사는 아하스와 함께 악한 왕의 대비로 사용하기 위한 포로기 편집자의 편집의 신학을 반영한다는 결론에 머물러 있던 차원에서 한 걸음 더 나아가게 되었다.

신명기 역사의 편집 구조에 있어서 펜들 시스템의 대비 역할은 므낫세를 어떻게 보고 있는지 심층적으로 살펴보자.

쿠렌은 므낫세의 본문이 이중구조로 형성되어 있다고 본다.[185]

므낫세는 악한 왕으로 여로보암과 아합왕과 같은 평행을 이루고, 히스기야 왕과 다윗, 솔로몬과 다른 대조를 이룬다고 보

---

184) *Ibid.*, 204.
185) *Ibid.*, 204~5. 열왕기하 21장 2~9절과 10~15절의 두 구조이다. 하나는 신명기 법에 비추어 볼 때 악한 왕이였고, 다른 하나는 므낫세는 악한 왕과 평행을 이루고, 선한 왕과는 대조를 이룬 왕이었다는 것을 보여 주려 한 것이라고 말한다.

고 있다. 또한 므낫세의 죄가 요시야 개혁을 신명기 역사가 극찬하고 있는 것과 대조를 이루고 있다고 주장한다.[186] 이것을 통하여 므낫세가 요시야 개혁의 선한 결과를 넘어서 그의 영향력이 거꾸로 능가하는 것으로 묘사한다. 이와 같이 쿠렌은 최고의 개혁가 요시야와 대조를 이루기 위한 인물로 므낫세를 배치한 것이라고 말한다. 그러나 여기서 편집의 의도를 대칭적인 인물 배치로 보는 것 보다 히스기야 왕의 개혁의 연관성에서 볼 수 있는 가능성도 타진해 볼 수 있다. 즉, 히스기야 선왕의 개혁이 수포로 돌아갔다는 것을 말하려는 포로기 신명기 사가의 편집의도로 볼 수 있다. 왜냐하면 요시야는 히스기야와 짝이 되는 왕으로 제의 개혁의 완성자로 나타나기 때문이다. 반면, 므낫세는 히스기야의 다윗 왕국 회복 노력과 결과를 수포로 만들고, 원점으로 돌아가게 한 왕이었다. 따라서 신명기 역사가는 히스기야 왕을 높이기 위하여 상대적으로 므낫세를 낮추었다고 볼 수 있다.

다시 말해 아하스-히스기야-므낫세라는 왕의 계승에서 히스기야를 강조하기 위한 편집적인 작업이라고 볼 수 있다. 요시야는 다시 한 번 히스기야의 개혁을 제의적인 측면에서 수정 보완 해주고 있다. 이러한 관점에서 히스기야를 강조하기 위한 보조적인 인물로 므낫세를 배치하였다고 보는 것이 신명기 역사가의 편집적인 관점에서 볼 때 더 설득력이 있다. 이와 다른 관점에서 호프만은 신명기 역사가가 히스기야-므낫세-요시야라는 삼중 구조에서 요시야 왕을 강조하여 최고의 개혁을 행한

---

186) *Ibid.*

왕으로 보고 있다고 주장한다. 요시야 왕이 역사의 모델로 삼고 역사의 기준이 되었다고 주장한다.[187] 하지만 편집적 관점에서 기록의 분량은 요시야 보다는 히스기야가 더 강조되고 있다는 점을 시사해준다. 열왕기하 23~24장 두 장에 걸쳐 요시야를 다루었다는 것은 히스기야를 세 장에(왕하 18~20) 걸쳐 다룬 것에 비해 그 중요성의 비중이 약화되었다. 그래서 신명기 역사가는 요시야는 포로로 잡혀갈 숙명적 관점에서 불행한 역사의 결과로서 포로 상황을 결정케 하는 마지막 순간에 그 역사를 반전시킬 왕으로서 기능을 하였고, 또한 위대한 개혁을 시행한 선왕, 히스기야 왕의 개혁을 보완하고, 완성시킬 수 있는 인물로 제시하고 있다고 보는 것이 설득력 있다.

므낫세가 히스기야 종교 개혁의 조치를 원점으로 돌려놓고, 히스기야 정책을 반전시킨 후임자로서 유다 멸망의 책임자가 되었다. 포로기 신명기 역사가는 역사의 책임자로서 므낫세를 그리고 있다. 이러한 평가를 받게 된 것은 제의 개혁을 반대한 것이 직접적인 원인이 되었다(왕하 21:2~16). 신명기 역사가에게는 토라의 순종과 제의 개혁에 완전히 배치되는 왕이었다. 그래서 히스기야는 제의 개혁을 통한 이스라엘 회복의 희망을 보

---

187) H. D. Hoffmann, *Reform und Reformen.* AThANT 66,(Zürich: theologischer verlag, 1980.),146~168. 참조하라. Percy S. F. van Keulen, *Manasseh through the Eyes of the Deuteronomists*, 10. 쿠렌은 다음과 같이 언급한다. "그의 연구의 중심은 요시야 이야기의 문체적이고 구조적인 분석이다 (2Kgs 22~23). 요시야의 개혁은, ―호프만이 제의의 신명기 역사가라고 특징지은, the "Trias der drei grossen Kultreformer" 히스기야―므낫세―요시야 구조가, ―마지막 장의 결론을 형성하고 있다. 다양한 긍정적이고 부정적인 개혁자 중에서 신명기 작가는 열왕기에, 여기에서 보다 더 큰 대비가 이루어진 곳은 없다는 것을 소개하였다."

여 주었다면, 므낫세는 제의 개혁을 무산시킨 왕으로 멸망의 역사를 향하여 나아가고 있는 것을 보여 주었다. 므낫세에 대한 신명기 역사가의 평가는 부정적이고 다소 왜곡될 수 있는 가능성을 가진다. 그에 대한 신학적 해석이 부여된 것을 알 수 있게 된다.

이처럼 신명기 역사와 역사가의 관점에서 강조하고 있는 제의 중앙화와 제의 순수화가 므낫세 기사에는 어떻게 반영되고 있는가. 포로기 신명기 역사가는 므낫세를 제의 중앙화 개혁을 수포로 돌아가게 한 인물로 기록하고 있다. 그로 말미암아 포로의 불운한 운명의 책임자와 역사의 죄인으로 낙인 지어졌고 포로의 원흉이 되었다. 이것은 제의 순수화를 어기고 부정한 제의를 시행한 것 때문이다(왕하 21:1~18). 그는 바알의 단을 세우고 아세라 목상을 만들고 하늘의 일월성신의 단을 짓고 점치는 자, 신접한자, 박수를 신임하였다. 이러한 죄는 야웨의 심판을 불러 일으키게 된다. "내가 사마리아를 잰 줄과 아합의 집을 다림 보던 추로 예루살렘에 베풀고 또 사람이 그릇을 씻어 엎음 같이 예루살렘을 씻어 버릴찌라 내가 나의 기업에서 남은 자를 버려 그 대적이 손에 붙인즉 저희가 모든 대적에게 노략과 겁탈이 되리니"(왕하 21:13~14).

유다 멸망의 원인 므낫세라는 역사 기술은 신명기 역사가의 역사 신학에 의한 것이다. 히스기야의 제의 개혁을 무산시키고 신앙사적인 면에서 역사를 후퇴케 한 므낫세는 포로로 붙잡혀 간 백성들에게는 원망의 대상이 되었다. 물론 포로 백성들에게 귀환의 희망을 반추시킬 만한 희망의 인물을 기억케 하기도 하지만 한편, 역사의 인과응보로서 포로의 원인이 된 악당으로서 므낫세 왕이 되었다. 그는 빛과 그림자의 양면에 그림자로 각인시키며 히스기야 왕과 요시야 왕에 대한 반대급부를 일으키게 한다. 그래서 여호와 신앙을 회복하여 제의 중앙화, 제의 순수화에 대한 새로운 움직임을 기대하게 한다. 역사가는 제의 개혁의 기억을 다시 가다듬어 귀환 희망을 가지며, 환원(귀환) 계획을 가지려고 한다. 여기에 므낫세 제의 기사에 나타난, 신명기 역사가의 역사 목적이 제의 순수에 있는 것이다. 포로기의 환원 신학이 바로 제의 순수화로 나타나고 있는 것이다.

4. 요시야의 제의 개혁의 절정: 제의 개혁 부활

성전 수리 중에 발견된 율법책이 요시야 개혁의 핵심이었다. 힐기야 대제사장이 발견한 율법책을 서기관 사반에게 전하여 주게 되었다. 사반은 요시야 왕에게 이 사실을 고하자 왕이 율법책을 읽으라고 명한다. 왕은 그 내용을 듣고 옷을 찢고 회개하며 여선지 훌다에게 보내어 야웨의 뜻을 알아오라고 명한다. 그리고 예언의 말씀을 듣고 장로들을 모으고 백성들을 모아서 율법책을 읽히고 대대적인 개혁을 시행한다(왕하 23:4~25). 이것이 열왕기하 22~23장에 기록된 대강의 이야기이다. 열왕기하 23장 전체에 걸쳐 가장 많이 기록된 제의 개혁의 이야기는 신명기 역사 전체의 핵심이 되었고, 히스기야 개혁과 더불어 양대 산맥을 이루는 개혁이 되었다. 요시야 개혁은 발견된 율법책이 신명기, 원신명기라는 주장이 제기 되면서 신명기 역사의 중심 주제가 되었다. 또한 신명기 개혁 중에 가장 중요한 개혁이 요시야 개혁이라고 알려지게 되었다. 그 이유는 가장 개혁이 철저히 이루어지고 있고, 개혁 조처가 많이 기록되었다는 데 있다.

먼저 히스기야 개혁과 요시야 개혁의 특징을 살펴보자. 히스기야가 주전 701년 앗시리아에 대항한 때부터 주전 621년 요시야 개혁에 이르기까지 역사적인 진행과정을 통하여 볼 때, 요시야의 개혁 기사가 더 상세하게 기록되어 있어서 개혁 예정 안이 몇 가지 더 나아졌다고 본다. 맥케이는 히스기야의 종교개혁이 실패하고 앗시리아의 세력도 점점 붕괴되어 가는 사이에 히스기야 제의 중앙화와 독립(반란) 조치는 후대의 유다인의 종교적인 지도자(리더십)들에게 영향을 주었다고 말한다. 그는 히스기야의 개혁이 몇몇 지도자들에게 영감을 주었다고 주장한다.[188] 유다 민족주의의 상징으로서 히스기야의 제의 중앙화 조치가 새로운 사상 체계의 중심에 놓이게 된다. 그의 제의 개혁과 제의 중앙화 조치는 강한 민족주의 성격이 나타난다. 하지만 요시야 개혁은 종교적 성격이 강한 것으로 대대적인 종교 개혁을 보여 주고 있다. 요시야 개혁에 대하여 신명기 역사는 아주 강조하여 제의 개혁에 대하여 상세하게 보도하고 있다.

신명기 역사가는 요시야에게 많은 구절을 할애하며 제의 개혁 대상들을 많이 열거하고 있고, 신명기 개혁을 철저히 한 것으로 최고의 제의 개혁자로서 평가한다. 이것은 신명기 역사가에게 있어서 가장 존경할만한 왕으로 본다. 그리고 역사의 본받

---

188) J. Mc Kay, *Religion in Judah Under the Assyrian 732~609 B.C.,*(London: Allenson, 1973),71.

을 만한 모델로 그리고 있다. 이것은 히스기야 개혁과 비교해 볼 때, 제의 개혁 시행 면에서는 요시야가 더 뛰어난 것으로 평가된다. 그러므로 신명기 개혁을 강조하는 신명기 역사가에게는 요시야 개혁은 큰 의미를 가졌다. 더우기 그가 개혁과 통치를 잘 하였으면 바빌론 포로의 운명을 극복할 수 있는 위대한 왕이 될 수 있었지만 불행히도 전투에서 목숨을 잃게 된다. 므깃도에서 애굽왕 바로 느고를 막으려고 갔다가 전사함으로 제의 개혁이 수포로 돌아가는, 유다 역사의 회복의 희망이 사라지는 불행한 운명을 맞게 된다. 이러한 사실을 통하여 신명기 역사가는 요시야 기사에서 정치적인 국면을 강조하며 종교, 제의적 개혁만이 능사가 아니라는 것을 보여 준다. 다시 말해 신명기 역사 편집에 있어서 제의 개혁과 정치, 토라와 예언 등이 통합된 상태로 야웨의 뜻에 부합되어야 하는 것을 가리킨다. 다시 말해 요시야는 종교적 제의 개혁에는 성공하였지만 다른 요소들, 특히 정치적 외교 관계에는 실패하였음을 보여 준다. 이것은 바로 히스기야 기사에 대조를 이루고 있다. 히스기야의 경우 제의 개혁 기사는 불과 3~4절에 기록되어 있지만 정치적 기사는 18~20장 전체 걸쳐서 기록되어 있는 것을 알 수 있다. 이를 통하여 정치적 관계와 이사야 예언자와의 관계에서 야웨의 뜻에 부합하는 여부에 따라, 히스기야가 요시야 보다 더 능한 것을 보여 준다. 히스기야가 더 신명기 역사가에게는 요시야 보다 완벽한 제의 개혁가이었다.

제의 중앙화에 대한 강조가 히스기야 때 강화된다. 그러다가 므낫세와 요시야를 거치면서 어떻게 변화되었는지 살피는 것은 신명기 역사와 신명기 신학의 이해에 있어 중요하다. 솔로몬

때 처음으로 예루살렘에서 제의를 드리라는 제의 중앙화의 요
구는 시기적으로 변화되었다. 그래서 제의 중앙화에 대한 최초
의 의미는 변화하였다. 로워리는 요시야 왕에 의해 받아들여진
율법책, 신명기 사상은 히스기야의 초기 주요 신명기적 개혁인
제의 숭배 조치와 같은 연속선상에 놓여있다고 주장한다. 여기
서 우리는 이미 히스기야 시대에 초기 신명기 역사 전승이 있
었다고 추정할 수 있다. 왜냐하면 제의 중앙화(왕하 18:22)와 제
의개혁이 시행되었기 때문에 히스기야 시대의 신명기 전승이
있다고 볼 수 있다. 또한 므낫세 시대를 거쳐 요시야 시대에도
이 전승이 적용되었다.

한편, 로울리는 므낫세 왕 치하에서 앗시리아 제국주의 정책
에 다시 순응하는 기간에 요시야 성전에서 발견되었던 율법책
이 몰래 기록되었다고 본다. 그래서 신명기적인 신학의 형성이
므낫세 통치 기간이었다고 본다.[189] 그러나 히스기야 시대에
쓰인 초기 신명기 역사서가 있다고 하면 그것은 초기화 단계로
단편적인 제의 개혁 기사와 보도들이 있었을 것이다. 이 신명기
신학의 초기 역사서가 므낫세 시대에 시련을 받고, 요시야 시대
에 와서 꽃피었을 것이다. 로울리가 주장하는 것처럼 신명기 역
사가들이 므낫세 시대 종교적으로 야웨 종교를 핍박하는 상황
에서, 지하에서 숨어서 야웨 신앙을 보존하고 은밀히 신명기 책
저작하였다는 것은, 시대적으로 맞지 않다. 왜냐하면 북 이스라
엘이 멸망하여 야웨 신앙을 가지고 있는 사람들이 남 유다에 내

---

189) H. H. Rowley, "Hezekiah's Reform and Rebellion", in *Men of God*(London:
Thomas Nelson Ltd, 1963), 128ff.

려와서 토라를 가지고 야웨 신앙을 유지하지 못하는, 기나긴 동면의 상황을 전제하여야 하기 때문이다. 따라서 히스기야 시대에 신명기 율법책이 기록되었고 므낫세 시대에 숨겨져서 요시야 시대에 발견되었다고 보는 것이 설득력이 있다.

히스기야 개혁과 요시야 개혁과의 관계를 통하여 요시야 개혁의 의미를 더 분명히 드러날 수 있다. 나퍼는 바빌론 포로시대 이전의 신명기 사가는 요시야의 국가적인 개혁을 칭찬한 반면에, 포로시대의 신명기 사가는 요시야에 대해서는 비난하지 않지만, 돌이킬 수 없는 국가적인 멸망에 대해 므낫세를 비난한다고 보고 있다.[190] 2중 편집설의 관점에서 요시야를 보는 것이 다름을 이야기한다. 여기서 우리는 나퍼가 오히려 히스기야가 바빌론 포로시대 이전에 제의 중앙화를 시행하며 제의 개혁을 시행했던 모델로 보고 있는 것을 간과하고 있다. 다시 말해 나퍼는 요시야 시대와 포로 시대 신명기의 이중 편집 이론에 따라 제의 중앙화의 개혁이 요시야 때로 보고 있다는 점이다. 하지만 히스기야가 포로 이전에 산헤립에 저항하기 위해 제의 개

---

190) *Ibid.*, *pp.* 429~430. 참조. "이것이 요시야의 통치에 대한 중요성에 관한 바빌론 포로시대의 이전의 신명기 사가와 포로시대의 신명기 사가 사이의 과장하고 있는 관념적인 차이점에 대한 관심이다. 포로시대의 신명기 사가의 요시야의 통치에 관한 편집은 가볍고, 그들의 차이점들이 때때로 상상할 만큼 대단한 것도 아니다. 포로시대의 관점에서 보면, 요시야의 개혁은 므낫세에 의해서 발생한 위험을 취소하지 않을 수 없다면, 이것은 요시야가 노력한 명분을 부정하지 않는다. 열왕기하 22~23장의 고도의 문체로 기록된 기사에서 요시야가 완성한 개혁자 왕이었다는 것은 분명하다. 만약에 부와 지혜로 솔로몬 통치를 구별하고, 신뢰로 히스기야 통치를 구별한다면 지배적인 개혁은 요시야 통치로 구별할 수 있다. '모세의 모든 토라'에 무조건적으로 주어진 요시야의 헌신은 선조와 후계자들 사이에 독특한 위치를 차지하게 하였다" (왕하 23:25).

혁과 제의 중앙화 작업을 하였고, 나중에 포로 시대에는 환원 (귀환)개혁으로 두 개혁을 그리고 있다. 다시 말해 히스기야가 앗시리아에 저항하여 제의 중앙화 개혁을 일으키며, 야웨 신앙을 보존하려고 한 열심을 가진 것처럼 바빌론 포로 시대에 야웨 신앙에 철저할 때 포로에서 석방되어 가나안 땅으로 환원할 것이라는 희망을 가지게 하였던 것이다. 그것이 신명기 역사가의 기록 의도이었다. 히스기야를 역사적 이상 모델로 삼고, 요시야는 히스기야와 상응(짝)하는 인물로서 제의 개혁의 완성자의 모습으로 보이게 하였다.[191] 그리고 므낫세 이야기는 포로 시대의 역사적 불행의 원인을 설명하는 기사가 되었다. 한편, 나퍼는 히스기야 개혁은 단지 요시야 개혁의 서론으로 본다. 변증법적 구조(dialectical structure)의 관점에서 신명기 역사가는 히스기야 개혁이 솔로몬 몰락이후 2세기만에 일어난 개혁으로 유다에 좋은 징조가 된다고 본다. 반면 므낫세에 의해 수포로 돌아간다고 보았다. 그 후 요시야가 18년간을 다스리며 개혁을 일으킴으로 신명기 역사가의 이상적인 과거 개혁의 회복 모델

---

191) Gary N. Knoppers, "There Was None Like Him : Incomparability in the Books of Kings," *CBQ54*(1992):425~431. 참조 "히스기야 전에 그와 같이 온 마음으로, 온 뜻으로 야웨 하나님을 향하는 왕이 없었고 모세의 모든 율법을 따라 온 힘으로 그를 좇는 자가 없었다."
"Halpern과 Friedman은 이러한 거창한 칭찬은 신명기 6장 5절에 "너는 전심으로 온 뜻으로 온 힘으로 너의 하나님 야웨를 사랑하라"는 엄숙한 3중적 지시를 이루는 유일한 왕에 대한 판단이라고 평했다. 그럼에도 불구하고 신명기 사가는 요시야를 야웨를 "사랑하는 것"에 대한 언급을 하기보다는 하나님께 돌아가는 것에 대한 언급을 했다. 또한 그것은 나에게 요시야를 찬양하는 것처럼 보이고, 포로기 신명기사가는 또 "야웨 하나님께로 돌아가는 것"을 언급하는 그 글들을 마음에 두었던 것 같다." 이와 같이 나퍼는 히스기야가 "야웨께 돌아가는 것으로" 최상의 평가를 받았다고 강조하며 포로기 역사가의 신학을 알 수 있게 한다.

이 된다고 본다. 즉 솔로몬이 시작한 산당의 설치를 요시야가 철폐하고, 여로보암이 시작한, 제사장을 임의로 세우고 벧엘과 단에 세운 성소, 그 제도와 불의로 인해 북 이스라엘을 멸망케 하였던 것을 다시 회복하게 하기 위해서 요시야가 북 이스라엘까지 개혁을 행하였다고 보고 있다.[192] 이처럼 요시야 개혁은 히스기야 개혁과 므낫세 반개혁을 아우르는 통합과 종합의 개혁으로 보고 있다. 하지만 구조적인 측면에서 히스기야 개혁이 더 정교하고 잘 짜인 구조를 보여 주고 있는 것을 나퍼는 간과하고 있다.

다시 한 번 언급하지만 요시야 개혁이 더 중요시 여기게 되었고 더 많은 연구가 된 이유는 요시야 기사에서 더 많은 제의 개혁 이야기가 기록되고, 율법책이 발견되었다는 근거에서 비롯되었다. 그리고 제의 개혁의 성격도 히스기야 보다는 요시야가 더 강력한 개혁이었다고 학자들이 본다. 로워리는 히스기야 개혁이 반란의 긴급한 상황에서 실시한 일시적인 개혁 이였다면, 요시야 개혁은 비상조치가 아닌 항구적인 개혁 이였다고 주장한다.[193] 이러한 주장은 요시야 개혁에 더 강조점을 둔 주장이다.[194] 그러나 오히려 히스기야 개혁이 신명기 역사에서는 제의 개혁 기사가 적지만 실제 역사적인 상황은 제의 개혁이 철저하게 이루어졌다. 다시 말해 정치적으로 국가의 운명을 건지기 위하여 앗시리아라는 강대국과 맞서서 종교적인 제의 조치

---

192) Gary N. Knoppers, *Two Nations Under God: The Deuteronomistic History of Solomon and the Reign of Josiah*, Vol. 2(Atlanta: Scholars Press, 1994), pp. 243~254.
193) R. H. Lowery, *The Reforming King*, pp. 159~160.

로서 제의 중앙화를 시행한다. 이를 통하여 개혁 정치를 시행하였던 것이다. 히스기야가 행한 이와 같은 개혁은 이상적인 모델을 제시한 국가 제의 개혁의 모범적인 틀을 제공한 개혁이었다.[195]

이에 비해 요시야 개혁은 시기적으로 후대에 다시 히스기야 개혁을 보완하여 더 적극적으로 제의 중앙화를 실시하려고 노력한, 정치성이 결여된 개혁이었다. 단지 본문상의 드러난 개혁 기사의 분량으로 개혁을 평가하기에는 부족한 점이 있다. 단지 드러난 본문을 통하여 구조적(구성적) 틀―제의, 정치, 토라, 예언의 복합 구조―살필 수 있다. 그 관점에서 히스기야는 요시야 기사 보다 더 잘 짜인 구조를 보여준다. 요시야 개혁은 히스기야 개혁을 다시 회복한 개혁으로서, 부활한 개혁으로 의미가 있는 것이다. 포로기의 신명기 역사가는 요시야 개혁을 통하여 다시 한 번 국가의 재건과 다윗 왕조와 예루살렘 구원이 이루어

---

194) 로워리는 히스기야가 산당을 제거하였다는 말의 동사형을 갖고, 히스기야 보다 요시야가 더 강도 높은 산당 제거를 하였다고 주장한다. 제거하다 hesir(〈 swr)는 동사는 4가지 경우에 쓰이는 데, 제의 숙정에 쓰인다. 실제로 히스기야는 성소의 집기들, 즉 건물제단, 제물 등을 제거했다(랍사게 연설에서 반복―왕하 18:22). 그러나 요시야는 제거했을 뿐만 아니라 더 강조하여 훼파(tm')하고, 파괴(nts)하였다. 그러므로 요시야가 더 철저히 개혁한 것으로 묘사한다. 따라서 로워리는 히스기야의 제의 중앙화 개혁은 신명기적 요시야 제의 중앙화의 역사적인 모델을 제공했다고 주장한다. 로워리의 요시야 개혁의 우월성의 발견은 좀 더 큰 맥락에서 보면 히스기야 개혁의 우월성이 더 크게 부각되고 있는 것을 발견하지 못한 것이다.
195) 히스기야는 앗시리아에 발달된 문명을 알고 있었을 것이다. 그가 젊었을 때 유학을 통하여 마르둑 신관을 보고, 충격적인 유일 신관에 영향을 받았을 것이다. 가나안에서는 짝신이었지만 앗시리아 신은 유일 신상으로, 도시마다 하나의 신이 있는 것을 보고, 야웨 유일 신관을 고집하였을 것이다. 따라서 산당을 제거하는 개혁을 행했을 것이다.

질 수 있는 가능성을 보여주었다. 요시야는 다윗과 히스기야 왕과 견줄만한 왕으로서 제의 개혁의 이상적인 모델이 되었고, 신명기 역사가에 히스기야 왕과 더불어 보완적 관계로 쌍벽을 이루며 히스기야 개혁의 부활을 보여주는 요시야 왕으로 묘사 된 것이다.

5. 나가는 말

지금까지 남 유다, 후대 왕 네 명의 제의 정책과 제의 개혁을 살펴보았다. 제의 개혁이 기록된 신명기 역사의 기술을 보면서 히스기야 시대의 전승과 포로기 시대의 환원 신학을 연구하였다. 아하스 왕은 신명기 개혁에 있어 반제의 개혁자로서 열왕기에 나타나고 있지만 역사적으로 야웨 제의 개혁의 확장을 이루었던 왕으로 볼 수 있는 가능성이 있었다. 이 책에서는 히스기야 개혁을 따로 항목을 설정하여 다루지 않았지만 세 왕의 제의 조치와 개혁을 비교하며 다루었다.

히스기야 왕은 이상적인 제의 개혁자로서, 신명기 역사가 보여주는 제의, 토라, 정치, 예언이라는 4중 구조의 이야기의 관점에서 다윗 다음에 모델이 되고 있는 종교 개혁가임을 알게 되었다. 요시야 개혁은 지금까지 평가와는 다르게 히스기야 왕과의 관계에서 보조적인 관계로 상응(相補)하는 존재로서 나타나고 있음을 살폈다. 므낫세는 히스기야 개혁을 무산시키고 원점으로 돌아가게 한 왕이었지만 신명기 역사에 있어서 그림자의 역할로서 히스기야를 부각시키고 있음이 드러났다. 므낫세 시대에는 히스기야의 초기 신명기 율법책이 숨겨지고 요시야 시대에 발견되어 개혁에 동력이 되었다. 이 율법책의 내용이 신명기 개혁의 특성을 이루었고, 히스기야 개혁과 요시야 개혁의 핵심이 되었다. 이 율법책이 히스기야 시대에서 기원되어 므낫세, 요시야 시대로 이어지는 개혁 운동의 흐름을 보았다.

히스기야 개혁에서 비롯된 신명기 개혁과 율법책, 그리고 그 전승이 어떻게 이어지는가를 알 수 있었다.

특히 히스기야 시대와 포로기 시대의 왕들의 개혁이 어떠한 의미를 지니는지 연구하였다. 네 왕들의 제의와 개혁이 다 포로기 시점에서 볼 때 독특한 환원신학을 가지는 것을 보았다. 바빌론 포로라는 사건이 이스라엘의 운명에 있어서 므낫세의 범죄에 대한 심판의 이유가 되었다고 말한다. 히스기야, 요시야 왕의 제의 개혁은 히스기야 시대에는 제의 중앙화로서, 포로시대에는 제의 순수화로서 개혁 신학의 의미를 가진다. 그 제의 순수화는 포로지에서 예루살렘으로 환원하는 귀환 계획과 비전을 제시해주고 있다. 예루살렘 성전이 없는 바빌론 땅에서 제의 중앙화가 제의 순수화로 변형되고 제의적 의미를 가지게 됨을 알게 된다. 히스기야 개혁 기사에서 환원 신학이 바로 바빌론 사절단의 방문 기사(왕하 20:12~21)에서 잘 나타나는데 이 책에서는 지면상 다루지 못하였다. 요아스, 여호아하스, 여호사밧 등 제의 개혁을 행했던 왕들과 다른 왕들의 개혁 조치와 연결하여 다루지 못하였다. 이것은 다음의 연구과제로 남겨 둔다.

참고 문헌

정중호, 유다의 종교개혁과 왕, *기상*, pp. 66~93(한국구약학회 41차발표, 1994년 5월 21일)

Ackroyd, P. R "The Reigns of Ahaz and Hezekiah" In the Shelter of Elyon. Edited by W. Barrick & J. Spencer. JSOT Sup. 31. Sheffield: Sheffield Univ. Press, 1984., pp. 257~259.

Cogan, M. Imperialism and Religion: Assyria, Judah and Israel in the Eighth and Seventh Centuries B.C. E., SBLMS,19;(Missoula, MT: Scholars Press, 1974)

Lowery, R. H. The Reforming King, pp. 130~134

Knoppers, Gary N. "There Was None Like Him : Incomparability in the Books of King," CBQ 54(1992)

__________, Two Nations Under God: The Deuteronomistic History of Solomon and the Reign of Josiah, Vol. 2(Atlanta: Scholars Press, 1994)

Hoffmann, H. D. Reform und Reformen. AThANT 66,(Z rich: theologischer verlag, 1980)

Mc Kay, J. Religion in Judah Under the Assyrian 732~609 B.C.,(London: Allenson, 1973)

Rowley, H. H. "Hezekiah's Reform and Rebellion", in Men of

God(London: Thomas Nelson Ltd, 1963)

Van Keulen, Percy S. F. Manasseh through the Eyes of the Deuteronomists: The Manasseh Account(2King 21:1~18) & the Final Chapters of the Deuteronomistic History(Leiden: E, J. BRILL, 1996)

Tadmor, H. "Judah from the Fall of Samaria to the Fall of Jerusalem" ed., Ben-Sasson, A History of the Jewish People(Cambridge: Harvard Uni. Press,1969)

II. 앗시리아의 종교 정책과 히스기야 종교개혁

1. 들어가는 말

앗시리아 정책과 히스기야 개혁 간의 문제에 있어서 외스트라이허(Oestreicher)의 논제가 정설로서 학계에서 인정을 받고 있다. 그는 요시야가 정치적 관심을 가지고 개혁을 일으켰다고 가설을 세웠다. 그래서 그 논제 하에 "신명기적 종교 개혁이 앗시리아 제국주의의 권위를 거부하였다"고 보았다. 이 주장이 50년간 계속 지속되다가 60년대 말부터 공격을 받아 최근 맥케이와 코간이 그 공격의 선봉이 되었다.[196] 맥케이는 아하스부터 요시야 왕까지의 제의 혁신과 개혁을 연구하였다.

그는 성서 본문에 근거하여 히스기야, 요시야 개혁이 유다의 제의 의식에서 앗시리아 신상을 언급하지 않고 사소한 가나안 신상, 느후스단 제거만 이야기 하고 있다는 사실이 그 논제를 반증한다고 주장한다.[197] 그는 앗시리아 통치 시대에 유다에서

---

197) Lowery, *Reforming*, 13. 재인용. J. McKay, *Religion*, 15.

196) R. H. Lowery, *The Reforming Kings: Cult and Society in First Temple Judah*. JSOT120(Sheffield: Sheffield Academic Press, 1991), 12. 재인용. Oestreicher, *Das deuteronomische Grundsetz*, BFCT, 47.4(Guetersloh: Bertelsmann, 1923). J. McKay, *Religion in Judah Under the Assyrian 732~609 B.C.*(London: Allenson, 1973), 1. 참조.

숭배되어온 이방신들은 앗시리아 신이라는 증거가 없으며 일반적으로 잘 알려진 팔레스틴 신이라고 주장하며 시리아 종교를 거부하지 않았다고 본다.[198] 맥케이는 한편 히스기야, 므낫세, 요시야 제의 개혁의 상호 관계성을 보고, 다른 한편 앗시리아로부터 독립하려는 희망이 제기되다가 사라졌다고 본다. 맥케이는 앗시리아가 유다에 강압적으로 종교를 강요하는 정책이 아니었다고 주장한다.[199]

코간은 맥케이의 주장과 같이 앗시리아의 종교 정책이 강압 정책이 아니었다는 맥락에서 앗시리아가 유다에게 자신의 종교를 강요하지 않았다고 말한다.[200]

---

198) 아하스 통치해인 주전 732년 이후 메소포타미아 신들이 유다 지역에서 섬겨졌다고 본다.

199) *Ibid.*, 13. 재인용. J. Mc Kay, Religion, pp. 69~75. 첫째, 고대에는 정치와 종교가 밀접히 연관되었지만 고대 셈족의 정치, 종교적 이상은 그리스-로마인들의 종교 부과 정책과는 다른 정치와 종교가 분리되었다. 둘째, 앗시리아의 종교 정책과 천체 숭배와 연관하여 천체 숭배가 앗시리아 지배 기간 동안 일어난 것이 아니다. 셋째, 앗시리아가 봉신국에게 부과하는 종교 제재 조치가 있었을 것이라는 가설은 포기되어야 한다.

200) *Ibid.*, *pp.* 111~115. 그의 결론을 간단히 살펴보면 다음과 같다. 신 앗시리아 제국 정책의 포인트는 앗시리아의 정복한 나라와 그 지역의 외국 신들은 앗시리아에 해가 되지 않고 오히려 도움이 된다는 것이다. 오히려 앗시리아 편에서 활동한다고 보고 앗시리아는 정치적인 복종에 만족하고 피정복지에서는 계속 자국의 제의를 수행하도록 하는 새로운 제국정책의 상을 수립한다. 그래서 코간은 앗시리아의 문헌에 신 버림의 주제가 있다고 주장한다. 이 신 버림의 문학적인 모티프는 앗시리아가 패배한 나라의 신상을 이전시킴으로 실제로 실현시켰다. 그래서 자국의 신이 자기 백성을 버렸다는 것을 보여 준다. 추방당한 백성들은 앗시리아 주권을 공공연하게 인식하게 되었고 제의적으로 항복하는 의식으로써 앗시리아 의식을 행하고 그것을 행함으로 자연적으로 주종의 관계를 취하는 것이었다. 그리고 앗시리아는 피정복지의 성소에 다시 추방된 상을 회복하게 하였다. 에사르하돈은 편한 지역(quarters)에서 수많은 신상을 지은 것을 자랑했다(아랍신은 제외).

이러한 주장에 대한 논지를 좀 더 다루며 앗시리아의 종교 정책이 무엇이며 히스기야 개혁이 어떠한 영향을 미치었는지 살피고자 한다. 히스기야 개혁을 다룸에 있어서 그 당시 앗시리아 제국 관계에 대한 문제는 선행되어야 한다.

이 장에서는 앗시리아 종교정책에 대한 문제를 다루고, 신명기 역사 본문(열왕기)에 나타난 히스기야 개혁과 앗시리아 종교 정책이 어떻게 반영되고 있으며, 포로기 편집자의 관점에서 본 신명기 신학을 추출하고자 한다.

2. 앗시리아의 종교 정책

앗시리아 제국의 종교 정책이 유다의 야웨 종교에 어떠한 영향을 끼쳤는지 여부에 대하여 논란이 있어왔다. 그래서 먼저 앗시리아의 종교 정책이 어떠했는가라는 것이 문제의 초점이 된다.[201] 이에 관해서는 세 가지 설이 있는데, 앗시리아의 제국 정책이 피지배 국가의 종교를 인정하였다는 주장(관용정책)과 앗시리아가 유다에 직접적으로 영향을 미치어 앗시리아 종교

---

201) 먼저 앗시리아 정부와 제국 전체의 정치 구조를 이해하는 것이 이 장에서는 중요하다. 앗시리아가 중앙 정부라고 하면 속주(Province)와 속국(Vassal State)은 지방 정부라고 볼 수 있다. 앗시리아는 지방 정부를 차별을 두어 관리하고 있다. 자세한 사항은 후론한다. 김영진은 고대 근동의 앗시리아 제국의 통신 체계의 관점에서 중앙 정부와 지방 정부로 구분하여 이해한다. 참고, Kim, Young—Jin, *The Role of Communication in the Near Eastern Empires of The First Millennium B.C.*, Ph. D Dissertation of the Hebrew Univ. 1999, pp. 2~10.

를 강요했다는 견해(강압정책)와 제3의 견해로 피정복 국가가 어떤 이유로든 앗시리아 종교를 모방하였다는 모방설 등이 그것이다.[202]

첫째, 고대 앗시리아 아카드어 문서 발견과 판독 작업이 이루어진 후, 앗시리아 제국 통치의 모습들이 밝혀지게 되었다. 롤린슨은 앗시리아가 다른 나라를 정복한 후 그 나라에게 앗시리아 종교를 강요하였다고 주장한다. 그 예 중에 하나가 북 이스라엘의 아하스 제단이 앗시리아 제의와 관련되었다고 말한다.[203] 그 후 히스기야 시대에도 아하스의 제의가 있었을 것이라고 추정한다.[204] 올름스테드는 사르곤 2세의 행정제도를 연구하여 왕정 시대의 종교 정책에 주목하고 있다.[205] 그는 "정복지에는 앗수르 왕의 형상과 앗수르 신의 형상이 모아졌다"고 주장한다.[206] 그리고 예루살렘 안에 놓인 다메섹 제단이 앗시리아 제단이라고 보고 있다.[207] 올름스테드는 앗시리아가 제국

---

202) 이 문제에 대하여 코간이 잘 정리하고 있다. M. Cogan, *Imperialism and Religion: Assyria, Judah and Israel in the Eighth and Seventh Centuries B.C.E.*, SBLMS, 19(Missoula, MT: Scholars Press, 1974) 참조하라.

203) *Ibid.* 재인용, G. Rawlison, *The Seven Great Monarchies of the Ancient Eastern World 1*(New York: A. L. Burt, [1875]), p. 342.

204) R. H. *Lowery, Reforming Kings*, 134~140. 참조하라. 로린슨의 견해는 앗시리아 제의에 대한 언급이 전혀 없기 때문에 역사적으로 아하스 시대의 제의가 히스기야 시대에도 있었으리라는 추측에 근거한 이론으로 분명한 근거가 부족하다. 더우기 아하스가 도입한 제단이 앗수르 제단인지 팔레스틴의 종교 제의의 제단인지의 여부가 논란이 되고 있다.

205) A. T. Olmstead, *Western Asia in the Days of Sargon of Assyria, 722~705 B.C.*(New York: H. Holt, 1908), p. 171.

206) *Ibid.*

207) R. H. Lowery, *The Reforming Kings*, 135., AT. Olmstead, *History of Assyria*, *III*(Chicago: University of Chicago Press, 1968).

의 종교를 강요하였다고 본다.[208] 그러나 앗시리아의 정복지에 앗수르 왕의 형상과 앗수르 신의 형상이 있었던 것은 앗시리아 제국 시대의 종교 강압 정책의 증거로 보기 보다는 고대 왕의 통치 정책의 흔적으로 볼 수 있다. 일반적으로 고대 제국 통치 세계에서는 통치하는 왕의 형상을 정복지에 세워 놓음으로 통치 영역을 표시하였다.[209]

스미스는 앗수르 신의 정체에 대해서 특이하게 발림 (Ba'alim) 신의 짝이라고 보고, 그것이 앗시리아의 앗수르 신의 짝 신으로 경배되었다고 본다. 그 신은 군사적인 정복과 성취에 의존되어 있어서 앗시리아 군대가 퇴각하거나 철수할 때, 같이 앗시리아 종교도 후퇴하였다고 주장한다.[210] 그는 앗시리아가 종교 강압 정책을 시행하였다는 측면에서 앗시리아의 정치, 군사적인 이동에 따라 그 신상의 운명도 함께 하는 종교 개념을 가진다고 본다. 스미스는 앗시리아의 속국과 속주에 대한 정책을 구별하지 않고 군사적 성격을 가진 제의 강압 정책을 주장하고 있다. 그러나 그레이는 속국의 상황을 언급하면서 유다 제의의 이방화(아하스, 므낫세)의 모습은 제국에 대한 속국(봉신국)의 책무를 수행한 결과라고 보고 있다. 그는 속국으로서 북 이스라엘의 마지막 몇 년 동안에 앗시리아 제의 증거가 북지역에

---

208) *Ibid.* 히스기야 이후에 므낫세는 친 앗시리아 정책을 수행하였다고 보고 있다.

209) C. Westermann, *Genesis 12~36*, A Commentary(Minneapolis: Augsburg, 1985). 하나님의 왕권의 개념과 하나님의 형상에 대한 개념은 M. Weinfeld, *Deutemomy And The Deutemomic School*(Oxford: Clarendon Press, 1972), 81, 199~201. 참조하라.

210) S. Smith, *Early History of Assyria to 1000 B.C.*(New York: E. p. Dutton and Co., 1928), 337.

서 발견된다고 주장한다.[211] 이와 같이 스미스나 그레이는 앗시리아가 유다에 종교적으로 강압정책을 시행하였다고 보고 있다. 이들의 주장을 뒷받침할 확실한 자료나 근거가 분명하지 않다. 또한 올브라이트는 신아람적인 문화가 주전 8~7세기 에 널리 퍼져 있다고 주장하며 앗시리아 군사력의 파급이 아람 문화 확산에 강한 영향을 미치었다고 주장한다.[212] 즉, 앗시리아 제국 시대에 아람 문화의 확산이 팔레스틴 전역에 이루어졌다는 것이다. 마찬가지로 노트는 앗시리아 제국 정책의 종교 강요를 다음과 같이 주장한다.

"고대 정치에 있어서 종주국은 공식적인 종교를 요구하였다. 그래서 이스라엘은 앗수르신을 받아들여야 했다. 유다의 아하스 시대에 디글랏 빌레셋에게 항복한 이후에, 히스기야는 앗시리아에 대한 의존을 주전 705년에 포기하고 나서 앗시리아 종교를 지속적으로 폐지하고 예루살렘에서 개혁된 공식예배를 거행한다."[213]

노트는 역사적인 상황을 추론하여 앗시리아 제국 정책에 있어서 정치적 복종과 더불어 종교적 복종도 동시에 요구하였다고 보고 있다. 그는 앗수르의 공식 종교가 예루살렘 국가 성소

---

211) J. Gray, *I & II Kings*, p. 648.
212) W. F. Albright, *Archaelogy and the Religion of Israel*, 5th ed. (Garden City: Doubleday Anchor, 1969), p. 156.
213) M. Noth, *The History of Israel*, 2nd ed. (New York: Harper and Row, 1960), 266.

에 전통적인 야웨 제의와 병행하는 위치를 차지하게 된다고 주장한다.[214] 그래서 히스기야가 주전 701년 앗수르에 반란하여 그 예속을 벗어버리려 했고, 앗시리아의 공식 종교를 폐지하고, 예루살렘의 공적 제의를 개혁하였다고 말한다.[215] 노트는 므낫세가 이방 종교를 섬기면서 앗수르 국가 종교와 더불어 온갖 이방 종교의 관습들이 예루살렘과 유다 전역에 침투하였다고 주장한다(습 1:4~6, 8, 9; 왕하 23:4 이하). 그의 주장은 역사적인 관점에서 성서 기사와 고대 근동의 역사 자료를 가지고 기사를 재구성하려는 입장에서 정치적인 예속의 상황이 종교적인 강압 정책에까지 이르렀다고 본 것이다. 그러나 이것은 앗시리아 문서에서 종교적인 강요의 흔적을 찾을 수 없기 때문에 그의 주장은 설득력이 약하다.

둘째, 르낭은 지배국가인 앗시리아의 정책은 피지배 국가에 대하여 종교의 자유를 제한하지 않았다고 말하며 그 한 예가 므낫세 시대의 종교관용이라고 본다. 앗시리아는 각 나라의 종교 문화에 따라 예배하는 것을 허용하였다고 주장한다.[216] 이 주장은 속국(Vassal State)과 속주(Province)에 대한 종교 정책을 구별하지 않고 있기 때문에 고대 근동의 역사적 사실과 거리가 있다.

---

214) *Ibid*, 266~80.
215) *Ibid*, 그의 개혁은 실패하였고, 그는 항복하고 무거운 조공을 바치고 다시 간신히 속국으로 남아서 작은 도시 다윗 성 예루살렘만 통치하는 소국의 왕으로 전락하였다. 그래서 그는 또 다시 예루살렘 왕실 성소에 앗시리아의 공식적인 국가 종교를 받아들여야만 했다.
216) M. Cogan, *Imperialism*, 1. 재인용, E. Renan, *History of the People of Israel* 3(Boston: Roberts Brothers, 1894) 11~12, pp. 106~107.

또한 코이프만은 성서에 앗시리아적인 종교 신상이나 종교 외압의 증거가 희박하다고 지적하면서 앗수르바니팔 연대기를 인용한다. 이 연대기 목록에는 오직 세 나라(칼두, 아라무, 해안 남부 바빌론)만 언급되는데, 이 목록이 모든 지역에서 앗시리아 제의가 실행되었다는 증거로서는 부족하다고 주장한다.[217] 결정적으로 성서 자료가 이방 제의 채택에 있어서 정치적인 필요성의 문제에 대하여 침묵하고 있고, 앗시리아 신들에 대하여 성서에 전혀 언급이 없다는 것은 종교적인 강요를 하지 않은 것을 암시한다고 본다.[218] 그는 오히려 심리적인 위기가 유다 사회의 상류층에 있었고, 유다의 정치적인 굴종이 이루어져서 므낫세 시대에 외국의 신들이 도입되었다고 설명한다. 이처럼 그는 앗시리아 종교 강압 정책에 대한 보편성을 의심한다.[219] 우리는 코이프만을 통해서도 속국과 속주에 대한 앗시리아 종교 정책의 구별을 지적하지 못한 한계를 알 수 있다. 르낭과 코이프만은 앗시리아가 일방적으로 차등 구별 없이 피정복지에 대해서 종교관용 정책을 썼다는 주장을 하는데, 이것은 이론(異論)의 여지가 있다.

셋째, 부데는 유다가 앗시리아 종교 문화를 모방한 것이라고 모방설을 주장한다.[220] 직, 간접적인 영향 없이 종교 문화를 모방하였다는 이러한 주장은 아하스의 앗시리아 제단을 도입하

---

217) *Ibid.*, 5. 재인용, Kaufmann, *Toledot Ha emuna Hayyisreelit 1*(Tel~Aviv: Dvir, 5720[=1960]) 95.
218) *Ibid.*
219) *Ibid.*
220) *Ibid.*, 2. 재인용. Karl Budde, *The Religion of Israel to the Exile*(New York: Putnam, 1899), 164.

였다는 사실에서, 그 가능성을 타진하려고 한다. 그래츠는 아하스가 앗시리아에 먼저 봉신국으로서 충성의 표시로 앗수르 신을 예루살렘에 도입하였다고 주장한다.[221] 키텔은 모방은 말없는 양해(tacit understanding)라고 전제하고 앗시리아 봉신들은 앗시리아 신, 앗수르 신을 채택함으로 그들의 지배를 찬양하도록 강요받았다고 주장한다.[222] 이 이론도 모방의 증거가 없고, 오늘날 밝혀진 앗시리아 정책의 관점에서 볼 때 수용하기 어렵다. 다만 앗수르 신의 지배를 강압적으로 보다는 앗시리아의 종교 관용정책의 상황에서 간접적이고 권유적으로 유도되었다고 보는 것이 무리가 없다. 앗시리아 시대의 침략 기사에 보면 앗수르 신에 의하여 전쟁에 나가서 적국을 패배시키고 승리하였다는 기록을 보면[223] 앗수르 신에 대한 우월성을 말하고 있다. 이것은 앗시리아의 신이 타국의 신보다 월등하며 존경받을 만한 가치와 숭배의 대상이 될 수도 있다고 본다. 이러한 측면에서 앗시리아 제국은 정책의 효율적인 운영을 위하여 종교관용 정책으로 타국의 종교를 인정하면서도 자연적으로 자신의 종교 도입을 원하고 있다고 추정하는 것이 더 설득력이 있다.

---

221) *Ibid.* 재인용. H. Graetz, *History of the Jews 1*(Philadelphia: Jewish Publication Society, 1891), 260.

222) *Ibid.* 재인용. R. Kittel, *Geschichte des Volkes Israel 2*, 2nd ed.(Gotha: F. A. Perthes, 1909), 483~84; cf. 518~19:

223) K. L. Younger, Jr, *Ancient Conquest Accounts: A Study in Ancient Near Eastern and Biblical History Writing*, JSOTSup. 98(Sheffield: Sheffield Academic Press, 1990), 79~124. 디글랏빌레셀1세의 에피소드9(Ⅲ. 73~87), 19(Ⅴ. 99~Ⅵ. 21), 2(Ⅰ. 89~Ⅱ. 15), 6(Ⅲ. 7~31) 등 3개문서와 앗수르 단2세의 6개의 에피소드, 앗수르나시르팔 2세의 3의 문서, 살만 3세의 12개의 문서, 산헤립의 2.5.7차 침략 기사 3문서, 사르곤의 신에 바치는 서신 4 단락, 앗수르나시르팔2세의 표준 비문과 아닫니라리3세의 텔알리마 석비 등이다.

근래에 코간은 앗시리아 제국과 외국 신들―신 버림의 주제, 앗시리아의 신 형상의 박탈, 앗시리아의 종교 부과―속주와 속국, 앗시리아 제국과 유다, 앗시리아 통치와 이스라엘 등의 다섯 주제로 나누어 연구하고 있다. 그에 의하면, 유다에서 야웨 전통의 각성이 일어난 것은 분명히 주전 701년 히스기야 패배 이후 국가의 비탄을 설명할 수밖에 없었고, 또한 이방 제의에 동화되는 것에 대한 반성에 기인한다. 주전 721년 사마리아 합병이후 북쪽은 속주로 변형되어 이방 종교의 유입이 가속화되었다. 그래서 그는 '앗수르 신과 왕께 경외' 라는 의식이 앗시리아 시민에게 부과된다고 주장한다. 그래서 사마리아 사람들은 속국민과 달리 앗수르 신과 토착 신과 더불어 지역 야웨 신을 계속 숭배하였을 것이라고 본다.[224] 그의 견해는 고대 근동의 역사적 상황과 고고학적 발굴 결과에 근거하여 고대 문서를 면밀히 고찰하여 연구한 이론으로서 앗시리아 정책 연구에서는 하나의 정설로 여겨질 정도로 설득력을 많이 얻고 있다. 이 책에서는 앗시리아가 종교 정책을 속국과 속주에 대하여 구별하여 다르게 적용하였다는 코간의 가설을 따라서 히스기야 시대의 유다는 속국의 지위에서 종교적인 자율권을 가졌다는 것을 토대로 히스기야 개혁의 의미와 특성이 보다 더 잘 드러나게 될 것이다.

---

224) *Ibid.,* *p.* 113. 그의 결론에 의하면, 이스라엘의 우상의 근원이 앗시리아의 국가 신, 앗수르 제의를 강제 부과한 것에 있지 않다는 것이다. 이것은 히스기야, 요시야 제의 개혁이 더 이상 앗시리아 통치를 반대하는 정치적 반란의 표현으로써 생각될 수 없다는 것이다. 또한 신 바빌론 제의 부과의 가정도 합당하지 않다.

3. 앗시리아의 정책과 신명기 역사 본문

1) 히스기야의 정치적 반란(왕하 18:7~8)

7   והיה יהוה עמו בכל אשר־יצא ישכיל

וימרד במלד־אשור ולא עבדו

8   הוא־הכה את־פלשתים עד־עזה

"7 야웨께서 그와 함께 계시니 그가 가는
모든 곳에서 형통하였다. 앗수르 왕에게
반란을 일으키고 그에게 굴종하지 않았다.
8 히스기야는 가자까지 가서 블레셋을 쳤다."

이 본문은 히스기야가 종교, 정치 개혁을 하고, 반란(Reform and Rebellion)하였다는 주장에 대한 하나의 근거가 되는 구절(18:4, 7)이다. 존 브라이트(J. Bright)는 히스기야가 제의 개혁(18:4)을 한 것은 앗시리아 신들에 대한 종교적인 거부로서 반란을 선포한 것이라고 말한다. 그는 히스기야 정책이 처음에는 가능한 한, 열린 눈으로 앗시리아에 개방적인 태도로 조심스럽게 반응하였는데, 나중에 기회를 얻어 독립 운동을 강화하고, 확대시켜 갔다고 주장한다.[225] 그러나 히스기야 시대의 앗시리아 정책을 객관적이고 신빙성 있게 연구한 코간과 멕케이의 주장[226]으로 인해 브라이트의 주장은 설득력을 잃게 되었다. 앗시리아의 종교 관용정책의 상황에서 히스기야가 제의를 개혁한 것은 앗시리아에 대한 반란을 의미하지 않기 때문이다. 또한

18:4에서 지방 성소(산당)를 철폐한 것은 히스기야 시대의 정책으로 나타나지만, 포로기 편집자의 신명기 문체라는 견해가 제기되면서 히스기야 개혁의 역사성도 의심받게 된다.[227]

이러한 맥락에서 볼 때, 18장 7절의 앗시리아 왕에 대한 반란 기사도 연결되어 있는 것을 알 수 있다. 여기서 앗시리아에 반란한 시기가 언제인지 먼저 논란이 된다. 이 시기는 히스기야 개혁이 반란을 목적으로 하지 않았지만, 주전705년 앗시리아 반란 전에 행하였을 것이다.[228] 히스기야가 주전705년 이전에 앗시리아에게 조공을 바치지 않았기 때문에 앗시리아가 침략하게 된다. 이것은 고대 근동의 앗시리아의 침략 이유 근거에 있어서 조공을 바치지 않았을 때 침공하였기 때문이다. 본문 7절에 '반란했다'[229]는(מרד) 언급은 바로 이 조공 문제 때문일 것이다. 그리고 주전705년 팔레스틴과 애굽의 바로 누비아 등 이웃 나라와 외교 동맹을 맺어 앗시리아에 반란을 일으킨다. 그래서 8절의 블레셋을 친다는 것은 반앗시리아 정책을 말하는 것이다. 그러나 이러한 관점과는 다르게 야거스마(H. Jagersma)는 전략적으로 유다는 중요하지 않아서 150년 동안 속국으로

---

225) J. Bright, *A History of Israel*. 3rd ed.(Philadelphia/London: Westminster Press/SCM Press, 1981), 282. 노트도 같은 입장으로서 예루살렘 성전에 전통적인 야웨 제의 옆에 앗시리아 공식 제의가 있었고, 경건한 히스기야가 제의 개혁을 실시하면서 독립선언과 앗시리아에 반란을 일으켰다고 주장한다. M. Noth, *The History of Israel*. 2nd ed.(London/New York: A. & C. Black/Harper & Row, 1960), 266.

226) M. Cogan, *Imperialism and Religion*; J. McKay, *Religion in Judah Under the Assyrian 732~609 B.C.* 이 논의에 대해서는 T. R. Hobbs, *2Kings*. WBC(Texas: Word Books, 1985), pp. 251~252. 참조하라.

227) T. R. Hobbs, *2Kings*, 251. 재인용, Snaith, *2 Kings*, ID 3: 290.

228) M. Cogan and H. Tadmor, *II Kings*, A. B.(Doubleday & Company, 1988), pp. 219~220.

삼고 점령하지 않았다고 본다.[230] 그리고 히스기야 제의 개혁

---

229) מרד라는 동사가 MT에서 25번 나온다. 그 중에 9번은 신—열왕기하에 나오
는데, 평행 본문에 3번 추가되어 나온다. 그 중에 5번은 여호수아 22장
16~29절에 야웨께 거역하여 반란한 것으로 지파 내부의 분쟁과 관련된다.
그리고 4번은 열왕기하18:7,20(//사36.5);24.1,20(//렘52.3;대하36:13)에 나
온다. 부가하여 מרדות명사는 사무엘상 20장 31절에 בן נעות המרדות('패역부
도(반역)의 계집의 소생아')라는 구에서 나온다. 이 구절은 사울이 요나단
에게 모멸적인 어구로 사용한다. 사울은 요나단의 잘못(그의 어머니의 잘
못은 아님), 즉 다윗을 선택한 불충한 행동을 반역으로 본다. 그러나 표면
적 이야기의 가족/정치적 갈등은 야웨의 충성과 반역과 관련된 심층적인
개념을 가리킨다(참조, 삼하 20:2에서 유다는 다윗을 고수(דבק,신뢰)하는
데, 반면, 이스라엘은 철수한다(עלה מאחרי דוד). 거기서 다윗이 야웨를 대신
한다. 열왕기하18:20에서 앗시리아 사람들이 반란하는 히스기야를 불충한
행동을 할 수 있는, 신뢰(בטח)의 새로운 대상에 대한 질문을 제기하면서 고
소한다. 반면에 18장 7절에 히스기야 행동은 분명히 긍정적이다. 여호야김
과 시드기야(24:1, 20)가 느부갓네살에 대항하여 반란한 것은 긍정적이지
못하다. 열왕기에서 외교의 범위에서 פשע는 다윗의 제국에 지역적 파산(파
당)에서 나온다. 즉, 그것은 이스라엘이 다윗 집(가문)을 배반한 것(왕하
12:19)과 같다. 그리고 이전의 속국인 모압과 에돔이 아합의 자손과 배반한
것과 같다(왕하 1:1; 3:5, 7; 8:20, 22). 그러므로 속국은 다윗 가문과 פשע 배
반(파산)하지만 다윗 가문은 메소포타미아 제국 군주에게 מרד(반란)하게
된다. 크니어림(Knierim)은 מרד(불완전하게 발전된 반란)와 פשע(fait
accompli,완전히 파산됨)로 구분한다.
R. P Knierim, מאס. In Theologisches Handwörterbuch zum Alten Testament,
ed. E. Jenni and C. Westermann, vol. 1(3rd ed.), 541~49. München: Chr.
Kaiser and Zürich: Theologischer Verlag. 1978b 참조하라. 정치적 반란이 옳
고 그르든 간에 야웨(군주)에게 반란하는 관계와 관련되어 판단된다. 헐은
이 반란이 실제 산헤립에게 반란한 것인지, 아니면 느부갓네살에게 반란한
것인지 구별해야 한다고 주장한다. J. H. Hull, *Hezekiah—Saint And Sinner*,
pp. 203~204.

230) H. Jagersma, *A History of Israel in the Old Testament Period*(London: SCM
Press, 1982), 163~65. 유다가 앗시리아에 완전히 정복당하지 않는 것은 정
치적으로, 지리적으로 중요하지 않게 여겼기 때문이라고 본다. 이것은 150
년간 비록 속국이었지만 계속 존속할 수 있었던 것이다. 히스기야가 즉위
하였을 때 유다는 좁은 영토를 차지하고 있었다고 본다. 시로 에브라임 전
쟁으로 에돔과 에시온 게벨항을 포함하여 상당히 많이 포기하여야했다. 이
것은 경제적으로 큰 타격이 되었다. 그곳은 중요한 무역항이었기 때문이
다.

과 앗시리아 반란과는 직접적인 관계가 없다고 주장한다.[231]

그 당시에 정황을 보았을 때 제의 개혁으로 앗시리아에 반란한다는 것은 무모하고 성공할 수 없는 일이었다. 하지만 앗시리아 연대기에 따르면, 히스기야가 에글론의 파디를 폐하고 아스글론의 시드카와 동맹을 맺은 것은 반앗시리아적 행위로써 그때에 블레셋은 앗시리아에 충성하고 있었다고 말한다.[232] 그리고 히스기야 통치 기사 서론 부분(18:1~8)의 결론에서 앗시리아에 반란하였다고 기록하고 있어서, 앗시리아에 히스기야가 반란한 것은 역사성이 있으며, 국제 정세의 변화와 앗시리아의 세력에 변화가 있음을 보여 준다. 앗시리아가 쇠퇴하고 바빌론이 강하여지게 되면서 팔레스틴에 변화가 일어났고, 독립 운동을 해도 성공할 수 있다는 기운이 있게 된다. 따라서 히스기야 제의 개혁과 중앙화 개혁은 야웨 신앙의 열정과 국력의 확대를 가져왔다고 볼 수 있다.[233] 나중에 히스기야 제의 중앙화 개혁은 앗시리아 반란에 대한 적절한 대비책이 되었을 것이다. 앞에서도 언급하였듯이 산당을 철폐하면서 재화를 예루살렘으로 모아서 경제력을 집중시키고, 군사적으로 전쟁 준비를 할 수 있게

---

231) *Ibid.* 제의 개혁과 앗시리아 반란 사이의 관계는 직접적으로 분명하지 않다고 본다. 그러나 자연적으로 앗시리아 제의 상징은 영향을 받았지만 열왕기하18:4의 제의 상징의 이름은 앗시리아 특징보다는 가나안 모양을 보여 준다. 더우기 제의 개혁은 히스기야가 품은 정치적인 열망과 연결된 것으로 틀림없이 보인다. 그리고 히스기야 터널을 수축한 것은 주전700년에 북이스라엘의 난민으로 예루살렘의 인구가 급증하였기 때문이다.
232) D. J. Wiseman, *1 & 2 Kings*(Illinois: Inter—Varsity, 1993), p. 273.
233) T. R. Hobbs, *2 Kings*, 252. 히스기야 제의 조처가 정치적이었다고 주장한다. 그의 제의 개혁 조치는 그밖에 어떤 것보다 아마도 반란을 준비하는 내적인 정치적인 힘과 연관되었다. 종교적이고 지역적인 정치적 힘은 예루살렘 안에 위치한다고 주장한다.

한 것이다. 또한 정치 개혁을 하여 국민의 정신을 통일하고 국제 관계를 통하여 동맹을 맺고, 전쟁 시기를 따지고 하는 등등의 작업을 통하여 국가의 전쟁 준비를 조직적으로 도모하여 나갔다. 따라서 앗시리아에 반란을 일으킨 것은 국제 정치의 역학 구조와 국제 정세에 기인한 것이지만 히스기야의 제의 중앙화 개혁은 소규모의 종교적인 개혁 조처에서부터 정치적 형태의 개혁에 이르기까지 다양하고 거대한 의미를 포함하여 반란에 적절히 활용되고 연관되었다.

4. 히스기야 제의 중앙화 조치∼경제적인 집중화 작업, 귀환자금(18:16)

16　בעת ההיא קצץ חזקיה את־דלתות היכל יהוה ואת־האמבות
אשר צפה חזקיה מלך יהודה ויתכם למלם למלך אשור

16 그때에 유다왕 히스기야가 야웨 성전의 문과
　　기둥에 입힌 금을 벗겨서 앗수르 왕에게 주었다.

열왕기하 18장 16∼18절(A1)은 산헤립의 침략, 제2차 침략에 해당하는 기사로서 히스기야는 지방 산당을 철폐하고[234] 그 산당에 있던 금을 예루살렘 성전으로 가져와 도금하여 종교적인 치장효과도 갖고, 또한 재화로써 보관하는 이중적 역할을 하였다. 이렇게 모아 논 금은 산헤립의 예루살렘 침략으로 몰락하는 위기 상황에서 항복의 의사 표시로 다 내놓게 되

고 위기를 모면하게 된다. 주전 689년 앗시리아는 항복의 조
건으로 많은 조공물을 요구한다. 은 삼백 달란트, 금 삼십 달
란트의 액수는 엄청난 것으로 은 11톤, 금 1.8톤의 분량으로
[235] 성전의 금까지도 벗겨서 조공을 바치지 않으면 안 되는 상
황이 되었던 것이다(14~16). 성전 문과 기둥에 입힌 금과 은을
벗기는 상황은 르호보암과 요아스 때에도 있었던 것이다. 히스
기야 때에는 지방 성소를 폐쇄하면서 중앙화 개혁 조치에 맞추
어 금과 은 보화를 예루살렘으로 집중시켰다.[236]

히스기야 중앙화 개혁 시행중, 제의 중앙화 조치로서 성소의
폐쇄는 중요한 정책이었다. 앗시리아 군대가 침략하고 지나가
면서 취할 수 있는 자원을 막기 위해 폐쇄된 성소의 제의 장비
를 보존할 필요성은 이중적이었다. 핸디는 성소의 폐쇄 목적을
두 가지로 지적한다.[237] 그 중에 하나는 신상을 적군에게 빼앗
김으로 사기가 저하될 위험성이 있다는 것이며,[238] 두 번째로
금, 은 보석으로 된 성물을 철수함으로 전쟁에서 질 경우 조공

---

234) R. H. Lowery, *The Reforming Kings*, 159. 로워리는 침략 중에 산당이 폐쇄
　　되는 과정을 다음과 같이 실감 있게 표현한다. "각 성소들은 연속하여 폐쇄
　　되었고 제의적인 기구들은 유다지역의 유격대가 앗시리아 군대의 진격을
　　앞두고 퇴각함으로 포획 당하지는 않았다. 금, 은, 봉헌 물들과 신들의 석상
　　이 예루살렘과 주요 요새 도시로부터 제거되었을 것이다. 히스기야 통치
　　아래에서 유다에 모든 도시로부터 모아진 모든 것이 예루살렘 도시에 있을
　　때가 왔다. 그때에 히스기야는 공식적으로 예루살렘 외곽 모든 성소를 폐
　　쇄하였다."
235) R. L. Hubbard Jr, *First and Second Kings*(Chicago: Moody Press, 1991),
　　210~11.
236) J. A. Montgomery, *The Books of Kings*, ICC(Edinburgh: T&T Clark, 1976),
　　485. 르호보암은 열왕기상14.25~26, 요아스는 열왕기하 12장 18절에 언급
　　된다.
237) L. K. Handy, "Hezekiah's Unlikely Reform." *ZAW* 100(1988): pp. 111~112.

물로 사용하려고 했다는 것이다.[239] 후자의 의견은 일리가 있다. 왜냐하면 전쟁 패전시 조공을 바쳐야 하는 상황에서 금, 은 보화의 수요는 필요하였고, 사전에 성물의 수집은 불가피했기 때문이다. 그러나 핸디가 말하듯이 조공만을 목적으로 기물을 모으기 위하여 한 것이 아니라 국가의 재화 모금과 국가 비상 상태에서 사용할 수 있는 기금으로 마련되었고, 그것은 복합적인 용도로 사용되었을 것이다.[240] 이것은 산헤립의 연설에서도

---

238) *Ibid.* 첫째로 제의 대상물은 종교적인 중요성을 가졌다. 만일 앗시리아 군대가 자신들의 성전에 유다 신상들을 운반하여 가면, 앗시리아를 위하여 신이 유다를 포기하였다는 것을 의미한다. 앗시리아는 자신의 신이 유다의 신보다 월등하여 신전(산당)을 훼파하고, 신상을 파괴하였다고 선전할 수 있었다. 그리고 그 벗긴 상을 사용하거나 그들 자신들을 위하여 제의 장비를 녹여서 사용할 수 있었다.

239) 둘째로 왕국의 방어를 위해 예루살렘으로 고가치의 움직일 수 있는 기물을 가져왔다. 그리고 왕의 생명과 왕도를 구출하기 위하여 앗시리아에게 조공을 바칠 필요성이 제기되었다. 참조, 열왕기하18:14~6, *Oriental Institute Prism III* : 41~8(Luckenbill, 34) 그 당시 산헤립에게 바친 조공이 상당히 무거웠던 것으로 보인다.

240) *Ibid.* 앗시리아가 보상금을 요구하였을 때 그들의 수중에 놓을 수 있는 모든 금, 은 등 진귀한 물건이 필요하였다. 예루살렘 성전과 성전의 설비도 면제받을 수 없었다. 그래서 외곽 성소들로부터 가져온 기물들은 물론 분명히 모두 전리품 수집물이 되어버렸다. 도시의 구원을 위한 모든 조공은 예루살렘 안에 있는 저장고로부터 가져왔을 것이다. 어떤 유다인도 조공 재산이 이미 앗시리아 군대의 소유가 되는 것을 동의하지 않았다. 그러므로 히스기야가 예루살렘 도시로 쉽게 운반 할 수 있었던 가치 있는 종교적인 장비를 가져왔다는 것은 가장 가능성이 있는 것이다. 핸디는 조공물로 성소의 폐쇄 조치와 더불어 기물을 가져왔다는 주장을 더욱 상세히 언급한다. 히스기야가 도시를 방어하기 위하여 앗시리아가 침략하는 것을 준비하였기 때문에 마지막 파괴를 당하는 것을 막기 위하여 종국에 무거운 조공의 가능성을 준비하였을 것이라고 추측하는 것은 아주 현실적이다(히스기야가 수로를 만들기 위하여 히스기야 터널을 만든 것은 포위되었을 때를 준비한 것이다. 열왕기하18:22). 산당을 철폐하면서 히스기야는 성전세를 받아서 기금을 형성하였던 것이다(신12:6~7:11~12, 17~18; 14:22 ~27; 14:28~29).

알 수 있다(왕하 18:22). 그러므로 핸디의 조공을 바치기 위하여 기물을 끌어 들였다는 주장은 부정적인 측면을 고려한 것이다. 그러나 한편, 예루살렘 방어의 입장에서 기물을 모았다는 생각은 일리가 있다고 본다.

이와 같이 지방 성소를 폐쇄하고 금, 은 보화를 예루살렘으로 가져 온 것은 종교적으로 예루살렘 성전 중심화 작업을 수행하는 것이었고, 더불어 정치적인 반란으로 인한 앗시리아의 침략에 대비해서 예루살렘 방어를 위한 경제적인 집중화 작업을 수행한 것이기도 하였다. 그러므로 이것으로 보아 히스기야가 제의 중앙화를 통하여 산당 철폐와 경제 집중화 작업을 병행하였고, 앞으로 일어날 수 있는 국제 정세에 변화에 따른, 앗시리아에 정치적인 반란에 대비한 전쟁을 준비하였다는 결론을 내릴 수 있게 한다. 이러한 작업을 통하여 유다의 존속을 위한 정치적 개혁을 수행하였고, 급기야 국제 정세의 변화로 인하여 앗시리아에 반란을 일으킨다.

성서의 기록은 성전의 금과 은을 벗겨서 조공을 바치는 장면만을 기록하고 있다. 지방 성소를 폐쇄하고 금을 가져왔다는 기사나 금, 은을 예루살렘으로 모았다는 기사는 기록되지 않고 있다. 다만 유다가 침략을 받아 국가가 멸망하는 위기에서 금은보화를 내놓아서 위기를 모면하고 앗시리아 군대가 철수한다는 기사만 기록되어 있다. 이것은 단 열왕기하 5장 2~4절에 기록된 기사와 관련하여 생각해 볼 수 있다. 메데, 페르시아 시대의 벨사살 왕이 예루살렘 전에서 취한 금, 은 기명으로 술을 마시려 하였다는 기사가 있다. 시대적으로 맞지 않는 기사이지만 상황을 이해하는 데 도움이 된다. 여하튼 금, 은은 고대 시대에 귀한 가치를 지닌 재화로서 히스기야 시대의 상황에서 히스기야 제의 개혁에 중요한 개혁 자금이 되었고, 지방 성소의 재화를 중앙으로 유입시킬 필요를 가졌고, 전쟁시 적에게 넘어가지 않게 재화 보존 관리가 요구되었다. 또한 비상시 조공의 대용물로써 금, 은이 예산을 확보할 수 있는 재원으로서 필요하였던 것이다.

포로기 편집자에게도 성전 재건을 위한 재정이 필요하였고, 귀환 계획을 수행하기 위해서는 재원이 필요하였던 상황이었다. 히스기야 시대에 금, 은 보화를 벗겨서 앗시리아의 산혜립에게 주었던 상황을 기억하며 포로 귀환의 재원을 위한 금, 은 보화를 축적하는 작업이 선행되었을 것이다. 포로기 편집자는 바빌론 왕 므로닥 발라단 사절단의 방문 기사에서 히스기야 실수가 금은보화를 보여 준 것을 언급하고 있다. "자기 보물고의 금, 은과 향품과 보배로운 기름과 군기고와 내탕고의 모든 것을 다 사자에게 보였는데 무릇 왕궁과 그 나라 안에 있는 것을 저에게 보이지 아니 한 것이 없나이다"(왕하 20:13). "나의 내탕고에서 하나도 보이지 아니한 것이 없나이다"(20:15). 금, 은 보화가 있는 보물고와 무기가 있는 군기고, 귀한 물건이 있는 내탕고의 모든 것을 보여주었다는 것은 외교적인 면에서 친밀한 관계를 보여 주는 것이라고 일반적으로 알려져 있다. 그러나 신명기 사가는 이 노출로 인하여 바빌론 포로로 붙잡혀 가게 될 것이라는 예언을 하고 있고, 히스기야의 큰 실수로 묘사하고 있다. 신학적으로는 히스기야의 교만과 히스기야 정치행적의 과시욕이 가져온 비극을 제시한다고 볼 수 있다. 그러나 다른 한편, 포로기 편집자는 포로들에게 귀환 계획의 준비를 위하여 금, 은 보화를 보이지 않게 은밀히 보관하여야함을 히스기야 실수 해석을 통하여 암시해준다. 그러한 감춰진 보화로서 포로 귀환의 자금과 귀환 사업을 위한 재원을 축적하고 준비해야 함을 은유적으로, 그리고 비유적으로 교훈해 준 것이다. 이것은 에스겔 40~48장의 새 예루살렘 성전 조감도가 그 근거를 제공해준다. 포로기 에스겔 예언자의 예언은 포로 귀환(환원, Restoration)이라는 희망을 보여 준다. 새 예루살렘의 조감도는 포로 환원 신학의 희망을 반영하고 있다. 귀환 후 세워질 성전을 예견하고 조감도를 그리는 에스겔 예언자의 예언과 예언 기록은 바로 히스기야 개혁과 반란 기사에서 성전의 금과 은을 베끼는 장면을 기록하는 포로지의 신학자와 신학적 메시지는 귀환 자금을 염두에 두고 있음을 추정할 수 있을 것이다.

5. 나오는 말

이 장을 통하여 히스기야 개혁이 앗시리아 제국의 종교 정책과 밀접히 연관되어 있음을 알 수 있었다. 히스기야 개혁은 신명기 법전의 발견으로 인해 요시야 개혁과 관련이 있고, 히스기야 개혁을 기록하고 있는 열왕기와 밀접히 연관되어 있어서 신명기 신학과 신명기 역사 신학을 보여 준다. 신명기 역사가가 기록한 히스기야 개혁 기사와 당시의 역사적인 상황에서 나타난 히스기야 개혁은 차이가 있을 수 있다. 이것은 신명기(신명기 역사) 신학이 역사성을 배제하고 있다면 히스기야 개혁을 보도하고 있는 기록이 신학적 해석으로만 보일 수 있지만 그 기사에는 역사성이 포함된 신학적 기록으로 보이고 있고, 역사성이 있는 본문으로 연구되고 있기 때문에 히스기야 개혁은 객관적인 역사성도 유지될 수 있을 것이다.

역사적으로 히스기야 개혁을 보다 더 잘 이해하려는 차원에서 앗시리아의 종교 정책을 살펴보았다.

그래서 우리는 히스기야 시대의 앗시리아의 종교 정책은 종교 강요 정책이 아닌 자국의 종교를 인정하는 관용 정책으로 유다에서는 야웨 종교를 인정한 상황이었다. 이것은 앗시리아가 속국과 속주에 대한 차별 정책이 시행하고 있던 상황에서 유다가 속국의 지위를 가지고 있었음을 알 수 있었다. 앗시리아 종교 정책이 신명기 역사 본문(열왕기)에서 어떻게 반영되었는지, 히스기야의 정치적 반란 본문(왕하 18:7~8)과 히스기야 제의 중앙화 조치~경제적인 집중화 작업 본문(왕하 18:16)을 통하여 알아보았다. 히스기야가 정치적 개혁과 종교적 개혁을 시행하였는데, 먼저 종교적 개혁을 행하고, 정치적 개혁을 행하여 반란을 일으키게 되었다는 것을 알게 되었다. 이 개혁이 앗시리아 반란으로 발전되었던 것은 당시 국제 정세의 상황에서 주위에 여러 나라와 더불어 앗시리아에 반란하던 정황에서 보조를 맞추었던 것이다. 또한 일련의 산당 철폐를 행하고, 제의 개혁을 시행하며, 제의 중앙화 개혁을 수행한 결과, 앗시리아의 산헤립 왕에게 침략을 받게 되었다. 그로 인해 히스기야가 성전 기둥에 있는 금, 은 보화를 벗겨서 바치게 되었다. 이 이야기를 통하여 포로기 편집자의 관점에서 포로기 신학을 찾게 되었다. 필자는 포로 귀환(환원) 신학의 관점에서 귀환 자금에 대한 관심의 한 측면을 제시한다고 보았다.

그래서 성전의 금, 은 기사는 포로지에서 또 다른 재화를 준비해야 함을 간접적으로 시사한다. 히스기야 개혁 기사를 통하여 히스기야 시대와 요시야 시대, 포로기 시대의 관점에서 어떻게 해석되고 읽혀졌는가라는 점이 새롭게 대두되고, 다시 연구해야 할 과제로 남아 있다.

III. 히스기야 개혁의 정치, 종교적 성격과 신학

1. 들어가는 말

신명기 역사 연구에서 히스기야 개혁과 요시야 개혁에 대한 연구에 있어서 개혁 동기에 대한 문제가 중요한 연구의 과제로 대두되고 있다. 우선 히스기야 개혁이 "정치적 동기에서 개혁을 시행하였는가?" 아니면 "종교적인 동기에서 개혁하였는가?"에 논쟁의 초점이 되어 왔다. 우선 종교적인 동기의 측면에서 맥케이(McKay)[241]는 아하스부터 히스기야 시대까지 예배 형식의 개혁과 혁신을 연구하였는데, 그는 앗시리아 통치 시대에 유다가 숭배한 신들은 팔레스틴 지역의 신들이었다고 본다.[242] 앗시리아가 유다 안에 앗시리아 종교를 폐지하지 않았기 때문에 종교적으로 압력을 가하지 않았다는 것을 주장한다. 단지 히스기야의 제의 개혁은 유일신 야웨 신앙의 회복을 위한 종교적인 열정의 행위였다는 것이다. 따라서 히스기야가 종교적 원인에 의하여 앗시리아에 반란한 것이 아니라는 것이다. 코

---

241) J. McKay, *Religion in Judah Under the Assyrian 732~609 B.C.* (London: Allenson, 1973), 13~19장

242) R. H. Lowery, *The Reforming Kings*, pp. 12~13 참조하라.

간(Cogan)[243]도 앗시리아가 피지배 민족들에게 제국의 신들에 대해서 충성을 강요하는 예배를 부과하였다는 강압적인 제국주의 정책에는 반대하지만, 히스기야가 종교적인 동기에서 제의 개혁을 실시하였다고 보았다.[244] 멕케이나 코간은 히스기야 시대의 앗시리아 제국 정책이 두 가지 속국(Vassal)정책과 속주(Province)정책 중에서 피정복지의 종교를 인정하는 속국 정책을 시행했다고 보는 입장이다.

반면, 호프만은 노트의 단일 저작설을 강화시키려는 입장에서 제의 개혁을 연구하여 히스기야 개혁은 정치적인 동기로 시작된 것으로 열왕기의 역사적 가치를 회의적으로 평가한다. 이 개혁은 '상상한 제2의 역사' 로서 제1 성전 제의에 관한 열왕기의 역사적 정보로부터 회복하고자 하는 시도라고 보았다. 그리고 그는 요시야 개혁을 신명기 사가가 강조하였다고 본다.[245] 이렇게 상반된 제의 개혁에 대한 종교적, 정치적 동기에 대한 문제를 히스기야 개혁 연구에서 다루고자 한다.

그리고 정치적인 국제 관계와 국내 상황의 변화에 대한 관점도 히스기야 개혁의 성격을 이해하는데 중요한 요인이 된다. 따라서 앗시리아의 종교 정책을 히스기야(개혁)의 관계에서 살펴보면서 신명기 역사 본문을 살피고자 한다. 이 연구를 통하여 히스기야 개혁이 어떠한 동기에서 제의 개혁을 하였는지 살피

---

243) M. Cogan, *Imperialism and Religion: Assyria, Judah and Israel in the Eighth and Seventh Centuries B.C.E.*(SBLMS,19; Missoula, MT: Scholars Press, 1974).
244) *Ibid., pp.* 14~15.
245) H. D. Hoffmann, *Reform und Reformen*, pp. 146~168.

고, 히스기야 개혁의 성격이 어떠한지, 히스기야 개혁 기사에 나타난 신명기 역사가의 케리그마가 어떠한지 연구함으로 히스기야 개혁에 대한 통전적인 이해와 역사적 의미를 밝히고자 한다.

2. 앗시리아의 종교 정책

앗시리아 제국의 종교 정책이 유다의 야웨 종교에 어떠한 영향을 끼쳤는지 여부에 대하여 논란이 있어왔다. 그래서 먼저 앗시리아의 종교 정책이 어떠했는가라는 것이 문제의 초점이 된다.[246] 이에 관해서는 세 가지 설이 있는데, 앗시리아의 제국 정책이 피지배 국가의 종교를 인정하였다는 주장(관용정책)과 앗시리아가 유다에 직접적으로 영향을 미치어 앗시리아 종교를 강요했다는 견해(강압정책)와 제3의 견해로 피정복 국가가 어떤 이유로든 앗시리아 종교를 모방하였다는 모방설 등이 있다.[247]

이러한 견해를 보충하는 연구가 근래에 코간을 통하여 연구되어 왔다.

그는 앗시리아의 종교 강압 정책에 반대하며, 속국과 속주로

---

246) Kim, Young-Jin, *The Role of Communication in the Near Eastern Empires of The First Millennium B.C.*, Ph. D Dissertation of the Hebrew Univ. 1999, pp. 2~10.
247) 이 문제에 대하여 코간이 잘 정리하고 있다. M. Cogan, *Imperialism and Religion: Assyria, Judah and Israel in the Eighth and Seventh Centuries B.C. E.*, SBLMS, 19(Missoula, MT: Scholars Press, 1974) 참조하라.

나누어 앗시리아가 제국의 종교 정책을 시행하였다고 주장한
다.[248] 그의 주장을 살펴보면,

첫째, 앗시리아가 속주(Province)에 대한 정책에 있어서, 속
주는 앗시리아에 합병되어 모든 일을 앗시리아가 관장한다고
본다.

더우기 종교적인 면에서 피정복지의 토착 종교는 그 신이 강
하고 약한 것의 여부에 따라 앗시리아의 만신전(Pantheon)에서
배제되기도 하고, 토착 신들이 인정되기도 한다고 주장한다. 열
왕기하17장은 그러한 앗시리아의 종교 정책의 묘사이다.[249]

둘째, 앗시리아의 속국(Vassal states)과는 동맹 관계를 유지
한다.

동맹을 맺어 독립한 국가(속국)들은 조공을 바치고, 비상시
앗시리아 군대에 일정 군대를 파병한다는 것이다.[250] 코간은
속국은 종주국의 종교적인 부과도 없고, 요구되는 제의 의식도
없고, 종교적인 상징물도 없다고 주장한다.[251] 그는 앗시리아
자료를 연구하면서 열왕기와 역대기의 배교한 제의 관습을 연
구하였고, 맥케이처럼 그 제의가 팔레스틴 기원이라고 주장한
다. 그 이유는 팔레스틴의 제의를 개혁하는 것은 앗시리아 종교
에 반발하지 않는 것으로 앗시리아에게는 반란으로 인식되지
않기 때문이다.

그러나 우리는 코간이 말하지 않은 앗시리아 제국의 다른 정

---

248) Cogan, *Imperialism*, pp. 60~61.
249) *Ibid.*, p. 103참조.
250) *Ibid.*, p. 55.
251) *Ibid.*, pp. 56~60.

책 상황과 유다의 독특한 상황에 대해서 생각해 볼 수 있다. 유다의 입장에서 볼 때, 유다는 속국에서 속주로 전락할 위기에 놓여 있었다. 그 상황은 북 이스라엘이 멸망하여 속주가 되었고, 주민들은 강제 이주되어 간 상태가 되었다. 그래서 멸망 이전이나 이후에 피난 내려온 제사장들은 유다 존립의 관건은 야웨 신앙의 회복이라고 생각하였고, 그들의 전승이 히스기야에게 영향을 미칠 수 있었다. 그래서 히스기야는 그들의 영향으로 제의 개혁이 대안이라고 생각하여 제의 중앙화와 제의 개혁을 행함으로서 유다 멸망을 막을 수 있다는 종교적 반성을 하였고, 동시에 정치적 사회적 개혁을 수행하였다. 이것은 히스기야가 제의 개혁을 하고, 제의 중앙화를 시행하면서 자연스럽게 국력이 모아진다. 제의 중앙화 개혁이 유다 입장에서는 앗시리아에 반란할 수 있는 국력과 국가 체제를 완비하는 계기가 되었다. 그러나 유다가 앗시리아에 반란하는 결정적인 원인은 국제 정세의 변화에 있었다. 앗시리아는 유다의 종교적인 상황보다는 팔레스틴 동맹들과 결탁하여 정치적 반란을 일으킨 것에 대하여 침략을 감행하게 된다. 그래서 앗시리아는 히스기야 반란에 대하여 침략으로 맞선다.[252]

열왕기하에는 먼저 제의 중앙화 개혁이 기록되었고, 그 다음 앗시리아에게 반란한 것을 기록하고 있다.[253]

이 본문과 앗시리아 정책과 관계를 다시 정리해보면 다음과 같다.

---

252) K. L. Younger, Jr, *Ancient Conquest Accounts*, 73. 여기서 반란 행위들은 국경을 넘어 올 경우와 앗시리아의 합법적인 통치자들이 살해당했을 경우, 왕권을 찬탈했을 경우, 앗시리아에 대항하는 군사행위를 한 경우 등이다.

앗시리아는 종교적인 강압 정책의 원인으로만 타국을 침략하지 않았다.[254] 유다의 히스기야 제의 개혁과 중앙화 개혁으로 인한 단순한 종교적인 원인만으로 침략하지 않았다는 사실을 추론할 수 있다. 따라서 히스기야의 복합적인 정치적 반란으로 인해 앗시리아가 침략하였던 것이다. 왜냐하면 열왕기하 18장 13~16절에 산헤립의 침략 때 무거운 조공을 부과한 후, 앗시리아가 철수하는 것이 기록되어 있기 때문에 그가 반란하였다는 것이 자명해진다. 앗시리아는 유다가 팔레스틴의 속국들과 동맹을 맺어 자신의 속국을 쳐들어가는 것을 보고, 즉각적으로 유다를 포함한 팔레스틴을 침략하기로 결행하게 되었던 것이다. 그리고 침략하여 조공받고 있는 것을 알 수 있다. 코간은 정치적 반란과 종교적인 개혁과는 별개로 보고 있다. 그는 앗시리아가 종교 개혁을 보고 반란으로 인식하지 않았다고 본다. 앗시리아의 종교 정책이 피지배국의 종교를 인정하고 용납하는

---

253) 열왕기하 18~20장까지 나타난 유다의 히스기야 개혁 기사는 제의 개혁(18:4)과 산헤립 침략 기사로 나뉘어 진다. 거기서 제의 개혁과 제의 중앙화(18:22), 앗시리아에 대한 반란(배척,18:7), 애굽과의 동맹(18:21, 24; 19:9)과 바빌론 사절단 방문(20:12~15)등의 기사들이 나온다. 이것을 통하여 히스기야가 제의 개혁을 실시한 종교적 개혁을 행하였고, 또한 제의 중앙화를 통한 재화(은, 금)수집과 재원을 확보하고, 전쟁 준비를 행하는 국내 정치적인 개혁을 수행하는 동시에 애굽, 바빌론등과 동맹관계를 가짐으로 국외 정치적인 개혁을 행하여 앗시리아로부터 독립할 수 있는 기회를 가졌던 것이다. 이것이 앗시리아에게는 총제적인 반란으로 간주되었다.

254) *Ibid.*, pp. 72~79. 앗시리아 문서에는 제국주의적인 형태의 이데올로기가 있다. 또한 앗시리아 문서의 구조는 다음과 같다. A—공간적—시간적인 조합, B—혼란, C—신의 도움, D—군대 모집, E—장소의 이동, F—현재의 상황, G—경과, H—기소, I~—전쟁, L—전쟁의 극복, M—복종, N—예시적 징벌—폭력의 이데올로기, O—결과, P—축하의 행동, Q—복귀, R—침략에 대한 보충적인 왕의 활동, S—요약적인 진술, T—지리적인 언급(앗시리아 침략 문서 참조).

상황에서 종교 개혁은 반란의 원인이 될 수 없다고 본다. 그러면 유다의 히스기야가 앗시리아의 종교관용 정책아래에서 개혁을 일으킨 의미와 앗시리아에 반란을 일으킨 다른 원인에 대하여 본문을 통하여 살펴보자.

3. 산헤립 침략 단화에 나타난 귀환 케리그마

이제 이러한 앗시리아의 제국 상황을 염두에 두고, 열왕기의 산헤립 침략 본문[255]들을 통하여 히스기야 개혁을 살펴보자. 히스기야가 제의 중앙화 개혁을 시행하고, 정치적 반란을 하였는지, 신명기 역사 본문을 통하여 살펴보는 것은 두 가지 의미가 전제된다.

객관적인 히스기야 개혁의 역사적 재구성의 문제와 신명기 역사가의 히스기야 개혁의 신학적 해석이 문제가 된다.

히스기야가 시행한 제의 개혁과 정치적 개혁이 산헤립의 침략 이유가 되는지 신명기 역사가의 기록에서 어떻게 보도하고 있는지, 이 산헤립 침략 본문들에서 히스기야가 어떠한 목적을 가지고 제의 개혁과 정치적 개혁을 행하였는지 알고자 한다. 또

---

255) 최근의 산헤립 침략 연구에 있어서 갈라거(W. Gallagher)는 이사야 본문으로서 히스기야 시대와 산헤립의 침략의 관계를 연구한다. 그는 이사야 21장 1~22장 14절, 10장 5~19절, 14장 4b~2절 1본문이 히스기야 시대의 역사적 배경을 가리킨다고 주장한다. 그리고 산헤립이 1차 침입만 하였다고 주장한다. W. R. Gallagher, "Sennacherib's Campaign to Judah, New Studies" in *Studies in the History and Culture of the Ancient Near East XVIII.* (Leiden: Brill, 1999).

한 신명기 역사가의 최종 편집자의 관점(포로기)에서 히스기야 시대의 산헤립 침략 상황을 통하여 포로 시대의 히스기야 개혁의 성격을 추론할 수 있다. 그러면 이러한 관점에서 두 개의 본문만을 살펴보고자 한다. 북 이스라엘의 멸망과 이주, 제의 개혁의 대비, 토라 순종(왕하 18:11~12) 본문과 히스기야 제의 중앙화 개혁과 신성 모독(왕하 18:19b, 20, 21, 29, 35; 18: 33, 34; 19:11~13) 본문이다.

1) 북 이스라엘의 멸망과 이주, 제의 개혁 대비, 토라 순종 (18:11~12)

11 ויגל מלך אשור את ישראל אשורה

וינחם בחלח ובחבור בהר נהר גוזן וערי מרי

12 על אשר לא שמעו בכול יהוה אלהיהם ויעברו

את בריתו את כל אשר צוה משה עבר יהוה

ולא שמעו ולא עשו

"11 앗수르 왕이 이스라엘 백성들을 앗수르로 잡아 갔다. 그리고 그들을 할라와 하볼, 고산 강가와 메대 여러 성읍에 두었다.

12. 그것은 저희들이 야웨 하나님의 목소리를 듣지 않고 그의 언약을 배반하고 야웨의 종 모세가 명령한 모든 것을 순종하지 않고 행하지도 않았기 때문이다."

이 구절은 북 사마리아가 앗시리아의 침략에 무너져서 포로로 잡혀가는 비극적인 사실을 보여주며, 속국에서 속주로 삼은 나라에 대한 앗시리아의 이주 정책을 잘 나타낸다. 그 당시의 앗시리아의 정책은 어떠하였는가. 아하스와 히스기야 시대(주전 716~687년)의 제국 정책은 점령국의 국민을 강제 이주시키는 정책이었다(Deportation Policy).[256] 앗시리아 제국은 주전 9세기부터 고대 근동 지역에서 중요한 역할을 하기 시작하였다. 앗시리아는 국력을 모아서 앗수르바니팔(Asshurbanapal, 주전 668~635년)의 전성시대에 이르기까지 고대 근동의 지배권을 확장해 갔다. 앗시리아가 갖고 있었던 군사력과 제국주의적인 행정 조직은 정복지의 국가를 지배하는데 효율적인 체계여서 정복지를 앗시리아의 속주(Province)로 편성할 수 있었다. 앗시리아는 정복지의 엘리트층과 지식층을 멀리 새로운 도시로 보내고, 늙고 힘없는 사람들은 귀국시켜서 정복지 백성들과 앗시리아 사람들과 이국의 다른 포로들과 혼합하여 같이 살게 하였다.[257]

---

256) S. Herrmann, *A History of Israel in Old Testament Times*(London: SCM Press, 1981), p. 244. 헤르만은 앗시리아의 제국 정책이 3단계에 걸쳐서 정복지에 행해진다고 말한다. 앗시리아가 처음에는 정복 국가에게 충성 선언을 요구한다는 것이다. 그리고 나서 속국(봉신 국가)의 관계가 형성되면 조공을 바쳐야 했다. 두 번째 단계는 조공을 바치는 것이 이루어지지 않거나 반란을 꾀하거나 반앗시리아 연합에 가담하면 앗시리아는 확대 정책의 두 번째 단계의 조치를 취한다. 그래서 관련된 국가를 줄이고 그 나라를 주(Province)로 만들고 남겨진 곳을 다스리게 하기 위해 앗시리아에 우호적인 봉주를 임명한다. 주를 형성하면, 주 형성이 정기적으로 이주조치와 연관되어 있어, 이주를 실행하였다. 남은 반란 국가가 감히 앗시리아에 반대하는 것이 드러날 때만이 제국의 황제는 3번째 마지막 조치를 취하여 완전히 국가의 남은 자를 제거하고 주에 남겨진 사람들을 산산조각 내듯이 만든다. 북 이스라엘의 경우가 이와 같은 경우이었다.

257) *Ibid.*, p. 243. 헤르만은 농민 계층을 남겨 놓으려는 경향이 있다고 말한다.

> "앗수르 왕이 바빌론과 구다와 아와와 하맛과 스발와임에서
> 사람을 옮겨다가 이스라엘 자손을 대신하여 사마리아 여러 성
> 읍에 두매 저희가 사마리아를 차지하여 여러 성읍에 거하니라"
> (왕하 17:24).

앗시리아 사람들은 국제 교통수단을 발전시켜 모든 제국의 전략적인 요지에 요새화된 전초 기지를 세우고 주둔지역에 많은 군사 수비 대원을 두었다. 이것은 일어날 수 있는 어떠한 반란도 분쇄하고 침략하는 적으로부터 제국 경계 지대를 방어하기 위해서였다. 앗시리아의 영향력이 미치는 속국은 앗시리아의 봉신이 되어 충성된 속국(Royal Vassal State)의 표시로 조세와 조공을 바쳐야 했고, 비상시나 앗시리아가 요구할시 귀한 생산물을 바치고 노동력을 제공하고 제국 세를 바쳐야 했다. 또한 각 속국 사이에 전쟁이 있을 때 종주국 앗시리아에게 조공과 공물을 바치기도 하였다.[258]

신명기 사가는 앗시리아의 정책보다는 토라의 불순종으로 인한 강제 이주(Deportation)를 당한 것이라고 강조하고 있다.

---

258) *Ibid.* 열왕기하 15장 19절에는 므나헴이 디글랏 빌레셀에게 공물을 납부하는 것이 언급되어 있다. 이에 의하면 그는 은 천 달란트를 지불했다고 언급한다. "앗수르 왕 불(디글랏 빌레셀) 이 와서 그 땅을 치려하매 므나헴이 은 일천 달란트를 불에게 주어서 저로 자기를 도와주게 함으로 나라를 자기 손에 굳게 세우고자하여 그 은을 이스라엘 모든 큰 부자에게서 토색하여 각 사람에게 주었더니 이에 앗수르 왕이 돌이키고 그 땅에 머물지 아니하였더라"(왕하 15:19~20). 이외에도 다메섹의 르신이 공물을 바쳤다고 산헤립의 연대기에 나온다. 르신의 이름은 열왕기하 15장 37; 16.5; 사 7.1ff 등에 나온다. 열왕기하 16장 8절에는 아하스가 디글랏 빌레셀에게 공물을 바쳐서 아람왕 르신과 이스라엘왕 베가의 침략을 모면하려는 기사를 참고할 수 있다.

그는 북 이스라엘의 이주 사실과 히스기야 제의 개혁을 대비시켜 보도한다. 그리고 북 이스라엘의 토라 불순종의 결과가 비참한 사실로 나타난 것과 같이 앞으로 유다의 멸망도 토라의 불순종으로 초래될 것이며, 바빌론 포로지의 유대인들에게는 토라의 순종이 귀환 공동체에게 가장 중요한 것이며 토라 순종의 공동체가 되어야 함을 포로기 편집자는 암시하고 있다. 이것은 앗시리아 포로지의 명단(왕하 17:24; 18:34; 19:13 등)을 통하여 알 수 있다(표 4).

포로지 명단(표 4)

열왕기하 17장 24절	열왕기하 19장 13절	열왕기하 18장 34절
바빌론		
구다		
하맛(아와)	하맛	하맛
	아르밧	아르밧
	Lair	
스발와임	헤나	헤나
아와		
	이와(עוה)	이와
		사마리아

열왕기하 19장 13절(주전 701년 B2기사)과 17장 24절(사마리아인들의 포로로 잡혀간 포로지의 명단)의 기사는 아주 유사하다. 또한 열왕기하 18장 11절의 사마리아 멸망으로 포로로 잡혀간

지역 명단과 비교할 때, B기사(왕하 18:17~19:37)에서 발견되는 두 목록(왕하 18:33~4; 19:12~13)이 사마리아 몰락으로 인한 포로 거주지를 다시 언급한다는 사실을 발견한다.[259]

벤즈비(Ben Zvi)는 포로지 명단이 앗시리아 왕의 메시지보다도 먼저 앞서 있다는 것을 착안하여 포로지 명단의 초점은 이스라엘의 운명을 설명하려는데 있다고 주장한다.[260] 또한 사마리아에 초점을 맞추는 것은 예루살렘은 사마리아와 같지 않다는 것과 예루살렘의 야웨는 사마리아 사람들이 믿었던 신과 다르다는 것을 밝히려는 것이라고 주장한다. 큰 맥락에서 볼 때 벤즈비의 주장은 일리가 있다. 하지만 그는 사마리아의 운명은 히스기야가 중앙화 개혁을 통하여 구원을 가져온다는 메시지와 대조를 이루게 하려는 포로기 신명기 역사 편집자의 의도가 숨어있는 것을 파악하지 못하고 있다. 12절의 계약(ברית)과 모세의 명령한 것(כל־אשר צוה משה)을 지키지 못한 이스라엘의 운명을 가리킨 것은 토라에 순종하지 못한 결과를 암시한다. 또한 포로기 편집자는 포로지의 명단을 제시함으로서 토라의 불순

---

259) 1) 고잔이 세 군데(왕하 19:12; 왕하 17:6; 18:11) 모두에서 나온다. 2) 열왕기하 17장 6절과 열왕기하 18장 11절은 메데 성읍을 언급한다. 열왕기하 19장 12절은 들라살을 언급한다. 3) 열왕기하 17장 6절과 18장 11절은 할라를 언급한다. 열왕기하 19장 12절에서는 언급되지 않는다. 할라는 앗시리아 지역이기 때문이다. 4) 열왕기하 17장 6절과 18장 11절은 하볼을 언급한다. 하볼강가(저지대)는 랍사파 지역을 언급한다. 이곳은 열왕기하 19장 12절에서 언급된다. 5) 하란은 또한 열왕기하 19장 12절에서 언급된다. 서쪽으로 간 포로민 지역, 이곳은 이스라엘이 포로로 잡혀가기에는 불가능하다. 참조, B. Oded, *Mass Deportation and Deportees in the Neo~Assyrian Empire*(Wiesbaden: Reichert, 1979), 28, n. 55.

260) E. Ben Zvi, "Who Wrote The Speech of Rabshakeh and When?" *JBL* 109(1990): 90.

종의 결과는 불행한 강제 이주라는 역사적 비극을 맞았고, 나라 없는 포로지의 생활을 갖게 되었지만 히스기야 개혁과 같은 토라의 순종과 제의 개혁, 제의 순수화 등과 같은 야웨 신앙 회복을 통하여 약속의 땅으로 귀환할 수 있음을 역으로 보여준 것이다. 그래서 히스기야가 산헤립 침략에서 극적으로 구원될 희망의 역사를 제시하고 있다. 그러므로 북 이스라엘 멸망과 강제 이주, 포로지 명단 등은 바빌론 포로들과 그 선조들, 종교 지도자들, 유다 왕들에게 토라 불순종에 대한 원인론적인 결과를 보여주며, 다른 한편, 포로지에 있는 백성들에게 포로 회복의 교훈을 주는 토라 순종의 귀환 신학을 제시하고 있는 것이다.

2) 히스기야 제의 개혁과 신성 모독, 포로에서 구원할 야웨
(왕하 18:19b, 20, 21, 29, 35; 18:33, 34; 19:11~13)

19 מה הבטחון הזה אשר בטחת

20 אמרת אך־דבר־שפתים עצה ונורה למלחמה עתה

על־מי בטחת כי מרר בי

21 עתה הנה בטחת לך על משבעת הקבה הרצוץ

הזה על־מצרים אשר יסמך איש עליו ובא בכפו ונקבה

כן פרעה מלך־מצרים לכל הבטחים עליו

19b 너희가 신뢰하는 이 신뢰가 무엇이냐?

20 너희가 싸울 계교와 용기가 있다고 말하는데 입술의 말뿐이냐?

너희가 누구를 의지하고 나에게 반역하였느냐?

21 자 이제 너희가 찌르는 갈대 지팡이 같은 이 애굽을
의뢰하는구나 사람이 그것을 믿으면 그 손에 들어가서
찌르게 된다. 애굽왕 바로도 그를 믿는 모든 자에게
이와 같이 찌르는 갈대 가시와 같다.

히스기야가 북 이스라엘 멸망에서 영향을 받아 제의 개혁, 중앙화 개혁을 시행하고, 또한 국제 정세의 변화로 인해 정치적인 반란을 도모한 것이 분명히 드러난다. 그는 제의 중앙화 개혁 정책에 따라 모든 제의적인 부분에 정화 작업을 실시한다. 그리고 국제적인 역학 관계를 고려하면서 이 제의 중앙화 개혁과 더불어 정치 개혁을 통한 앗시리아에 대한 반역과 반란을 일으키어 예루살렘이 침략 받게 되는 상황이 도래할 것을 예측하고 앗시리아와 쌍벽의 라이벌 관계인 애굽과 외교 관계를 맺는다. 이에 대하여 랍사게는 그 의지하는 애굽이 "찌르는 갈대"라고 비유한다. 찌르는 갈대(상한 갈대, הקנה הרצוץ)는 국제 관계에 있어서 의지할 수 없는 동맹의 관계를 설명할 때, 일반적인 잠언으로 사용하는 말이다(겔 29:6; 사42:3 참조).[261] 이 표현은 히스기야가 애굽에 의지하여 애굽과 동맹을 맺었다는 것을 알 수 있다.

열왕기하 19장 9절 후반부에서 애굽의 티르하카가 앗시리아와 싸우기 위해 올라오는 기사를 기록하고 있다.

261) 상한 갈대 결정적인 실패를 가져오는 외교 관계나 의존한 나라까지도 해를 끼치는 관계를 지칭하는 용어이다. T. R. Hobbs, *2 Kings*, 257, J. Gray, *I & II Kings*, 682 참조하라.

וישמע אל תרהקה מלך כוש לאמר הנה יצא להלחם אתך(왕하 19:9). [262]

"구스왕 티르하카가 "자 나와서 너희와 싸우자"라는 말을 듣
고"

이 구절은 주전 701년 산헤립 침략을 지시하고 애굽 동맹군
이 이스라엘을 돕기 위하여 올라왔다는 역사적 사실을 입증해
준다. 그래서 "(랍사게는) 무엇을 의지하는가?"(הזה אשר בטחת
מה הבטחון)라고 질문하면서 그것이 어리석은 일이라고 조롱하
고 있다. 그리고 다른 나라를 의지하는 것이 앗시리아에 반란이
된다고 말한다.

"너희가 누구를 의지하고 나에게 반역하였느냐?(כי מרדת בי
על מי בטחת)" 이처럼 적국의 적장 랍사게의 입을 통하여 반란
하는 히스기야를 언급하고 있다. 이 전승이 히스기야 시대를 반
영해준다면, 이로써 히스기야가 제의 개혁과 중앙화 개혁을 행
하고 있었다는 것을 알 수 있다. 히스기야는 제의 중앙화를 시
행하고 예루살렘으로 경제 군사력을 집중하면서 앗시리아에
반란을 일으킬 수 있는 역량을 가지게 되었다.

또 한편, 이 본문에서는 유다가 신뢰하는 것이 야웨 신이 아
닌 애굽이라는 것을 보인다. 즉 외교 관계에 있어서 종주국 조
약의 파트너로서 앗시리아가 아닌 애굽으로 가져갔다는 것을
말한다.

이러한 정치적 외교 관계의 변화 요인은 다음과 같이 앗시리

---

262) 쿰란 사본과 이사야 37장 2절에 על로 나온다. 이 둘은 서로 교환 될 수 있는
　　것이다. 참조. T. R. Hobbs, *2 Kings*, 276.

아의 속국 정책의 부담과 북이스라엘의 운명이 영향을 미치었
다(왕하 17:23~4; 18:9~11)고 볼 수 있다.

또한 앗시리아의 속주로 전락할 가능성을 짐작하고 있었기
때문에 히스기야는 한편으로는 야웨 신앙에 의한 제의 중앙화
개혁을 수행하였고, 또 한편으로는 부담 없는 애굽으로 정치적
인 파트너를 형성하였던 것이다.

그러면서 앗시리아의 쇠퇴를 이용하여 정치적으로 독립할
계획을 마련하고, 제의 중앙화와 제의 개혁을 통하여 국력을 모
으고, 백성들이 일체감을 가지고 반란을 일으킬 수 있었다.

29   כה אמר המלך אל-ישׁיא לכם חזקיהו

כי-לא יוכל להציל אתכם מירו

35   מי בכל-אלהי הארצת אשר-הצילו את-ארצם מירי

כי-יציל יהוה את-ירושׁלם מירו[263]

29   (앗수르) 왕이 말하기를 너희는 히스기야에게 속지 말아
라.
그가 너희를 나의 손에서 구원할 수 없기 때문이다.

35   땅의 모든 신들 중에 누가 나의 손에서 자신의 땅을 구
원한 자가 있느냐? 야웨가 나의 손으로부터 예루살렘을
건질 수 있겠느냐?

---

263) 많은 사본에(동방 맛소라 학자들, 바티칸 사본, 시리아 역본, 탈굼, 불가타)
등에서 מירי로 일인칭 단수, "나의 손"으로 나온다. 이사야 36장 14절 참조.

랍사게 연설 중 유다 백성들에게 히스기야 제의 중앙화 개혁
과 반란 행위가 소용이 없음을 설득하는 장면이다. 히스기야가
제의 중앙화 정책을 수행하고, 종교적인 일련의 개혁들을 통하
여 그가 믿는 야웨가 예루살렘을 지켜 준다는 확신을 가진다.
그러나 언젠가는 산헤립의 손에서 독립할 수 있다는 희망은, 한
갓 허망한 꿈에 불과한 것이라는 것을 랍사게는 주지시키고 있
다. 그리고 '나의 손'(מירי)이 계속 강조되어 있다.[264] 이것은
앗시리아의 손아귀에서 어느 나라도 벗어 날 수 없는 경우로,
어느 신도 자신의 나라를 구원시키지 못했다는 것을 열거하고
있다(33~34). 따라서 소국에 불과한 유다와 그 도성, 예루살렘
과 야웨는 스스로 구원시킬 수 없는 존재라는 것을 강조하고 있
다.

"מי בכל אלהי הארצות אשר הצילו את ארצם מירי"

"땅의 모든 신들 중에 누가 나의 손에서 자신의 땅을 구원한
자가 있느냐?"

"כי יציל יהוה את ירושלם מירו"

"야웨가 나의 손으로부터 예루살렘을 건질 수 있겠느냐?"

이 본문은 고대 세계에서 한 나라의 흥망성쇠는 신의 뜻과
질서에 달려 있다는 세계관을 보여준다. 앗시리아의 신 앞에
서 어느 나라의 신도 이길 수 없었다는 것을 보여준다. 그것은

---

264) 본문에는 그의 손으로 나와 있는데 문맥으로나 사본학적으로나 나의 손으
로 보는 것이 무난하다.

사실 신들의 운명이 아니라 국가의 강하고 약한 운명이었지만 신의 섭리라고 보았다. 그리고 고대 국가의 세계관은 자국의 신들의 뜻에 따라 국가의 운명이 좌지우지된다고 보았다. 그래서 앗시리아의 종교는 관용적인 종교관으로 모든 나라의 신들을 인정하면서 앗수르 신이 가장 우월하다고 보았다.

앗시리아 앞에서 모든 나라의 신들이 굴복한 상황에서 유다의 신 야웨도 결국 유다를 지켜 주지 못할 것이라고 주장한다. 그러나 히스기야는 야웨가 앗시리아의 손에서 벗어나게 할 것이라는 확신이 있었다. 철저한 야웨 신앙이 있었고, 이와 더불어 국제 정세의 변화가 유리하게 작용하였다. 히스기야가 제의 개혁을 하여 국력이 향상된 상황에서, 반란을 일으킬 수 있었다. 고대 문화에서 전쟁은 신들의 전쟁이라는 개념의 입장에서 볼 때, 이 본문의 상황에서 앗시리아가 야웨 신을 모독하는 일(신성모독)은 불가피한 일이었다. 그리고 국제 정세와 종교·정치적 개혁으로 인한 정치적인 반란은 히스기야에게 역시 불가피한 과제가 되었다.

한편, 히스기야 개혁의 궁극적인 목표가 정치적인 반란으로까지 이어져야 하는 시대적인 요청이 있었다고 하면, 포로 시대의 히스기야 개혁과 야웨 신앙은 무슨 의미를 가지는가. 야웨 신이 구원할 수 있는가. 땅의 모든 신과 마르둑 신의 비교가 랍사게의 입에서 발설된다(18:35). 그리고 포로민들에게 야웨 신과 모든 땅의 신과 마르둑 신의 차이가 무엇인가. 포로기 편집자는 이 마르둑 신에 대한 신앙 고백을 강요받게 되는 상황에서, 야웨 신이 과거에 결국 산헤립의 군대를 물리치게 하였고, 예루살렘 성도 구출하게 하였다고 기록함으로써 포로 상황의 위기와 고난, 암흑과 절망의 상황에서 벗어 날 수 있는 희망의 메시지를 선포함으로서 교훈을 주고 있다.

결국 산헤립이 죽임을 당하게 되는 것으로 끝나고, 히스기야는 병으로 죽게 되는 운명이지만 15년 더 생명이 연장된다. 이러한 개인의 운명을 통하여 이스라엘의 미래를 시사해준다.

결국 야웨 신이 모든 땅의 신보다 우월하시며 살아 계신 하나님이심을 보여 준다.

ההצל הצילו אלהי הגוים   (왕하 18:33)

איש את ארצו מיד מלך אשור

איה אלהי חמת וארפד

איה אלהי ספרוים הנע ועוה   (18:34)[265]

כי־הצילו את שמרון מירי

18:33   "열국의 신들이 앗수르 신의 손으로부터
　　　　자신의 땅에서 백성들을 구원시켰는가?"

18:34   "하맛과 아르밧의 신이 어디 있느냐?
　　　　스발와임, 헤나, 아와 신들이 어디 있느냐?
　　　　그들이 나의 손에서 사마리아를 구원시켰느냐?"

הנה אתה שמעת את אשר עשו מלכי   19:11

אשור לכל־הארצות להחרימם ואתה תבצל

---

265) Mss 사본과 이사야에서는 היכו로 나오고, 시리아 사본과 불게이트에서는 $\mu\eta\acute{\epsilon}\xi\acute{\epsilon}\iota\lambda\alpha\nu\tau o$(구원했느냐?) =הצה로 나온다. 아마도 시리아사본이나 불게이트처럼 의문사로 해석하는 것이 문맥에 맞는 것 같다.

172 · 구약의 개혁신학

12　ההצילו אתם אלהי הגוים אשר שחתו אבותי את־גוזן ואת

־חרן ורצף ובני־עדן אשר בתלאשׂר

13　[267]איו מלך חמת ומלך ארפד [266]וׄמׄך לעיר

ספרוים הבע ועוה

11.　보라 너희가 앗수르 왕이 행한 일, 열국을 진멸한
일을 들었거니와 너희가 구원을 얻겠느냐?

12.　내 열조가 멸한 고잔과 하란과 레셉과 들라살에 있
는 에덴 족속을 그들의 신들이 구원하였느냐?

13　하맛왕과 아르밧왕과 스발와임성의 왕과 헤나와
아와 왕들이 어디 있느냐?

　　두 본문 다 히스기야 제의 중앙화 개혁과 국제 정세의 변화
로 인한 히스기야의 반란이 열국의 운명과 같이 똑같이 쓸데없
고 허무한 일이 될 것을 랍사게가 열국의 운명과 열국의 신을
들어 설명하고 있는 것이다. 첫 번째는 열왕기하 18장 33~34
절에 나온 것으로 주전 701년 1차 침략 때, 산헤립의 첫 번째
연설에서 랍사게의 입을 통하여 나온 말이다. 열왕기하 18장
34절의 앗수르 포로지 명단은 이미 살펴본 대로 열왕기하 19
장 13절의 지명 보다 사마리아 지명이 하나 더 추가되어 있다.
이것은 열왕기하 17장의 북 이스라엘 멸망과 연관시켜 이야기
함으로 산헤립의 입장에서는 실제로 유다의 운명도 이와 같을

---

266) BHS는 진정성이 의심스럽다고 지적한다. 열왕기하 18장 34절을 참조하라.
267) 2개의 히브리어 필사본과 이사야 37장 13절은 היא로 나온다. 개역 성경에
　　는 '어디에' 라고 번역한다.

것이라는 것을 실감나게 해주고, 반면 신명기 편집자의 의도에
서는 유다가 이스라엘의 운명과 같이 비극적인 최후를 맞이하
지 않았다는 교훈을 가르쳐 주려는 목적이 있다고 볼 수 있다.
그러면 히스기야 시대의 유다 백성에게 이 구절이 어떤 의미를
갖는가? 히스기야 시대에는 북사마리아와 같은 운명을 맞지 않
으려는 역사적 과제가 있다는 것을 추론하게 한다. 히스기야가
필사적인 노력으로 제의 개혁과 제의 중앙화 개혁을 행하고, 더
나아가 정치적 개혁을 하고, 국제 정세 변화로 인한 앗시리아에
반란을 하고 있다는 것을 랍사게의 입을 통하여 알 수 있다. 이
두 연설문 말미에서 각각 두 본문 뒤에 이사야 예언자가 유다
의 하나님 야웨의 실존에 대해서 설명하고 야웨의 능력을 선포
한다(왕하 18:36~19:7; 19:14~37). 제의 중앙화를 이끈 야웨는 예
루살렘을 보호하고 지키실 뿐만 아니라 만국의 하나님이심을
말한다(19:19). 다른 한편, 어떤 학자는 이사야 예언자가 히스
기야 제의 중앙화 개혁에 대해서 직접적으로 한마디도 언급하
지 않았다고 보고, 히스기야가 제의 중앙화 개혁을 하지 않았
고, 그 개혁의 역사성이 없다고 주장한다. 그러나 지금까지 우
리가 살펴보듯이 이사야 예언자는 산헤립이 열국의 신을 들어
히스기야 제의 중앙화 개혁이 헛된 것이라는 조롱을 듣고, 야웨
만 의뢰하라는 독려를 하고 있는 것을 본문을 통해 살필 수 있
다(왕하 19:6~7; 20~34). 제의 중앙화로 야웨 제의를 회복하고,
국가의 독립을 회복하고자 하는 히스기야의 의지와 정치적 반
란 의지를 꺾으려하는 랍사게 연설을 듣고, 이사야 예언자는 히
스기야 제의 중앙화 개혁을 지원한다. 정치적 반란을 지지하고,
함께 야웨 신앙을 회복하고자 하는 동역자로서 본문에 나타나

고 있다. 그러므로 이사야 예언자도 제의 중앙화 개혁과 정치적 개혁, 반란에 동참하고 있다고 볼 수 있다. 결론적으로 히스기 야 시대의 그의 개혁이 제의 중앙화 개혁과 정치적인 개혁을 행하였고, 국제 정세의 변화로 인한 반란이 있었음을 확인하게 한다.

4. 나가는 말

이 장에서는 히스기야 개혁이 종교적 동기에서 발생하였는지, 아니면 정치적 동기에서 발생하였는지에 대한 문제를 열왕기 본문에서 살펴보았다. 멕케이와 코간, 호프만이 주장하는 것처럼 일방적인 하나의 입장보다는 종교적인 요인과 정치적인 요인이 별개로 존재하면서 동시에 히스기야가 종교적 개혁과 정치적 개혁을 일으킨 것으로 볼 수 있었다. 히스기야가 일으킨 제의 중앙화 개혁은 복합적인 개혁으로서 정치적 목적을 가진 개혁만이 아닌 종교적 개혁도 내포되어 있었다. 이 개혁을 통하여 앗시리아에 반란을 일으키게 되는 원동력이 되었고 그 당시에 국제적인 상황과 앗시리아 세력의 약화는 히스기야가 반란을 일으키게 되는 주원인이 되었다. 따라서 두 가지 산헤립 침략 본문에서 히스기야 제의 중앙화 개혁과 정치적인 개혁이 있었고, 뒤따라 반란이 있었음을 확인할 수 있었다. 이 개혁과 반란이라는 일련의 움직임에 대하여 앗시리아왕 산헤립은 히스기야 반란을 막기 위하여 침략한 것을 알 수 있다. 그러므로 히스기야 시대의 제의 중앙화 개혁은 궁극적인 면에서 종

교 개혁 후 정치 개혁을 일으킨, 종교 · 정치적인 개혁의 성격
을 띠게 되었다는 결론에 이르게 된다. 또한 포로기 신명기 역
사가는 히스기야 개혁을 예루살렘 귀환의 중요한 신학적 메시
지의 모델로 보고 있다. 그래서 히스기야 개혁을 귀환 개혁의
케리그마로 삼고 있는 것을 알 수 있다. 이것은 바로 히스기야
개혁 기사에 있는 포로기 전승에서 살펴볼 수 있었다. 그러므
로 히스기야 개혁이 히스기야 당시의 상황에서 정치적, 종교적
의미가 있었고, 그 개혁의 기록 시대에는 또 다른 신학적 의미
가 있음을 알게 된다.

IV. 히스기야 기사에 나타난 환원 신학

1. 들어가는 말

이 장에서는 히스기야 기사와 포로 시대에 대한 관계에 대하여 연구하고자 한다. 이스라엘 역사에 있어서 포로기가 역사적으로 가장 위기의 시대이었지만 신학적으로는 가장 활발한 창조적인 저작 시대이었다. 이 시대에 히스기야 개혁과 그 개혁 기사를 다루고 있는 성경 본문들에 관심을 집중하고자 한다. 히스기야 개혁 이야기가 이사야(사 36~39)와 열왕기(왕하 18~20), 역대기(대하 29~32)에서 각각 다르게 나타나고 있다. 이 책에서는 이사야와 열왕기에 나타난 히스기야 기사를 다루게 된다. 왜냐하면 바빌론 포로 시대라는 시점에 초점을 맞추어 살펴보고자 하기 때문이다. 이 시기에 나타난 신학적 요구와 시대적 과제는 무엇인가. 본 글에서 이러한 문제를 다루고자 한다.

2. 포로기 신학 저작과 환원(귀환, Restoration) 신학

이스라엘 역사의 가장 비극적인 사건인 예루살렘 몰락(주전 597년)과 뒤이은 유다 왕국의 몰락(주전 587년)으로 인한 바빌론 포로 사건은 오히려 이스라엘 신앙 형성에 가장 중요한 시기가 되었고, 신학적인 반성으로 인한 가장 창조적인 저작의 시기가 되었다.[268] 그래서 포로 시대에 다양한 종류의 신학적 저작들이 쏟아져 나왔다.[269] 그 저작들이 예레미야, 제2이사야, 에스겔, 예레미야 애가, 시편 44편, 74편, 137편, 신명기, 4경의 편집자, 제사장 문서(P) 등이다. 이 저작들은 다음 같은 질문들에 대한 대답을 하고 있다.[270] "야웨 하나님이 살아계시는가? 살아 계시다면 이러한 어려움은 왜 있는가? 영원한 예루살렘 성전이 왜 무너지는가? 영원한 계약을 맺었던 다윗 왕조가 왜 끊기는가?" 특히 신명기 역사서는 포로 시대의 이스라엘 백성들에게 역사의 교훈과 미래의 희망을 제시해준다.

또 한편, 에스겔, 예레미야 예언자에게서 나타나는 포로기 신학의 특징 중에 하나는 환원(귀환) 사상이었다. 예레미야는 16장 14~15절, 23장 7~8절에서 새 출애굽의 주제로써 백성들의 귀환을 예고하고 있다. 둘째, '위로의 책'(렘 30~31)에서 귀환의 희망과 공동체 재확립의 비전을 보여주고 있다. 다윗 가문의 회복을 통한 귀환을 언급한다(렘 30:9; 33:14~16; 23:5~6;

---

268) P. R. Ackroyd, *Exile And Restoration*(Philadelphia: The Westminster Press, 1968), p. 7.
269) J. S. Park, *Theological Traditions of Israel In The Prophetic Judgment Speeches of Ezekiel*, PhD. Dissertation(Princeton, New Jersey, 1978), 1~3 참조하라. 그는 이 책에서 에스겔서의 예언 심판 언설에서 P전승과 D~Dtr전승이 통합되어 나타난다고 주장한다. 포로 시대에 신명기~신명기 역사 전승(D~Dtr)이 에스겔의 예언심판 언설에 나타난다는 것이다. 신명기 역사서가 포로기에 저작되었음을 주장하며, 에스겔서에 영향을 준 것으로 본다. 같은 책, pp. 200~201 참조하라.
270) 박준서, "포로기의 역사와 제2의 출애굽," 「새롭게 열리는 구약 성서의 세계」(서울: 한국신학연구소, 1989), p., 134.

21:1~10; 21:11f; 22:1~9 등). 셋째, 예레미야 33장 6~9절은 예루살렘 귀환 예언, 10~13절에 다시 귀환의 희망을 반복한다. 다윗 가문에서 나올 의로운 통치자(14~16)에 대한 약속, 19~26절의 귀환의 약속(31:27~37) 등이다.

클라인은 에스겔의 환원 사상을 포로에 대한 에스겔의 반응에서 살펴볼 수 있다고 보았다.[271]

에스겔은 하나님의 실제적인 임재가 바빌론에까지도 미치는 하나님의 이동성을 보여준다(겔 1:1, 3). 그리고 심판의 이유를 설명하고(겔 2~3장, 13.1~16; 4.1~3; 6, 8, 15, 16, 20, 23장), 새 출애굽의 귀환 소망(겔 20:32~44; 겔 20:34, 41)을 언급하고, 또한 선한 목자(겔 34), 마른 뼈 에스겔 골짜기(겔 37:1~14). 화평한 언약(겔 34:25~30; 겔 37:26; 겔 16:59~63)을 말한다. 에스겔 예언자는 한 나라, 한 왕, 한 땅의 개념으로 하나님의 왕국이 회복될 것을 말한다(겔17:22~24; 34:23~4; 37:22 & 24~28; 40~48). 이것은 포로 귀환을 보여 주는 희망의 메시지로서 에스겔서의 환원 신학이다. 아크로이드는 환원의 주요한 주제가 에스겔 40~48장의 새 예루살렘 성전이라고 주장하면서 이 새 성전 장에서 3가지 주제(성전과 제의, 땅과 백성)가 중요하다고 강조한다.[272]

에스겔서는 에스겔 예언자가 포로 시대를 경험하며 다시 예루살렘으로 돌아갈 것을 기대한다. 성전 조감도를 통하여 회복

---

271) R. W. Klein, *Israel in Exile: A Theological Interpretation*(Philadelphia: Fortress Press, 1979), p. 97.
272) P. R. Ackroyd, *Exile And Restoration*, pp. 110~117.

될 제사장 나라의 이상을 보여 준다.

이처럼 에스겔은 포로지에서 예언 활동을 하며 포로 환원의 신학을 잘 보여 주고 있다.

3. 제2이사야의 환원 신학

제2이사야는 바빌론 포로지에서 활동하며 포로 귀환의 소망을 노래한다(사 42:10~13; 45:8; 49:13). 제2이사야는 출애굽, 새 창조, 시온으로의 여행 등의 복음을 포로민들에게 선포한다. 그는 이스라엘에 대한 잘못을 비난하고(사 42:18~ 25; 43:22~28; 50:1~3), 열방들에 대한 잘못을 지적한다(사 41:1~5; 41:21~ 29; 43:8~13 등). 그리고 제2이사야는 논박조 ─ "야웨가 기꺼이 구원하시고 구원하실 수 있느냐?" ─ 로 구원을 선포한다(사 40:12~17; 40:18~26; 40:27~31). 그리고 포로 귀환의 은인인 고레스(Cyrus)를 기름 부은 메시야로 지명하였다고 언급한다(사 45:1~7). 그를 이스라엘의 구속자, 목자라고 말한다(44:24~28). 또한 페르시아의 왕 고레스의 선택을 하나님의 주권과 비교하고(45:9~11), 그를 야웨의 사랑하는 자라고 부른다(사 48:12~15). 이것을 통하여 제2이사야는 포로 귀환에 대한 야웨의 계획을 분명히 예언하고 있다. 제2이사야는 구원 신탁의 구조를 41장 8~13절을 통하여 잘 보여 준다. 그리고 새로운 출애굽(43:18~19), 길(40:3), 갱신된 시온에서의 제의(52:11; 52:7~9; 54:11~17) 등을 통하여 예루살렘 귀환의 미래를 희망적으로 제시한다. 그리고 제2이사야의 '야웨의 종'(42:1~4; 49:1~6;

50:4~9; 52:13~53:12) 노래를 통하여 귀환한 종이 수난의 종이 될 것을 지시해 준다.

결론적으로 제2이사야의 환원 사상은 야웨의 주권과 역사적인 인물인 고레스 왕의 선택, 야웨의 종, 수난의 종을 통하여 제시한다고 말 할 수 있다. 특히 제2이사야에서는 이방 왕을 종으로 지명한 것과 메시야가 수난 받게 된다는 포로신학을 심화시킨 것이 특징이다. 여기서 제2이사야의 환원 신학은 포로 수난자에게 이방 왕이 구원의 주가 될 수 있다는 개념을 제공한다. 이것은 히스기야 전승에서 히스기야 병과 실수로 인한 수난을 포로기 관점에서 이해할 수 있게 한다. 또한 이방 왕 산헤립과 고레스에 대한 역사가의 태도와 관점의 변화에 따라 역사는 하나님의 주권과 역사하심에 달려있다는, 새로운 포로 신학의 관점을 제시한다. 제 1이사야 시대의 히스기야 전승이 제 2이사야 시대에 어떻게 변화되고, 어떤 의미를 지니는지 살펴보자.

"혹시 네가 내게 이르기를 우리는 우리 하나님 야웨를 의뢰하노라 하리라마는 그는 그의 산당과 제단을 히스기야가 제하여 버리고 유다와 예루살렘에 명하기를 너희는 이 제단 앞에서만 경배하라 하던 그 신이 아니냐 하셨느니라"(사 36:7).

이사야 36장 7절의 제의 중앙화 구절이 열왕기하 18장에 영향을 주었을 것이다. 히스기야 기사가 있는 제1이사야에서 그 히스기야 전승의 기원을 살필 수 있다. 비록 열왕기의 자료가 우선되었다는 사실은 포로 시대의 신명기 역사 편집(주전 560년)과 제2이사야 편집(주전 540년) 시대의 관계에서 비롯되지만 그 이전의 히스기야 기사 전승과정에서는 제1이사야의 히스기야 전승이 앞섰던 것을 알 수 있다. 그것은 역사적 이사야(8세기 예루살렘의 이사야)가 산헤립 침공과 예루살렘 구원의 메시지와 시온 전승을 전하고 있기 때문이다. 그리고 제1이사야 부분으로 분류할 수 있는 것이 지방 산당 제거와 예루살렘 제의 중앙화 언급 등이다. 이것을 통해 히스기야 시대의 이사야와 이사야 전승 그룹들이 히스기야가 실시한 제의 중앙화 정책에 관여하고 있었다. 이사야 기사에 히스기야 왕이 랍사게의 굴욕적인 연설을 듣고, 이사야 예언자에게 궁내 대신들을 보내 예언 말씀을 듣게 하였다는 기사(사 37:4; 왕하 19:1~5)가 나온다.[273] 그 다음 히스기야가 제의 중앙화 조치를 실시하며, 앗수르의 산헤립 침략을 맞게 되어 국가 위기 상황에서, 랍사게의 항복 요구 연설에 대한 하나님의 응답을 이사야에게 묻는다. 그 때에 예언자 이사야는 그에게 "두려워하지 말라"고 용기를 주는 장면이 나온다.

히스기야 개혁과 산헤립의 침략 기사를 통하여 히스기야가 종교 개혁을 행하고, 정치 개혁을 시행하여 앗시리아에 반란을 일으키는 일련의 과정이 있었음을 알 수 있다. 한편 앗시리아가 유다를 침략한다. 그것은 국제 관계의 변화로 인하여 팔레스틴이 동맹을 맺고 반란을 일으키자 히스기야도 이에 적극 가담하여 반란을 일으키게 되었다. 이러한 역사적 사실에 대하여 최종 편집단계에서 이사야 전승은 열왕기의 전승을 그대로 받아들

---

273) 두 번째 연설(사 37:8~13)이 립나에서 있고, 히스기야가 이사야에게 두 번째 예언 요청을 한다(사 37:21~35; 왕하 19:20~34).

여 전하고 있다. 다만 우리는 제1이사야 예언자의 관점에서 히
스기야가 종교적인 야웨 순수 신앙을 회복하기 위해 제의 중앙
화를 시행했을 것을 추정하게 된다. 그리고 히스기야 개혁에 이
사야 전승 그룹들이 찬성하며 동참하였다. 이처럼 제1이사야
시대의 히스기야 전승이 기원하여서 포로기 신명기 편집자에
게 영향을 주고 제2이사야에게 영향을 주었음을 추정하게 된
다.

그래서 이사야서의 전승사의 관점에서 볼 때, 제1이사야의
전승을 받아서 제2이사야가 그 전승을 보충하고, 당대에 적용
하여 포로 시대의 신학을 보여 준다. 아크로이드에 따르면 제2
이사야는 포로기의 이스라엘의 상황을 잘 나타내 준다고 말한
다.[274] 그는 이스라엘이 실패한 배경에 대하여 말해준다는 것
이다. 이사야 40장 2절, 42장 24절, 54장 7f절, 50장 1절 등에
서 하나님 심판의 의로움으로 현 포로 상황이 되었다고 본다.
그것은 신앙의 부족(40:27~31)으로 이스라엘이 벙어리가 되고
귀머거리가 된 결과라고 강조한다(43:8f). 펙함도 같은 맥락에
서 히스기야 기사의 제2이사야 전승자는 후속 제3이사야 전승
과의 신학적인 관점에 동의하는데, 제2이사야 전승자는 야웨
계약을 경시하므로 포로의 결과를 가져왔다는 점을 지적한
다.[275] 그래서 히스기야 기사에서 다윗 왕조와 견줄 만한 선한
것들이 있어 바빌론 포로 귀환에서 그것이 결정적인 역할을 한

---

274) P. R. Ackroyd, *Exile And Restoration*(Philadelphia: The Westminster Press, 1968), 123.
275) B. Peckham, *History and Prophecy*, p. 140.

다고 주장한다. 그러므로 제2이사야의 히스기야 기사는 바빌론 포로의 상황을 밀접하게 보여 준다. 이것은 제2이사야의 귀환의 희망이 히스기야 기사에서 종교 개혁과 예루살렘 제의 중앙화 개혁, 앗시리아 반란 등으로 나타난다. 이것은 바로 이사야서의 히스기야 개혁 기사가 포로지에서 포로들에게 환원 개혁으로서 새로운 의미를 준 것으로써 반영되고 있다.

4. 신명기 역사의 히스기야 개혁에 나타난 환원 신학

신명기 역사가에게도 포로 시대에 과제인 환원 사상을 이야기하고 있음은 자명하다. 먼저 신명기 역사서의 중심 주제의 논의들을 살펴보면서 이 문제를 다루고자 한다. 노트가 신명기 역사서가 단일 저자에 의한 통일성을 가진 책이라고 주장한 이래로 신명기와 신명기 역사의 관계는 불가분의 관계로 밀접한 연관성을 가지게 되었다. 신명기의 중심 주제에 대한 문제는 신명기 역사의 중심과도 무관하지 않다.[276) 히스기야의 제의 개혁이 신명기 역사서에서 중심 주제가 되고 핵심이 된다. 신명기 사가는 역사 해석의 중심인물을 '다윗과 요시야'에게 초점을 맞추어 역사를 해석한다. 나퍼스(G. Knoppers)는 신명기 사가가 중요한 역사적 모델로 삼은 왕은 솔로몬과 히스기야, 요시야 왕이라고 보고 있다. 그는 솔로몬은 전대미문의 지혜와 부로,[277) 히스기야는 신뢰로, 요시야는 개혁으로 신명기 사가에게 있어 중요한 요소가 되었다고 본다. 나퍼스는 포로기의 신명기 사가가 이미 이전에 있던 양립 불가능한 형태를 사용한 것이라고 주장하고 있다.[278] 그는 양립 불가능한 비교 형태에 초점을 맞춰 신명기 사가의 신학을 찾고자 한다. 나퍼스는 히스기야를 탁월한 믿음을 가진 자[279] 로만 강조하고, 개혁자로는 언급하지 않고 있다. 다만 요시야만을 개혁자로 평가하고 있다. 그러나 히스기야에 관한 제의 개혁 기사가 길게 제시되어 있지

---

276) D. Olson, "Deuteronomy as De-Centering Center," *Semeia* 71(1995): 119~132. 헤르만(S. Hermann)은 신명기가 구약의 중심이 된다고 본다. 신명기 안에는 결정적인 주제가 들어 있는 저장소와 같다고 본다. 즉 제의의 순수화와 제의의 통일성, 독점적인 야웨 숭배, 이스라엘의 통일, 선택과 언약, 땅의 약속 등이 나타난다고 보고 있다. 이처럼 신명기의 중심 주제가 구약 신학 전체에 미치는 영향뿐만 아니라 신명기 역사의 서론이자 결론에 해당함으로 중요한 이슈가 된다. 또한 신명기의 중심사상이 의미하는 것이 구약신학의 중심사상 중 하나라고 하는 관점에서 본다면, 신명기의 중심이 무엇인가의 문제가 구약 신학의 중심의 문제가 된다고 본다. 신명기의 중심이 무엇인가라는 문제에 여러 가지 주제가 제기되었다. 짐멀리는 "나는 너희 하나님 야웨다"라고 보고, 젤린은 "하나님의 성스러움"이라고 말한다. 크니어림(Knierim)은 "야웨 하나님의 우주적인 지배-정의와 공의……"라고 본다. 카이저(W. Keiser)는 약속, 베스터만(Westerman)은 구원과 축복, 미드(Mid)는 창조 신앙, 테리엔(S. Terrien)은 현존과 부재 등이라고 본다. 이러한 논의들과는 다르게 올슨은 중심의 주제가 있지만 한편 탈중앙화 시키는 요소도 있다고 보고 있다. 그것이 4가지 요소인데, 첫째 호렙산의 계약과 모압에서의 계약(신 29~32)이라고 보고, 둘째, 언약궤의 현상과 기능, 셋째, 중앙화한 성소(포로 시대의 포로에게는 중앙화한 성소가 의미가 없기 때문에 예루살렘이라는 중앙 성소를 언급하지 않은 것이라고 말한다.), 넷째, 모세의 목소리의 중앙화와 탈중앙화라고 말한다. 이처럼 신명기 중심의 논의는 획일적으로 하나로 언급할 수 없는 것이다.

277) 솔로몬은 제의적인 완성을 위해 노력한 왕으로서, 양립 불가능한 비교 형태로 평가를 받고 있는 이상적인 왕이기 때문이라는 것이다. 이 지고의 평가, 최상급의 표현, "이전에도 없고, 이후에도 없다." "그의 전후에 그와 같은 자가 없더라"는 신명기 사가의 평가이다.

278) G. N. Knoppers, "There Was None Like Him: Incomparability in the Books of Kings", 410~18. 양립 불가능 형태를 통하여 솔로몬, 히스기야, 요시야 왕의 신명기 역사서의 위치에 대하여 논하고 있다.

279) 열왕기하 18~20장에 "신뢰한다(בטח)"는 말이 8번 나온다. 그래서 나퍼스는 신명기 사가가 히스기야를 신뢰의 인물로 본다.

는 않지만 제의 중앙화를 통하여 앗시리아의 산헤립에 저항할 수 있었던 종교 개혁가임을 부인하기 어렵다. 나퍼스가 히스기야 기사를 신명기 역사서의 중심으로 보고 있지만 히스기야를 야웨 신뢰의 인물로 보고, 개혁가의 모델로 보지 못하고 있다. 오히려 히스기야를 보이지 않는 중앙화 개혁가로 보고 요시야는 히스기야 개혁을 완성한 왕으로 보는 것이 더 설득력이 있을 것이다.

이와 유사한 관점의 연구로 윌슨의 연구를 들 수 있다.[280] 윌슨은 이스라엘 왕들과 유다 왕들, 각각의 치세 기록을 주목하고, 왕들의 공식적인 진술에 입각하여 결론 내린다고 지적하고 있다.[281] 그는 히스기야 기사가 신명기 역사서의 중요한 핵심이 된다고 본다. 그는 북 왕국과 남 왕국의 대조적인 운명을 지적하였으며 북 이스라엘의 기사는 예언 활동에 관심을 가졌고, 남 유다 왕들은 종교 개혁을 추진하는 데 관심을 가졌다고 주장한다. 왜냐하면 신명기 역사가 남유다의 관점에서 기록되어 있기 때문이다. 그렇지만 히스기야 전승에서도 볼 수 있듯이 남 유다 왕인 히스기야와 이사야 예언자 사이에 기록된 기사를 볼 때 북 이스라엘에만 예언자의 기사가 강조되었다는 그의 주장

---

280) R. R. Wilson, "The Former Prophets: Reading the Books of Kings," *Old Testament Interpretation*, pp. 83~96.

281) *Ibid.* 그는 그러한 결론을 통하여 학자들이 열왕기의 최종 편집자들이 북 왕국과 남 왕국의 대조적인 운명에 대하여 신학적인 평가를 하는 데 관심을 갖는다고 말한다. 더우기 윌슨은 북 왕국 왕들의 기사는 예언 활동에 크게 강조점을 두고 있고, 반면 남 유다 기사는 남 왕국의 왕들이 종교 개혁을 증진시키는 데 관심을 가지고 있다고 지적한다. 그의 두 번째 관심은 하나님께 신뢰하는 것보다 외국과 동맹을 맺는 것에 더 관심을 갖는다는 점을 밝힌다.

은 설득력이 약화된다. 오히려 신명기 역사서 전체에 예언 전승이 핵심을 이룬다고 보아야 할 것이다. 예를 들면, 열왕기하 18~20장에서 거의 대부분을 이사야 예언이 차지하고 있는 것을 알 수 있다. 열왕기하 19장 6~7절, 20~34절, 20장 3~6절, 8~11절, 14~18절 등이 마찬가지이다. 아크로이드는 신명기 역사에서 대부분이 예언적 기사(왕상 17~왕하 13+왕하 18~20)로 되어있다고 주장하였다. 다만 열왕기하 18~20장이 다른 자료에서 왔다고 보고 있다.[282]

아크로이드는 신명기 역사의 전체적인 관점을 하나님에 대한 확신과 그 반대의 경쟁자의 대결로 보고 있다. 아크로이드는 신명기 사가의 전체 저작에서 히스기야 기사가 남 유다 말기의 대표적인 경쟁자의 대결을 보여 주는 효시(嚆矢)가 되고 있음을 제시하고 있다.[283] 그러나 히스기야의 제의 중앙화와 산헤립의 침략의 구조에서 신명기 역사 전체의 주제를 파악할 수 있다. 즉, 제의 중앙화(제의 순수화) 여부와 이방 침공의 관련 기사는 신명기 역사서 전체에 흐르는 전형적인 주제가 된다. 신명기 역사서에서 이스라엘과 유다 왕이 제의 중앙화 혹은 제의 순수화를 시행하였는가? 그 여부에 따라 이방 침략의 여부가 달려있기 때문이다.

---

282) P. R. Ackroyd, *Exile And Restoration*(Philadelphia: The Westminster Press, 1968), p. 81.
283) 1) 기드온 기사에서 바알과의 투쟁(삿 6:25~32, E. Janssen)
　　 2) 블레셋 땅에서 다곤과의 투쟁(삼상 5~6, A. Bentzen)
　　 3) 갈멜산에서 바알과의 싸움(왕상 18,17~40, E. Janssen)
　　 4) 앗시리아 랍사게의 주장에 반대(왕하 18, 13~19, 37; 사 36~37, B. S. Childs)

히스기야 시대에 대한 아크로이드의 지적은 적절하다. 다만 제의 중앙화 개혁과 산헤립 침략이라는 인과 관계로 연관되었다는 것을 지적하지 못했다. 이것은 신명기 역사서 전체에 제의 중앙화(제의 순수화)의 신학이 중심에 위치하고 있는 것을 보지 못한 것이다. 다만 아크로이드가 경쟁 관계의 투쟁 메시지를 언급한 것은 의미 있는 주제 연구로서 포로기 현실에서 이스라엘이 투쟁할 과제가 놓여 있다는 것을 지적한 것이다.[284] 히스기야 시대에 산헤립과의 투쟁은 제의 중앙화와 정치적인 개혁과 관련된 결과이었고, 최종 편집자가 기록하고 있는 포로시대에는 바빌론의 말뚝 신과 그 문화에서 야웨 신앙을 잊어버리지 않고 자신들의 정체성을 지키기 위한 잊어버린 제의 중앙화(순수화)의 회복을 기리는 것이었다. 포로시대 이스라엘이 역사 철학에서 제시하고자 한 것은 토라의 말씀이 중심이 되어, 역사속의 하나님의 예언과 어떻게 이스라엘의 생활 속에 제의 전통을 실현하며 실천해 갈 수 있느냐는 것이었다. 제의 중앙화 개혁은 이스라엘의 생활 철학이었고, 신명기 신학의 중심이었다. 히스기야 시대는 제의 중앙화 개혁이 종교적 순수성을 회복하고 백

---

284) 아크로이드는 두 번째의 신명기 사가의 기준(Criteria)은 이중적이라고 주장한다. 하나는 고백적 공식(신 26, 수 2:4~7)이고, 또 하나는 역사의 경험(왕과 성전)이다. 이 두 가지 근거가 역사서에 반영되었다는 것이다. 그리고 신명기 역사의 전체적 패턴은 반란과 용서라는 것이다(신 30, 수22~23, 삿 2~3, 삼상 12, 왕하 17.). 율법과 역사가 포로기 공동체의 핵심부에 설교된다. 전체의 신명기 저작은 공동체에서 역사의 참다운 해석으로 받아들여지고, 고백적 진술을 하게 하였다. 이것이 하나님 앞에 이스라엘 신앙의 인식이었고 하나님의 정의의 인식이었다. 폰 라드는 이것을 "Gerichtsdoxologie" —하나님 심판의 정의에 대한 찬양 행위—라고 부른다. Ackroyd, *Exile And Restoration.*, p. 81.

성들의 구심점을 형성하였다. 그리고 히스기야는 국제 정세의 변화로 인하여 정치적으로 앗시리아에 대항하여 반란을 일으켜서 이스라엘을 회복하고 독립 국가를 만들고자 하였다. 그래서 히스기야 개혁은 성서 본문에는 정확히 기록되어 있지 않지만 국제 정세의 변화 요인으로 인한 앗시리아에 대한 반란과 히스기야의 정치적인 독립의 이상, 그리고 제의 개혁과 제의 중앙화 등의 복합적인 요소가 함축된 개혁이었다. 히스기야 시대에는 산헤립 침략이라는 상황과 연관되어 종교-정치적 개혁의 성격으로 나타났고, 포로기에는 이스라엘의 환원 개혁으로서 포로들에게 히스기야 개혁을 통하여 환원 계획을 가질 수 있는 근거가 무엇이어야 하는 지를 준비하게 하였다. 다시 말해 히스기야 개혁을 통하여 귀환의 희망을 가지고자 하였다.

포로 시대의 신명기 전승자들은 누구였는가? 그 전승자들은 히스기야 시대의 왕궁에서 일하는 사람들, 일명 히스기야의 사람들(왕하 18:18 ,26, 30)의 후손이었다. 그리고 요시야 시대에는 요시야 궁정의 사람들(왕하 22:8, 12)이 신명기 역사 전승자들이었다. 신명기 사가는 역대기에는 기록되지 않은 청동 뱀(Brazen Serpent)의 파괴에 대해 언급하고 있음에도 불구하고, 열왕기는 히스기야의 제의 개혁 사실을 빠르게 넘어가고 있다. 열왕기는 대부분의 자료를 유다의 산헤립 침략 묘사와 그 침략의 결과로 일어나는 철수에 대한 자료들을 취하고 있다. 열왕기하에서 히스기야 개혁의 긴 묘사 뒤에 야웨에 대한 히스기야의 성실함의 결과를 보여주고, 단지 그의 개혁의 열정만을 명시하고 있다.[285]

신명기 사가는 히스기야의 개혁을 환영했지만 단지 그 개혁에 관해서는 매우 간략하게 언급하고 있다. 그는 히스기야가 산당을 제거하는 것과 야웨가 모세에게 준 명령에 순종하는 것을 칭찬했다. 그러나 히스기야가 개혁한 것에 대하여 상세하게 설명하지 않았다(왕하 18:4, 6). 이와 같은 사실은 역대기와 대조해 보면 놀랄만하다. 역대기 작가는 히스기야에 대한 보도의 대부분을 히스기야 개혁에 대하여 언급했고(대하 29:3~31:21), 신명기 역사에서는 자세히 보도하고 있는 산혜립의 침입에 대해서 별로 언급하지 않았다(대하 32:1~23). 그런데 신명기 사가는 히스기야의 개혁에 대해서 보도할 때에 단지 한 절밖에 언급하지 않고 빠르게 지나가고 앗시리아의 위기에 대하여 상당히 많은 부분을 할애한다.[286] 이것은 히스기야 기사에서 '정치적 구원'을 말하여 포로기 편집자가 앗시리아 위기에서 구원이 포로 시대의 민족 멸족의 위기에서 구원될 수 있음을 제시한 것이다.[287]

신명기 편집자는 마지막에 왜 여호야긴 석방 기사를 삽입하

---

285) F. L. Moriarty, "The Chronicler's Account of Hezekiah's Reform", p. 401.

286) G. N. Knoppers, "There Was None Like Him: Incomparability in the Books of Kings", p. 413 참조하라.

287) 신명기 사가의 히스기야에 대한 기록은 그의 정치적 측면을 강조한 반면, 역대기 기록은 그의 종교적 측면을 강조한다고 볼 수 있다. 이것은 열왕기에는 종교 개혁 기사는 1절만 있지만 정치적인 산혜립 침략 기사가 많이 기록되어있기 때문이다. 반면 역대기는 종교적인 유월절 기사와 성전 청결 기사들이 많이 기록되어있기 때문이다. 이와 유사하게 열왕기 안에서 히스기야 왕과 요시야 왕의 경우, 열왕기하18장의 히스기야는 정치적인 성격이 많이 나타난다. 반면 요시야는 종교적인 면이 강조되고 있는 것은 주목할 만하다. 그리고 마지막장에서는 여호야긴 석방 기사로 정치적인 면이 부각된다. 즉 여호야긴이 바빌론 왕의 식탁에서 식사할 정도로 대접을 받는 것은 바빌론 포로에서 해방될 시기가 가까웠다는 정치적인 소식을 전하는 기사라고 볼 수 있다.

였을까? 그리고 히스기야 기사 마지막에 히스기야 후손 중에 바빌론 왕궁에 환관이 될 것을 언급하고 있는가? 포로기의 신명기 사가는 정치적인 관심이 주관심사였다는 것을 추정할 수 있다. 그것은 현실적으로 정치적인 포로로 잡혀와 있는 포로들에게는 절실한 제일의 기대 사항이 포로 해방이었다. 이것은 정치적인 문제였다. 히스기야 기사는 지금의 불행한 처지가 되지 않아도 될 수 있는 여건을 만들려다 실패한 개혁이었기 때문에 그 때의 정치적인 상황을 더욱 자세히 살피며 회고하고 있다. 이것은 히스기야 기사에서 '정치적 구원'을 말하려 한 것이다. 즉, 포로기 편집자가 앗시리아 위기에서 유다가 구원된 것처럼 포로 시대의 오랜 포로 생활로 인하여 민족이 멸족될 위기에서 구원될 수 있음을 제시한 것이다. 포로기 신명기 사가는 다시는 멸망치 않는 메시야 왕국, 종교적 나라를 회복할 이상으로 그리고 있는 것이 특징이다.[288] 이처럼 포로시대의 신명기 사가는 이스라엘의 환원 개혁을 제시한다. 그러므로 신명기 사가는 포로시대의 환원 개혁으로서 히스기야 개혁을 해석하고 역사서를 통하여 환원 프로그램을 제시하고 있다. 히스기야 기사의 마지막 바빌론 환관 예언과 여호야긴의 왕궁 식탁 기사는 바빌론 포로에서 연속된 기사로 희망적인 메시지를 제시한다. 또 한편 신명기 문체를 통하여 신명기 역사서의 귀환의 대망 사상을 알 수 있다. 신명기 30장 1~30절의 복과 저주, 생명과 사망의 길을 통하여 포로의 귀환 메시지(신 30:3~5, 15)를 언급하고 있다.

---

288) B. W. Anderson, *Understanding the Old Testament*(New Jersey: Prentice Hall, 1986), pp. 427~466 참조하라.

이것은 히스기야 기사 중에 랍사게 연설 부분에 "너희가 살고 죽지 아니하리라"(왕하 18:32)말과 남은 자 사상(왕하 19:4, 30, 31)과 시온 예루살렘 성 구원전승(19:30~34, 20:6~7)을 통하여 알 수 있다.

5. 나가는 말

이 연구를 통하여 히스기야 개혁 기사가 포로 시대에 특별한 의미를 가지고 있음을 알게 되었다. 히스기야 개혁 기사가 바빌론 포로 시대에 환원(귀환)의 과제로 인식되고 있음을 알게 되었다. 그래서 히스기야 개혁이 신학적으로 환원(귀환) 개혁으로 특성을 가지고 있다. 성경의 본문이 기록된 시대와 그 이야기가 반영하는 시대가 있음을 전제해 볼 때, 전승사적인 발전의 과정을 상정할 수 있었다. 히스기야 시대와 요시야 시대, 포로 시대 등 각 시대마다 히스기야 개혁 기사가 어떠한 의미를 가질 수 있는지 질문할 수 있었다. 그러한 맥락에서 포로기의 히스기야 기사의 의미는 드러난다. 이 책에서 포로 시대의 저작들 중에 에스겔과 예레미야, 제2이사야의 포로기 신학이 환원 신학이었음을 알게 되었다. 더 나아가 히스기야 기사와 신명기 역사서의 전체 주제의 관점에서 포로기 환원 신학을 연구하게 되었다. 결론적으로 환원 신학은 히스기야 기사에 중심 신학이며 포로 시대에 중요한 핵심 주제임을 드러내었다. 또한 히스기야 개혁이 환원 개혁으로서 특성을 가지고 있음을 알게 되었다. 다시 말해 포로기에 신학적 요구와 시대적 과제는 예루살렘 환원(귀환)과 환원 신학이다. 끝으로 요시야 시대에 대한 히스기야 개혁 기사와 포로 시대의 신학간의 관계에 대한 연구가 남게 된다.

V. 역대기 역사의 히스기야 개혁 연구

1. 들어가는 말

히스기야 개혁 기사가 성서에 세 부분(열왕기, 역대기, 이사야)에 나오는데 각기 기록된 내용과 신학이 다르게 나온다.[289] 히스기야 개혁과 요시야 개혁이 신명기 역사 연구와 밀접하게 연구되어서 그 동안 역대기 역사의 관점에서 많이 연구되지 못하였다. 역대기 역사에 기록된 히스기야 개혁에 대한 내용이 신명기 역사에 기록된 것과 차이가 있고 많은 점이 다르게 나타난다. 이러한 부분에 대한 이유가 무엇인지 이 연구에서 그 신학적 의미와 역사적 상황을 연구하고자 한다. 특히 히스기야개혁의 중심인 제의 중앙화 개혁에 관점에서 역대기 본문이 어떠한 의미를 가지는지 연구하고자 한다.

2. 히스기야 기사의 역대기신학

---

289) 히스기야 기사가 열왕기하 18~20장, 이사야 36~39장, 역대하 29~32장 등 3군데에 나온다.

역대기 역사의 성격에 대한 논의를 먼저 정의하는 것이 이 책을 진행하는 데 도움이 된다. 존스톤(Johnstone)은 역대기 역사를 하나의 신학적 에세이(Essay)로 본다. 같은 맥락에서 덧붙여 아크로이드(Ackroyd)는 역대기 저자가 역사를 제시하거나 해석하기 보다는 과거와 현재의 경험을 신학화 하는데 관심을 가지고 있다고 보았다. 그리고 역대기 저작의 성격을 언급하며 신명기 역사보다 P저작에 더 가깝다고 보았다. 존스(G. H. Jones)도 아크로이드의 입장을 받아들여 P저작의 영향을 수용하며 역사적 사실을 탈역사화 하여 현재의 상황에 적합하게 하였다고 주장한다.[290] 아크로이드나 존스와 같이 역대기 저작의 성격이 P의 성격과 닮은 것을 찾아볼 수 있다.[291] 그것은 똑같이 신명기 역사에서도 발견된다. 그것은 한편 제의적인 요소가 강하다는 것을 말하는 것이다. 역대기 역사가 신학적인 해석이 많이 가미 된 채로 역대기 시대의 상황을 반영하고 있는 것을 부인하기 힘들지마는 히스기야 시대의 역대기 기사는 역대기 전승이 히스기야 시대에 역사적 모습을 담고 있는 것을 염두에 두어야 한다. 역대기 역사는 역사로서 성격을 지니고 있고, 히

---

290) G. H. JONES, *1 and 2 Chronicles*(Sheffield: Sheffield Press, 1993), pp. 33~34. P저작에서 볼 때 초기 시대는 규범적으로 다룬다. 그것은 현재 경험에 적합한 '의미 있는 역사' 이었다. 그리고 역사를 일부 '탈역사화' 하는 것이 있었다. 이와 비슷하게 역대기 기자도 공동체 과거 역사에 있어서 본질적인 요소들을 탈역사화 하는 계획을 추구하였다. 그 이유는 현재의 백성들 상황에 적합한 요소들을 고려하기 때문이다. 예를 들어 다윗 예루살렘 전승이 중심이 되었다. 이것은 포로기 후 공동체의 신학적 해석에 중심동기가 되었다. 반면 이것은 신명기 역사에서는 중요치 않았다. 존스는 역대기 신학이 역사 속에 활동하시는 하나님, 하나님의 백성 이스라엘, 다윗 왕조, 제의 등의 주제라고 보았다.

스기야 기사를 볼 때, 히스기야 시대의 역사적인 성격을 나타낸다고 보겠다. 그것은 프리드만은 P가 히스기야 시대에 쓰였다는 주장에서 입증될 수 있다.[292] 그리고 역대기의 P성격이 히스기야 시대의 역사적인 상황을 반영한다고 말 할 수 있다.

역대기 역사에서 히스기야 왕이 차지하는 비율은 그다지 크지 않지만, 후기 역사에서 다윗과 솔로몬을 합쳐 놓은 이상적인 왕이었음을 알 수 있다. 역대기 역사가에 있어서 3명의 왕이 중심의 위치에 있다. 사울 왕은 대상 10장에 기술하고, 다윗 왕은 대상 11~29장, 솔로몬왕은 대하 1~9장에 기록하고 있다. 이를 통하여 역대기 기자는 이 세 왕을 그의 역사기록에 중심임을 보여준다.[293] 히스기야 왕과 요시야 왕은 후반부에 다시 한 번 짝을 이루는 왕으로 그리고 있다고 볼 수 있다. 히스기야 왕은 역

---

291) R. E. Friedman, *Who Wrote the Bible?*(New York: Harper & Row, 1989). 프리드만은 P와 역대기가 밀접히 연결되었을 것이라고 본다. 그는 J. E자료는 아론을 경시하고 P는 모세를 경시했다고 본다. J, E는 레위인은 누구나 사제가 될 수 있다는 생각을 했고, P는 아론의 후손만이 사제가 될 수 있다고 말한다. 이러한 다른 성격의 자료를 에스라가 절묘하고 예술적으로 융합하였다고 주장한다. 그래서 이 4자료를 수집한 사람은 아론계 사제 출신 이였다고 보았다. 그것은 제2성전 시대 때 아론계 사제들이 권위를 가진 시대이기 때문이다. 이때에 오경이 마지막 편집 되었다고 보았다. P와 에스라의 역대기간의 교류를 통해 P와 역대기 관계성이 밀접한 것을 볼 수 있다. 프리드만은 P와 D의 관계를 다음과 같이 본다. "P작품은 히스기야 시대였다. 이 시대는 사제적 지위가 확립 되었던 시대로 예루살렘 아론계 사제직이 선호되는 위치를 확보하였다. P는 J. E에 대한 대안물이였다. 한편 이들이 반대자들인 실로 가문의 사제들은 요시야 왕시대에 기회를 포착하였다. D(Dtr1, Dtr2)의 저자는 사제직의 옹호자인 예레미야 혹은 바룩이였다."

292) *Ibid.* "P작품은 히스기야 시대였다. 이 시대는 사제적 지위가 확립 되었던 시대로 예루살렘 아론계 사제직이 선호되는 위치를 확보하였다. P는 J. E에 대한 대안물이였다."

293) 그 중에서 본문 10~12장은 사울과 다윗왕의 기록이 동시에 기록되어 있는 중요한 부분이다.

대기 사가에 의하면 다윗과 같은 왕으로 묘사하고 요시야 왕은 솔로몬에 해당하는 왕으로 그리고 있다. 더욱 히스기야에게 강조점을 두고 기술하고 있는 것을 살필 수 있다.

전체 구조 속에서 볼 때 역대기의 패턴을 '제의' 와 '왕권'의 축에서 볼 수 있다.[294] 사울은 야웨의 제의와 왕권에 실패한 왕[295]이였다면 다윗은 야웨의 제의와 왕권에 성공한 왕으로 그리고 있다. 역대기 저작에서는 계속 왕권과 제의가 교체하여 나타났다.[296] 역대상 11~12장의 사울, 다윗의 패러다임은 히스기야 개혁 기사에서 그대로 다시 나타난다고 본다. 유월절을 지키고, 제의 개혁을 지키는 다윗 상을 가진 히스기야와 마음이 교만하여 바빌론 사절단에게 실수를 저지른 사울 상을 보여준다. 또한 히스기야 기사에도 제의와 왕권의 패러다임이 나타난

---

294) W. Riley, *King and Cultus in Chronicles : Worship and the Reinterpretation of History*, JSOT160(Sheffield : Sheffield Academic Press, 1993), pp. 39~76. 릴리는 역대기 기자가 왕들을 제의와 관련하여 이상적으로 생각하는 제의 상을 그리고 있다고 보았다. 사울 왕은 비 제의적인 왕이었고, 다윗은 제의와 왕조의 설립자로 보았다. 그리고 솔로몬은 성전 건축자였으며 솔로몬 이후 왕들로 요시야 왕까지는 제의를 완성한 왕들이라고 보았다(37~155페이지 참조). 요시야 왕 이후부터 고레스 칙령가지 시대를 다시 다윗 왕 시대의 망명 생활에서 연속성을 찾으며 고레스 칙령의 중요성을 강조하고 있다(199~204 페이지).

295) Saul Zalew, "The Purpose of the Story of the Death of Saul in 1 Chronicles 10" *VT* 39. p. 449. 사울 이야기를 다윗 앞에 위치하여 언급한 것에 대한 학자들의 견해를 살펴보면, 세갈(M. H. Segal)은 "왕국이 이새의 아들 다윗에게 돌리기 위한 결론에 의해서만 삽입되었다"고 주장한다. 로스타인과 헤넬(J. W. Rothstein, J. Hanel)은 사울과 다윗의 인물 대조로서 다윗이 사울보다 우위에 있는 것이 빛이 어두움보다 앞서는 것으로 주장하였다. 윌리(T. Willi)는 사울이야기를 가져온 것은 나단예언(대상 17: 13)을 암시하는 것으로 사울의 왕권과 대조를 이루게 하려는 것이라고 주장한다. 제펫(Sara Japhet)은 문학적 관점에서 다윗 왕국의 연속성을 보여주기 위해 과거의 이야기를 하려고 한다고 보았다.

296) 일례로서 역대상 11~12장의 사울과 다윗의 이야기를 들어 보면 다음과 같다.
　왕권　　온 이스라엘이 다윗을 지지하고 예루살렘을 수도로 세움(대상 11~12)
　제의　　법궤로 이전 하려는 시도(대상 13)
　왕권　　야웨가 군사적 승리를 줌(대상 14)
　제의　　다윗이 법궤를 운송하는 데 성공하고 성전 직무를 임명함(대상 15~16)
　왕권　　군사적 승리들(대상 17~28)
　제의　　성전 건축 준비(대상 21~29)
이러한 맥락에서 역대상 11~12장 본문은 '왕권'에 속하는 것으로 다윗의 왕권이 확립되는 것을 본다. 이 본문은 역대기 역사서의 서론에 위치하여 전체 역사의 범례(paridigm)를 제공하는 역할을 한다. 사울의 기사는 부정적인 측면을 반영한다면 다윗의 기사는 긍정적인 측면을 반영한다는 것이다. 또한 사울의 기사는 포로시기를 반영하고, 다윗기사는 '회복'을 의미한다는 것이다. 참조, G. H. JONES, *1 and 2 Chronicles*(Sheffield: Shield Press, 1993) pp. 33~34. 다윗왕의 기사(11~12장)는 '온 이스라엘'의 왕이 된다는 주제를 부각하며 교차대구법적(chiastic patten)구조로 본문이 구성되어 있다. 참조, H. G. Williamson, *1 and 2 Chronicles*(Grand Rapids: W. B. Eerdmans, 1982) p. 105.

11~12 구조

헤브론	11:10	a
시글락	12:1	b
다윗성	12:8	c
다윗성	12:16	c′
시글락	12:20	b′
헤브론	12:23	a′

사울이 죽은 이후에 다윗이 바로 즉위한다(11:1~3). 헤브론의 남쪽 지파의 왕이 된다. 다윗의 통치가 일반적으로 지지를 받기 위하여 외부지역과 북 이스라엘지파가 지지하며 '온 이스라엘' 예루살렘의 여부스 도시중심에서 지지 받는다(11:4~9). 다윗 지지자들의 목록은 이러한 지지를 강화시킨다. 그래서 첫 번째 다윗의 용사 두목의 목록(11:10~47)이 나오고 두 번째 목록은(12:23~40) 헤브론에서 다윗 추대와 군대 계수와 지지자들 목록이 게시되고 있다. 여기서 11~12장의 구조는 연대기적 순서를 배열되어 있지 않고(Williamson, *op. cit.,* p. 105. 교차대구법적 패턴이 정확히 짜여 있다(dovetails). 사무엘상 27장 6절에 보면 시간적으로 다윗은 시그락에 거주한다(삼상 27:6). 그에 앞서 헤브론에서 즉위하고 그 앞서 '다윗성'에 머문다(삼상 22:1~5, 23:14, 23:29(24:1). 11장의 연대순에 따르면(a) 16~18, 다윗성. 다윗(b) 8~15 다윗에게 온 용사(3)(c) 1~7 헤브론의 왕즉위.(d) 19~21 브나야의 공적 등이다. cf) J. W. Rothstein and J. Hänel, 역대기상, p. 243)
주제에 따라 '온 이스라엘'의 다윗왕 지지를 보여 주기 위한 목적에서 배열되고 있는 것이다. 역대기 기자는 다윗왕을 온 이스라엘을 다스리는 왕으로 백성들의 일반적인 지지를 받고 있는 자로 묘사하려 했던 것이다.

다. 역대하 29장 1~36절(제의), 30장 1~12절(왕권), 30장 13~31장 21절(제의), 32장 1~33(왕권) 등으로 나타난다.

사마리아의 몰락이 유다에게 큰 짐이 되었다. 정치적으로는 몰락 전에 유다에게 시로 · 에브라임 동맹으로 심적 정치적 경제적인 부담을 많이 주었다. 경제적으로는 조세의 부담을 심하게 백성들에게 요구하는 상황이 되었을 것이다. 국내적으로는 외국의 침략에 대비한 예산을 준비하여야 했고, 국외적으로는 바빌론과 이집트의 외교관계에서 도움을 요구하는 입장이 되다보니 조공에 상응하는 예물을 바쳐야 했다. 그러나 아하스는 앗시리아에게 굴종하여 독립하려는 의지만큼이나 조공을 무겁게 바치지 않으면 안 되었다. 조공의 힘겨운 과정은 독립과 야웨 제의의 순수성에 대한 열망이 일어나게 되었던 것이다.

이스라엘의 몰락은 수차례 예언자들의 예언과 경고의 말씀에 거론되었다. 야웨 제의를 회복하고 야웨께 돌아가지 않으면 멸망당할 것이라고 호세아, 아모스 등의 예언자들은 예언하였던 것이다. 그럼에도 불구하고 토라의 순종은 이루어지지 않고 결국 사마리아는 멸망하게 되었던 것이다. 이러한 사마리아의 실패는 히스기야에게 민족주의와 야웨의 열성을 가져다주었다.[297] 그래서 히스기야는 사마리아의 몰락을 어렸을 때 지켜보면서 충격을 받고 깊은 생각을 하였다.

그래서 북쪽에서 내려온 야웨 주의자들을 가까이 하고 그들에게 조언을 받아 야웨 제의를 회복하고 제의적인 일들을 성실

---

297) F. L. Moriarty, "The Chronicler's Account of Hezekiah's Reform" *CBQ* 27(1965), pp. 399~400.

히 수행하며 북쪽의 동포도 돌아보았다.

이러한 사실에 대한 정보를 역대기에서 잘 알 수 있다. 열왕기는 개혁 기사를 불과 열왕기하 18장 3~5절에서 조금 밖에 소개를 하지 않는다. 그러나 역대기 기자는 4장에 거쳐서 상세하게 보도하고 있다. 열왕기의 히스기야 개혁 기사의 짧은 보도는 요시야 개혁기사와 연관 시켜서 보려는 학자들이 있다.[298]

3. 열왕기와 역대기의 히스기야 기사 비교

히스기야 개혁 기사에 대한 신명기 역사(열왕기)와 역대기 역사(역대기)의 기록 관점이 다르다. 역대기 자료만이 갖고 있는 구절이 100개의 구절로서 열왕기의 기록한 것을 생략하고 독특하게 역대기만의 히스기야 이야기를 다루고 있는 것을 본다.[299] 열왕기 기사가 역대기에 평행이 되지 않는 기사가 있고, 역대기 기사가 열왕기 기사에 나오지 않는 구절이 있다. 두 가

---

298) *Ibid.*, p. 400. 히스기야 왕과 요시야 왕의 연속성의 관점에서 결합된 이야기로 보려는 학자들은 올브라이트와 로울리이다
　　"두 개의 개혁 운동의 연결성을 주목해서 다음과 같이 W. F. Albright는 진술했다. "북부에 까지 히스기야가 개혁적인 행동을 미친 것은 유다의 왕들이 그들의 북부의 친족들과 가까운 관계를 유지해 왔다. 아몬, 므나세의 짧게 산 아들이며 계승자인 아몬은 욥바(Jotbah)의 갈릴리 마을 출신의 저명한 이의 손자였다. 요시야의 아들, 엘리아킴은, Runah의 갈릴리 마을 출신 또 다른 저명한 이의 손자이다."
　　로울리는 신명기 저작과 관련하여 히스기야 시대 활동한 개혁 그룹들이 므낫세 이교도 시대에 지하로 들어가서 거기서 기록하여 책을 만들어서 요시야 시대(주전 601년)에 발견하였다고 본다. 따라서 히스기야 시대에서 므낫세를 거쳐 요시야 시대까지 개혁운동이 미쳤다고 보며 그 개혁 운동이 연속성이 있다고 보았다.

지 기사에서 열왕기 기사만 있는 것은 열왕기의 신학을 말하지만 한편 역대기에 빠진 것이 역대기 기자의 신학적 의도로 볼 수 있다. 또한 역대기 기사에만 있고 열왕기에 빠진 것은 역대기 기자만의 신학을 가진다고 볼 수 있다. 따라서 두 기사의 평행을 이루지 않는 본문을 통해서 역대기 신학을 생각해 볼 수 있다.

열왕기 기사가 역대기에 평행을 이루지 않은 구절들이 히스기야 기사에 3개의 이야기가 있는데 그 세 가지의 역대기 이야기가 역대기의 독특한 신학을 말한다고 말 할 수 있다.

1) 열왕기하 18장 9~12절 북 왕국의 앗시리아 포로 구절이 역대기에서는 생략된다. 이 구절은 열왕기하 17장에 언급되고 있고, 북 이스라엘을 다루고 있어서 역대기 기자는 관심밖에 있다고 볼 수 있다.[300]

일반적으로 역대기의 북 이스라엘 성향은 반 사마리아 또는 반 북 이스라엘적인 편견이 담겨있는 것으로 알려졌다.[301] 역대기 역사에 대한 저작에 있어 역대기와 에스라, 느헤미야서의 통일성에 대한 문제가 선결되어야 한다.

최근의 연구는 두 가지 전제를 기초로 하고 있다.

---

299) *Ibid.*, 역대기에는 히스기야를 다루고 있는 장이 네 장들인데, 역대기는 열왕기와 평행적인 자료는 오직 18개의 구절들이고, 약 100개의 구절들은 새로운 자료들을 소개한다.

300) S. L McKenzie, *The Chronicler's Use of The Deuteronomistic History*(Atlanta: Scholars, 1985), 159.

301) R. L. Braun, *"A Reconsideration of The Chronicle's Attitude Toward the North"*, *JBL96*(1977) pp. 59~62.

1) 유다와 사마리아의 분열은 이전 보다 훨씬 후기에 위치한다. 즉 에스라, 느헤미야 시대초로 보아야한다.

2) 북이스라엘에 대한 편견이 에스라-느헤미야에서 분명하다. 그러나 오늘날 역대기, 에스라-느헤미야 공동저작설이 문제되고 다시 연구되고 있어서 에스라-느헤미야가 적대적인 관계를 보인다 하더라도 역대기에서 유사한 태도를 발견할 필요가 없게 되는 가능성이 존재하게 되는 것이다.

누르지(A. Noordtzij), 코긴스(R. J. Coggins), 뉴섬(J. D. Newsome)와 같은 학자들은 북이스라엘에 대한 보다 긍정적인 태도를 갖은 구절 들을 분리하는 연구를 한다. 이러한 관점에서 연구할 때 반 사마리아적인 경향은 축소되게 된다. 역대기 기자는 유다의 6왕이 북이스라엘과 관계를 가진 왕으로 언급한다. 즉 여호람, 아하스, 아사, 여호사밧, 히스기야, 요시야 등으로 반 이스라엘적인 성향이 아닌 것을 알 수 있는 것이다.

히스기야가 온 이스라엘의 사자를 "브엘세바에서 단까지"(대하 30:5) 예루살렘에서 유월절을 지키게 하기 위하여 초청하러 보냈다. 역대기는 스불론까지(11절) 갔다고 기록하고 있다. 이러한 언급은 브라운은 북쪽에 대한 관심이라고 보기 보다는 남쪽 왕들에 대한 기자의 칭찬으로 볼 수 있다고 하였다. 그러나 북쪽 주민들을 보다 긍정적이고 분명하게 역대기 기자가 말할 수 있었다고 하였다. 브라운은 여로보암의 분리정책에(대하 11:13~15; 대하 11:16) 반대하여 예루살렘으로 들어 왔던 사람들이 있었음을 지적하였다.[302]

역대기 기자는 북 이스라엘에 대한 직접적인 관심은 없다고 보지만 선교의 대상과 통일의 과제로 온 이스라엘의 관점에서

통일의 대상으로 보고 있는 것이다.303)

2) 열왕기하 18장 14~16절 산헤립 침공의 두 단계 기사—첫 단계는 조공을 바치는 기사(왕하 18:14~16)인데, 역대기에는 나타나지 않는다. 그러나 두 번째 단계의 예루살렘 구출이야기는 두 군데에 다 나온다. 이것은 역대기 기자가 유다의 자존심과 히스기야의 신실한 신앙에 먹칠을 한다고 생각하여 생략하였을 것이다. 멕켄지는 역대기의 관심이 앗시리아를 이기는 히스기야의 승리를 가져온 야웨를 나타나게 하고 야웨의 히스기야 신앙에 대한 보응을 보여 주는 것이라고 하였다.304)

3) 열왕기하 19장 1~14,15b~34절과 이사야 37장 1~14,

---

302) *Ibid.*, 북쪽에 충성스런 야웨 숭배주의자들이 아사 시대 유다로 유입되어 들어왔고, 그들은 에브라임, 므낫세, 시므온 지방 사람들로서 주의 계약을 지키려고 들어왔던 것이라고 주장한다(대하 15:9~15).

303) 온 이스라엘이라는 주제로 전체 역대기 역사를 편집하고 있다고 하겠다. 역대상 11~12장의 구조는 '온 이스라엘'의 주제에 따라 다윗 왕 지지를 보여 주기 위한 목적에서 배열되고 있는 것을 알 수 있다. 역대기 기자는 다윗 왕을 온 이스라엘을 다스리는 왕으로 백성들의 일반적인 지지를 받고 있는 자로 묘사하려 했던 것이다.
역대상 11~12장 온 이스라엘의 왕 다윗(블레셋과의 역전)
a) 11:10~21 블레셋의 패퇴와 다윗의 용사(I, II) 헤브론
b) 22~47 애굽 사람의 운명과 다윗의 용사들(III)
c) 12:1~7 시글락에서 다윗에게 온 용사들
d) 8~15, 16~19 예루살렘에서 다윗에게온 용사들
e) 20~22 시글락에서 다윗에게온 근대 장관들
f) 23~37 헤브론에서 다윗 왕위 즉위를 위한 군대들
g) 38~40 금식과 희락
이와 같이 히스기야 개혁 기사도 온 이스라엘의 지도자와 왕으로서 히스기야 왕을 그리고 있다고 보겠다.

304) *Ibid.*

16~35절 야웨의 예루살렘 구출; 이사야의 두 개의 신탁, 랍사게의 위협, 히스기야의 기도가 포함되었다. 역대기는 간단하게 히스기야 기도를 언급한다(32:20;왕하 19:15a; 사 37:15). 그리고 야웨 구원을 다시 언급한다(32:21~23; 참조, 왕하 19:35~37; 사 37:36~38). 멕켄지는 역대기 기자가 왜 히스기야 기도를 압축하였는지는 확실하지 않다고 한다. 그러면서 이사야 신탁을 특히 생략한 것은 역대기 관심 밖이라고 생각하기는 어렵다. 그러나 이 자료를 생략한 것은 역대기 기자가 히스기야를 조용히 야웨를 확신하는 것으로(대하 32:2~8) 그리는, 전체의 이야기와는 조화를 이룬다고 보았다.305) 역대기 기자의 예언자 관계와 이사야 전승사이의 관계에 대한 문제도 생각해 볼 수 있는 것이다.306)

한편, 역대기 기사가 열왕기 기사와 다른 구절들이 있다. 즉 역대기에만 기록되어 있어서 역대기의 독특한 신학을 나타낸다. 역대기에만 나오는 구절은 다음과 같다.

1) 역대하 29장 3~31장 21절 본문의 히스기야 개혁 기사가 열왕기하 18장 4~8절의 짧은 기사에 불구하고 세 장에(29~31) 걸쳐 기록하고 있다. 역대기 기자는 29장에 히스기야 개혁 조치를, 역대하 30장은 유월절, 31장은 온 이스라엘 등을 기술하였다. 역대기 기자가 세 가지, 즉 히스기야 개혁, 유월절 준수,

---

305) *Ibid.*
306) 역대기 기자가 저술당시의 이사야 예언 전승자들의 관계가 어떠했겠는가를 질문할 수 있다. 역대기 기자가 예언자 전승자들과의 예루살렘 구원사건에 대한 이해가 다를 수 있었다고 볼 수 있다.

온 이스라엘에 관심을 가지고 있다고 보았다.

29장에서는 역대기 기자가 레위인에 대한 관심이 큰 것을 발견한다. 29장에서 히스기야가 제사장과 레위인들에게 연설하는 것으로 시작한다(29:3~11). 레위인의 목록이 나오고(29:12~14), 성전 청결에 레위인과 제사장의 사역이 자세히 언급된다(29:15~19). 그리고 성전 재 봉헌에 히스기야의 제의 축하(29:20~36)가 뒤 따른다. 그리고 마지막에는 레위인의 제의 음악 직무가 다윗의 정해 놓은 것(29:25~30)에 따라 정해진다.[307]

그 중에 흥미 있는 기사는 레위인들이 성결케 하는데 제사장보다 의롭다고 한 것이다(29:34).[308]

이처럼 역대기 기자는 레위인에 대한 관심을 표명하고 있다. 이는 역대기 기자가 레위인이고, 역대기 기자가 건설하는 역대기 공동체는 레위인 성직자 중심의 사회라는 것을 보여 주는 것이다. 역대기하 30장은 열왕기에 전혀 언급되지 않은 히스기야 치하에 유월절 축하를 묘사한다.[309] 멕켄지는 역대기 기자의

---

307) 역대하29장 3~30절 히스기야의 성전 청결; 히스기야 통치3년 첫 달에 성전 문(Beith YHWH)을 부수고, 제사장과 레위인을 동쪽 광장에 모으고 성결케 하고, 성전 문을 수리하고 더러운 것을 없이하였다. 정결례(29:17)와 속죄제(20)를 행하고, 레위인에게 제금과 비파, 수금으로 나팔을 불며 노래하게 하였다. 경배하며 제물(감사 제물)을 드리게 하니 번제물이 넘쳐서 레위사람이 돕게 되었다고 말한다. 이 본문의 역사성이 문제가 된다. 후대에 역대기 저작설에 비추어 볼 때 제의 제도와 레위인의 성가 명단, 번제물 등이 후대를 반영한다고 주장한다. 그러나 히스기야 시대 유월절을 지키며 성전을 청결하게 하며 제의 중앙화를 실시하였다는 역사적 사실과 히스기야 개혁의 역사성은 의심할 수 없다. 다만 편집과정에서 후대에 가감하거나 수정 편집하였을 가능성은 있다고 하겠다.
308) *Ibid.*, p. 161.

온 이스라엘에 대한 관심이 30장 전체를 통해 나타난다고 보았다.[310] 그리고 레위인에 대한 이야기가 30장에서도 계속된다(15~17, 21~22, 25, 27). 특히 13~27절은 제의에 대한 역대기의 관심을 보여 준다고 주장하였다. 멕켄지는 역대기 신학을 레위인과 제의, 온 이스라엘을 포괄적으로 묶어서 이야기 해준다. 그래서 역대기31장에서도 그 세 가지 요소가 나탄다고 말한다.[311] 이러한 사실은 쉽게 발견되는 역대기 신학의 내용이다. 멕켄지가 전제하는 것은 역대기 자료가 열왕기 자료(Dtr1)에서 빌려온 이야기라고 본다.[312]

그러나 역대기 역사가 독자적으로 히스기야 시대에도 자신의 전승 군에서 히스기야 개혁을 보았고 제의 개혁에 동참하였

---

309) 로워리는 역대기 30장의 유월절 기사에서 히스기야의 초상은 포로 이전의 모습으로 그려졌지만 그것은 시대착오적이라고 본다. 그리고 그 기사는 확대된 이야기와 과장이 많이 되었고 보았다. 그러나 한편 역사적인 현실성을 토대로 한다고 주장한다. 참조, R. H. Lowery, *The Reforming Kings: Cult and Society in First Temple Judah, JSOT120*(Sheffield : Sheffield Academic Press, 1991), pp. 161~162.

310) *Ibid.*, 히스기야가 유월절 초대를 유다인 모두와 북 이스라엘 사람들에게도 초청한다(대하 30:1, 5~9, 10~12, 18, 25).

311) 31장 1절에 보면 유다와 베냐민, 북쪽의 에브라임과 므낫세 까지의 온 이스라엘이 제의 개혁을 수행한다. 그리고 2절에 히스기야가 다양한 직무를 위해 레위인을 임명하는 것은 다윗의 레위인 임명을 회상하게 하는 것이다. 봉헌한 제의물(3~10)에 이스라엘과 유다가 참여하였다. 11~19절은 제의와 성전 뜰의 수행하는 레위인 반차와, 제물을 받는 등록된 제사장과 레위인이 묘사되었다. 이 구절은 제의 부속물을 맡고 분배하는 직무를 하는 레위인 명단이 포함되었다.

312) *Ibid.*, pp. 171~173. 멕켄지는 로젠바움의 히스기야 개혁의 역대기 기사는 열왕기의 요시야 개혁 기사를 모방한 것이라는 주장을 언급한 것을 비판하며, 역대기의 히스기야 기사는 Dtr1의 히스기야 기사와 다른 기사에 영향을 받았다고 한다. 그는 Dtr1이 히스기야나 다른 왕들의 개혁 기사에 골고루 관심을 가지고 있다고 보았다. Dtr1이 요시야 개혁 기사에 집중하고 있는 것을 잘못 해석하고 있다고 보았다.

다고 봐야한다. 레위인을 이야기하고 레위인 중심의 제의 개혁을 기술하는 것은 레위인 중심의 사회를 그리는 히스기야의 사람들이 자세히 히스기야 개혁을 묘사한다고 보아야 할 것이다. 그러한 맥락에서 레위인이 필요한 제의, 그들의 삶의 중요한 핵심요소, 제의는 이스라엘의 중심이 되는 것이었다. 바빌론 이후에 종교적인 공동체로서 유대교 형성의 기초와 기반으로서 역대기를 볼 수도 있지만 히스기야 시대의 온 이스라엘 통일과 산헤립 침공에 대비한 온 이스라엘 결집이라는 것은 역사적인 요구와 사명일 것이다. 따라서 온 이스라엘이라는 통일성이 요구되었던 것이다.

2) 역대하 32장 2~8절 산헤립의 침공(=왕하 18:14~16). 산헤립 침공의 첫 번째 단계(왕하 18:14~6) 이야기에 있어, 열왕기 기사와 똑같은 위치에서 역대기는 히스기야가 예루살렘에 쳐 들어온 앗시리아의 공격에 준비하는 것으로 묘사한다. 멕켄지는 3~6절의 준비 기사가 다른 자료에서 왔다고 보는데[313] 역대기 고유의 자료로 보는 편이 낫다. 그리고 7~8절이 역대기 고유의 자료라고 말한다. 그래서 역대기 기자가 열왕기와는 다르게 기록되었다고 보았다. 즉 산헤립 침공에 대한 히스기야의 반응이 열왕기에는 놀라는 것으로 나오는데, 역대기 에서는 열왕기하 19장이 생략되고 히스기야를 야웨께서 구원하실 것을 확신하는 조용한 개인으로 그리고 있다. 그래서 그것이 히스기야 연설(32:7~8)에 나타난다고 보았다.

---

313) *Ibid.*, p. 162.

멕켄지의 견해는 역대기 신학을 조용한 히스기야 신앙으로 그리려는 관점에서 7~8절만이 역대기 자료라는 것은 설득력이 약하다. 오히려 3~6절과 7~8절의 연속성의 관점에서 제의를 중앙화 조치를 통한 다윗성의 밀로를 세우고, 망대와 외성을 쌓고 유비무환의 침공대비를 준비하고 근본적으로 여호와 신앙을 강조하여 7~8절에 백성을 안심시키고, 여호와께서 싸우리라는 성전의 연설을 하였다고 볼 수 있다.

3) 역대하 32장 22~23절 산헤립 침공이야기의 해석(=왕하 20:12) 역대기 기자는 산헤립의 침공의 해석으로 예물을 가지고 여러 사람이 왔다고 밝힌다. 멕켄지는 23a의 예물은 열왕기하 20장 12절의 바빌론 사절의 예물과 같은 정보라고 말한다. 그러나 예물 다음에 나오는 기사는[314] 역대기 관점을 나타내는 것이라고 주장한다. 이 관점도 문제가 있다. 예물의 기사가 같다고 열왕기의 자료를 역대기가 빌려왔다고 보는 것은 좁은 해석이다. 이 기사에서 역대기 신학은 열국의 하나님 여호와 신앙[315]과 히스기야의 신앙이라고 볼 수 있다.

4) 역대하 32장 25~30절 히스기야의 번영(27~30)과 히스기야 자랑과 실패(25~6)=바빌론 사절 이야기(=왕하 20:12~19; 사 39:1~8)이야기 둘로 구성되었다.[316] 멕켄지는 27~30절의 기사

---

314) "이 후부터 히스기야가 열국의 눈에 존대하게 되었더라"(대하 32:23b).
315) 히스기야 본문의 열국의 하나님 구절은 32장 14절 22장 등이다. 이것은 온 이스라엘이라는 단일성과 통일성과 같은 맥락이다. 온 우주의 하나님 야웨가 이스라엘을 다스리고 열국을 다스리신다는 보편성을 나타내는 것이다.

가 열왕기 밖의 다른 자료에서 가져왔다고 보았다. 30절만이 역대기의 부가라고 주장한다.[317] 히스기야의 실패와 교만은 (25~6) 바빌론 사절 접대 실수를 암시한다고 보았다[318] 멕켄지는 두 기사에서 25~6절과 31절이 역대기 기자의 글이라고 보았다. 히스기야를 역대기 사가는 다윗과 솔로몬과 같은 왕으로 그린다. 그러나 히스기야도 실수를 하고 교만한 왕이었다는 차가운 비판을 하고 있다. 이상적인 왕으로 그렸던 히스기야에게도 교만하였다는 죄로 여호와가 히스기야를 떠났다고 언급한다(32:25, 31). 이것은 역대기의 독특한 신학으로 교만이 징벌의 원인이라는 것을 가리킨다.[319] 따라서 멕켄지의 편집층의 논의는 역대기 신학의 관점에서 별 의미 없는 것이다.

야웨에 대한 히스기야의 절대적 믿음과 그에 대한 보상에 대해서 비교적 상대적으로 잔잔한 상으로 우리에게 보여주기 위해서 역대기가 열왕기와 이사야 자료들로부터 온 것을 생략하고 있는 것은 흥미롭다.[320] 역대기 사가는 독특한 사관으로 자신의 신학을 말하고 있는 것을 알 수 있다.

역대기 기록의 특징은 조용한 야웨에 대한 경외를 보여 준다.

---

316) 멕켄지는 히스기야 기사와 다른 두 가지 기사를 더 든다.
  5) 역대하 33장 11~17절 바빌론에 잡혀간 므낫세 회개기사(=왕하 20:20~21: 기사 내용이 다름)
  6) 에스드라 1서 1:21~22절, 역대하 35장 19~20절 요시야재임. 참조, *Ibid.*, pp. 161~164.
317) *Ibid.*, p. 162.
318) 이것은 역대하 32장 31절을 언급한다고 보았다.
319) 므낫세에게는 열왕기와는 달리 교만하지 않고, 겸비하였다고 기록한다 (33:13, 19, 23). 요시야는 교만하여 불순종하여 느고에게 죽임을 당했다고 언급한다(35:22). 이것은 역대기 역사의 독특한 관점이라고 보인다.
320) F. L. Moriarty, *op. cit.*, pp. 399~400 참조하라.

"역대기는 이집트로부터 도움을 기다린다는 어떤 언급도 없는데, 우리는 히스기야가 기도를 통해 어떤 두려움도 가지지 않았음을 배운다. 사실 당황스러움도 없다. 히스기야는 예루살렘 성에서 "새 장 속의 새처럼" 안에 갇혀 있는 것으로 묘사하지 않고 있다. 마지막으로 산헤립은 "혼자 힘으로 그들을 이기기 위해 생각하면서"(32:1). 요새화한 도시들에 항복케 하러 진을 치는 것으로 묘사하고 있다.

히스기야 기사에 나타난 역대기 기사의 신학은 자신만의 독특한 관점과 신학적인 목적을 의도하면서 역사적 사실들을 과장하거나 확대 해석하지 않고 기술하고 있다고 봐야한다. 모리아티는 다음과 같이 말한다.

> "심지어 어떤 이는 이것이 역대기의 고유한 특별한 관심들과 목적을 반영하는 것이라고 할 때에도 역대기 이야기의 역사적인 유효성을 지워가려는 경향은 더 이상 존재하지 않는다. 역대기 기자는 이것의 고유한 목적을 위해 다시 상기하지 않고 그는 열왕기와 다른 자료들이 간과하고 있는 것을 세세한 부분을 단순히 채우려고 노력하지 않는다.321)

모리아티의 지적은 설득력이 있다. 역대기 기자는 히스기야 당시의 역대기 전승자들의 기록을 거의 그대로 보존 전수하여 기록하고 있다고 보아야 할 것이다.

히스기야는 앞선 개혁의 전통자들의 대열에서 제의 개혁을

---

321) *Ibid.*, p. 401.

실행하였다. 앞선 개혁자들은 예후와 아사, 여호사밧, 요아스 등을 들 수 있는 데, 이들은 성전 수리하는 제의 개혁을 행했던 왕들이었다. 폰라드가 밝힌 이들의 개혁 지지 세력은 "땅의 사람들"과 레위인 들이었다.[322]

이러한 전통에 따라 히스기야는 개혁 작업을 수행하였다. 이러한 개혁 행동들은 놀라는 이 없이 개혁의 마음을 가진 수행인들에 의해 열광적 지지를 받았다. 이것은 역사에 있어, 결정적인 순간을 기대케 했다, 예언자들이 예언하던 말씀이 실현되어 북 이스라엘은 심판을 받게 되었다. 유다는 개혁을 하든지, 똑같은 운명을 맞이하든지 해야 했다. 역대기의 개혁의 묘사는, 세 장에서, 이스라엘의 수도이고, 제의 중심인 예루살렘과 함께 이스라엘의 통일 비전에 의해 지배하는 그 자신의 신학적 관점과 일치한다.

모리아티가 주장하는 역대기 사가의 신학적인 목적은 통일된 이스라엘, 북 이스라엘 영토와 주권을 회복한 남 유다의 통일이 역대기 기자의 기록 목적이라고 보며 그 방법은 제의적 일치라고 본다. 따라서 북이스라엘과 남유다가 유월절 행사를 같이 행하는 것이 중요하다고 보았다. 이에 덧붙여 역대기 역사가는 다윗 · 솔로몬의 제의 및 정치적인 지도자를 모델로 하여 이스라엘의 회복을 의도하는 역사 기술을 한다고 보겠다.

히스기야 왕과 요시야 왕은 그들의 개혁을 왕국의 이상으로 세운다. "모든 이스라엘"을 껴안고 북부 이스라엘 남은 자들에

---

322) *Ibid.*, p. 403. G. von Rad, *Studies in Deuteronomy*(London : S. C. M. Press, 1953) pp. 63~66. 땅의 사람들에 대한 다른 의견은 니콜슨의 주장이다. cf. E. W, Nicholson, *JSS10*(1965) p. 62.

게 개혁에 동참할 것을 요구한다. 그래서 다윗 왕국아래 열 두 부족 연합의 목표는 "모든 이스라엘" 구절로서 나타나는데, 그 구절이 역대기에서 무려 48번, 에스라, 느헤미야에서 8번 나타난다고 말한다.[323]

아주 잘 연합된 나라 안에서 가장 중요한 문제는 종교적 제의 준수인데, 역대기 기자의 시대에 있어서, 이것은 백성들 사이에서 어떤 일치점의 주요한 보증이었다고 한다.

주전 400년 역대기 시대의 관점에서 볼 때, 그는 성전의 정화와 재 봉헌과 함께 시작하는데, 그리고 유월절 축제가 뒤따른다는 것은 놀랄 것이 아니다. 물론 후대의 관점에서 볼 때 그러한 제의의 순서는 자연스럽게 해석될 수 있지만 히스기야 당시에도 제의 의식은 당연히 그렇게 이루어 졌을 것이다.

산당과 아세라상을 여러 지방에서 제거하였다. 또한 예루살렘 제의만을 강조하던 시대에 산당과 아세라 상을 제거하는 요구는 실효를 거둘 수 없다고 말하며, 히스기야 시대는 예루살렘 제의가 보편화 되지 않았음을 암시해준다.[324] 그러나 히스기야 시대에 제의는 신명기에서 주장하듯 제의 순수화와 제의 집중화의 제도가 강력하게 시행되어 가며 강한 국가적 체제를 갖추게 되었다고 보아야 할 것이다.

---

323) *Ibid.*, p. 403.
324) *Ibid.*, p. 403. "이것들은(산당제거,아세라상제거) 매우 적은 영구적인 가치가 있었다. 히스기야가 이미 다윗이 임명한 이들의 후손들에 의해 수행되어진 예루살렘 제의의 정통을 보증하지 않았다면 말이다." 모리아티의 가정은 히스기야가 정통의 예루살렘 중심의 제의전통을 수행하지 않았다는 뉘앙스를 가지고 말한다.

왕족 전승과 함께 제의적 전통들도 다윗에게로 되돌아갔으며, 이 가운데에서 왕족 전승이 역대기의 관점에서 더욱 중요한 것이다. 그는 다윗을 오직 그의 시대의 생존할 수 있는 선도의 구조로 연결할 필요성을 느꼈다고 모리아티는 말한다. 포로 귀환 이후, 제2성전 건립 이후 시대를 상정하고 모리아티는 왕정 제의 전통이 이스라엘의 제의 문화가 되어가고 있는 것을 상상하여 일반 백성들의 제의 전통은 없었을 것이라는 측면에서 언급한다. 그러면서 히스기야 시대 제의 상황은 아직도 일반적인 제의 상황이 아니였던 것을 암시한다. 그러나 이것은 주전 500년이라는 역대기 기자의 저작 시기를 한정한 상황에서 주장하는 이론이기 때문에 문제점이 있는 것이다. 오히려 역대기 전승이 히스기야 시대에 존재하였다는 가정에서 볼 때 히스기야의 제의 개혁의 역사적 사실은 분명한 것이며 왕정 제의와 일반 제의에 대한 보편적인 제의 중앙화가 이루어 졌다고 말 할 수 있다.

역대기의 히스기야 유월절 준수 기사가 역사성이 있는가는 논란의 문제가 된다. 1차 산헤립 침공해인 주전 701년에서 14년 전에 히스기야는 유월절 행사를 대대적으로 행하였다는 것을 역대기 기사를 통하여 알 수 있다. 백성들은 제물을 봉헌하기 위해 초대되고, 제사장들은 제물을 손질하느라 손길이 달려 다른 레위인까지 거들게 되고 제사장 부족으로 유월절이 연기되기도 하였다.

히스기야에 의해 제정된 유월절 축제는 개혁의 다른 어떤 사항들보다 많은 의심을 불러일으킨다. 어떤 이들은 역대기의 묘사가 허구라는 것과 히스기야의 왕권으로 반영된(retroject) 요시야 개혁의 단순한 묘사라고 한다. 다른 이들은 사건의 근본적인 역사적 확실성을 주장하는데 북 이스라엘 참여를 포함한다고 본다. 첫 번째 달 대신 두 번째 달에 예루살렘에서의 축제를 지키기 위해 초대했다는 것은 역사성이 있다고 보았다.

역대기 유월절의 역사성에 있어 탈몬(S. Talmon)은 순수한 역사적 자료로써 유월절의 역대기적 기록을 받아들여야 한다고 본다. 정확하게 그는 통일국가의 파괴 후에, 여로보암 1세는, 정치적 이유들 때문에, 에브라임과 유대에서 제의 기념적인 일들의 일치를 분열시키기 위해 절기 달력을 조종하는 것에 동의한다.

예루살렘과 부족 열 개를 갈라지게 하기 위한 그의 정책 중 일부였다. 같은 목적 때문에 그는 라이벌인 예루살렘의 성전처럼 벧엘과 단에도 다른 축제들을 한 달로 연기했고, 그것은 북쪽의 농업 요건들과 거의 일치하였던 것이다.

이것은 북쪽과 남쪽 사이에 축제들의 일치를 깨는 것이라고 탈몬은 주장한다. 이 축제의 변화는 옛 에브라임 전통들을 반영했고, 에브라임에서 기후적이고 농업적인 요건들과 더욱 맞는 것이다. 그 달력의 정확성은 북쪽의 사람들에게 기쁘게 받아들여졌고, 더욱 제의적 축제와 농업적 계절의 일치가 가까워졌다.

탈몬의 북 이스라엘 농업 여건과 맞추었다는 지적은 설득력 있는 주장으로 여로보암 1세의 재치 있는 조치였다고 볼 수 있다. 정치적인 이유에서 북쪽의 자기 백성들이 남 유다의 예루살렘으로 내려가는 것을 막는 효과가 있었다.

모리아티는 Talmon의 이 학설이 두 번째 달 예루살렘의 허락된 유월절 축제에서 히스기야의 지금까지의 모호한 행동은 만족스럽게 설명된다고 보았다. 만약 히스기야가 남북통일을 위한 그의 정책에 어떤 성공이 있었다면 그의 첫 번째 단계 중 하나는 왕국의 두 지역이 옛 의식적인 일치를 회복하는 것이다. 그런데 그것은 예배 의식의 행사들의 일치된 달력 없이 재통합은 문제가 되는 것이라고 보았다.

그래서 히스기야는 그의 사자를 북부의 초대할 유대인들에게 보내는데 그들은 사마리아의 몰락 이후에 남겨져 다시 예루살렘에 온 첫 번째 달에 유월절을 축하하기 위해서 온 사람들이었다. 그러나 역대기는 히스기야의 첫 번째 달 초대는 북부 사람들을 통해서 경멸과 조롱을 받았다고 보도한다. 왜? Talmon은 그 거부의 이유를 다음과 같이 주장한다. 히스기야는 첫 번째 달에 유월절을 축하하기 위해 그들을 초대하는데 고친 달력에 따라 초대하지 않았기 때문에 아무도 가지 못했다고 보았다. 이 난국에서 히스기야는 자문위원들에게 조언을 받고, 양보하도록 결정한다고 주장한다.

비전통적인 달, 즉 북부의 농업학적 동방적인 달력에 완벽하게 따르는 것에도 불구하고 유월절은 두 번째 달에 행해졌다. 히스기야의 두 번째 달의 양보로 인해 에브라임의 백성들은 예루살렘으로 오고, 그들은 유다 동포들과 함께 유월절 축제를 보내게 되었다는 것이다.

모리아티는 탈몬(Talmon)의 학설은 히스기야의 유월절의 역대기 자료에 있어서 불분명한 많은 것들을 설명하고 있는데, 역대기 자료의 유월절이 신명기적 유월절의 옛 가족 축제 대신에 예루살렘의 국가적 축제라고 하면, 그 때에 이 발전은 히스기야의 공로가 아니라 오히려 요시야의 공로라고 봐야 한다고 주장한다. 그러나 요시야 시대에 대대적인 유월절 행사를 치렀다는 것은 열왕기의 기록을 미루어 짐작한 것이다. 역대기의 유월절 행사 기록은 히스기야가 더 많은 분량을 차지한다. 따라서 히스기야 시대에 유월절 행사가 크게 행해졌다고 볼 수 있다. 역대기 전승이 히스기야 시대에도 있었다는 관점에서 역대기의 히스기야 역사성이 인정될 때에 요시야의 공로보다 히스기야의 유월절 축제의 공식적인 제의 성격은 분명한 것이다.

모리아티는 히스기야 유월절 준수 사실은 히스기야 때 보다 요시야 때에 더 발전되었다고 말한다. 유월절의 히스기야 시대 준수가 역사적 사실성을 가진 것으로 인정하지만 단일화 된 지파 동맹 시대부터 제의적인 축제는 아니라고 보고 있다.

또한 열왕기하 23장 22절의 요시야의 유월절은 사무엘 시대 이후로 시행된 첫 번째 축제라고 지적하고 있다고 말하면서 요시야의 유월절 준수가 더 확대되고 발전된 유월절 이였다고 결론 내린다.

그러면서 역대기에서는 열왕기에서 절대적인 평가를 하던(왕하 18:5) 표현이 나타나지 않고 있다는 것을 지적하며 요시야의 유월절에 더 강조점을 두고 있다. 모리아티의 이러한 지적은 열왕기하 23장 22절과 역대기에서는 극찬의 평가가(왕하 18:5) 없는 것에 근거하여 유월절 준수의 해석을 요시야에게 비중을 실은 것은 문제가 있다고 보겠다. 역대기 기사만 보더라도 유월절 보도가 히스기야 기사에 84절(29~31장)에 기록하고 있고, 요시야의 기사에서는 19절(35장)만을 할애하는 것을 볼 때, 평면적으로 히스기야 시대 유월절 행사가 거대하게 행해졌다고 역대기 기자는 강조하고 있다. 이러한 면에서 모리아티의 요시야 강조의 논점은 설득력이 약화된다.

4. 역대기의 제의 중앙화 개혁 본문

역대기의 본문이 히스기야 중앙화 개혁을 자세히 보도하고 있다(대하 29~31). 무려 4장 중에 3장을 할애하여 종교적인 기사를 언급하고 있다. 이것은 이미 살펴보았듯이 역대기 기자가 히스기야를 다윗, 솔로몬 왕 이후 제일 위대한 왕으로 이스라엘 제의를 회복한 왕으로 그리고 있다는 것이다. 여기서는 히스기야 개혁에 중심 주제인 제의 중앙화와 그에 따른 산헤립 침공간의 밀접한 관계를 살피고자 한다.

먼저 역대기 본문 구조를 살펴보면 크게 세부분으로 나눌 수 있다.
1) 히스기야 개혁 보고 29장 1~31장 21절, 왕치세 요약 29장 1~2절, 첫 달의 개혁 29장 3~36절, 둘째 달의 축제 준수 30장 1~31장 1절, 번제물 분배 31장 2~19절 신학적 평가 31장 20~21절
2) 역사 이야기: 히스기야 구원 32장 1~23절
3) 심층 사실 보도 32장 24~33절 등이다.

1) 제의 중앙화의 조치로서 성전 청결(대하 29:3, 6, 7, 15)

הוא בשבה הראשונה למלכו בהרש הראשנך

3

פתח את־דלתות בית־יהוה ויחזקם

6 כי־מעלו אבתינו ועשׂו הרע בעיני יהוה אלהינו

ויעזבהו ויסבו פניהם ממשכן יהוה ויתנו־ערף

7 גם סגרו דלתות האולם ויכבו את הנרות וקטרת

לא הקטירו ועלה לא־העלו בקדש לאלהי ישראל

15 ריאספו את־אחיהם ויתקדשו ויבאו כמצות־המלך

ברבי יהוה לטהר בית יהוה

3. 히스기야 원년 일월에 여호와의 전 문들을 열고 수리하
고

6. 우리의 조상들이 죄를 짓고 우리의 하나님 여호와의 눈
에 악을 행하여 하나님을 버리고 얼굴을 돌리고 여호와
의 성소를 등지고

7. 성전 문을 닫고 등불을 끄고 성소에서 분향하지 않고 이
스라엘 하나님께 번제를 드리지 않았다(그로 인하여 사
로잡혀갔다).

15. 그들이 저희 형제를 모아서 성결하게 하고 들어가서 왕
의 명령에 따라 하나님 말씀대로 여호와의 전을 깨끗하
게 하였다(사역).

열왕기의 히스기야 기사는 종교적인 제의 개혁이 한 절(왕하
18:3)에 나타나지만 역대기에서는 3장에(대하 29~31) 걸쳐서 보
도되고 있다. 그 중에 이 본문은 성전 청결과 봉헌(29:1~36)을
다룬 것이다. 히스기야가 성전 청결을 한 것은 아하스 시대의
성전 폐쇄를 통한 우상 숭배의 상황을 지시한다.325) 이러한 성

전 청결 작업은 히스기야의 제의 중앙화 개혁과 연관되어 있음을 알 수 있다. 역대하 29장 6~7절에 예루살렘 성전에서 번제를 드리지 않고 제의활동을 하지 않음으로 이스라엘이 멸망당하였다고 말하는 것은 히스기야 제의 중앙화 개혁의 정당성을 밝혀 주는 것이다. 그래서 히스기야가 닫혀 있는 성전을 다시 개봉하고 더러운 성전 내부의 더러운 것과 우상들을(대하 29:16) 끌어 내었다. 이 성전 청결 작업이 제의 중앙화 개혁에 준비 작업에 해당한다고 볼 수 있다. 한편 이러한 사실은 역사적으로 어느 시대를 반영하는가라는 문제가 제기 된다. 즉 히스기야 시대를 반영하는가? 아니면 역대기 역사 시대를 반영하는가? 마이어와 커티스는 역대기 본문이 역대기 시대의 상황을 반영하여 그 시대의 문제를 어떻게 해결할 것인가에 관심을 가지고 있다고 보고 역대기 기사는 히스기야 기사를 설교적인 관심에서 역사적 사실을 제시한다고 주장한다.[326] 반대로 드 브리는 히스기야 시대의 역사적 사실에 대한 생각을 언급하면서 역대기 시대를 언급하고 있다.[327] 성전 청결 부분이 열왕기에서 나오지 않는 역대기 역사의 독특한 기사[328]여서 역대기 역

---

325) H. G. M., Williamson *1 and 2 Chronicles*, p. 355.

326) J. M. Myers, *1.2 Chronicles*, AB(New york: Doubleday & Company,1981),169. E. L. Curtis, *Chronicles*, ICC(Edinburgh: T & T Clark, 1976),462.

327) S. J. De Vries, *1 and 2 Chronicles*(Michigan: William B. Eerdmans, 1989), p. 372. 그는 히스기야가 성전 청결을 한 해가 "그의 통치 일 년 첫 달(원년 정월에)"이라는 것을 가지고 히스기야 시대의 티스리(Tishri)달을 지켰다고 하더라도 포로기 후 시대에는 첫 달이 신년 봄 시작인 닛산(Nisan)달이라고 보았다. 따라서 그는 역사적 히스기야 시대의 역사성을 인정한 것이 암시된다.

사 기록 시대를 반영한다고 하더라도 우리는 히스기야 시대의
역사적 사실을 보도하고 있다는 점에서 히스기야 시대의 제의
중앙화 개혁의 상황을 반영해 준다고 보겠다. 따라서 히스기야
시대에 제의 중앙화의 조치 중에 역대기 전승은 예루살렘 성전
청결의 작업을 보도하고 있는 것이다.

2) 제의 중앙화 개혁으로서 유월절 축제(대하 30:1, 2, 11, 14)

1 וישלח יחזקיהו על-כל-ישראל ויהורה ובם אגרות כתב

עד-אפרים ומבשה לבוא לבית-יהוה בירושלם לעשות פסח

ליהוה אלהי ישראל

2 ויועץ המלך ושריו וכל-ההל בירושלם לעשות

חפסח בחרש השבי

11 אך-אבשים מאשר [329]ומבשה ומזבלוך בכבועו ויבאו לירושלם

14 ויקמו ויסירו את-המזבחות בירשלם ואת כל-[330]המקטרות

הסירו וישיכו לבחל קררוך

1. 히스기야가 온 이스라엘과 유다에 보내었고 특히 에브라임
   과 므낫세에 사신을 보내어 여호와의 전 예루살렘으로 이
   스라엘의 하나님 여호와께 유월절을 지키라고 하였다.

---

328) S. Japhet, *I, II Chronicle*(Westminster: John Knox Press,1993), pp. 912~915.
　　제펫은 주로 역대하 29~31장의 종교적인 자료에는 역대기적인 숙어, 역대
　　기 언어, 문체, 역대기 역사적, 종교적인 관점이 나타난다고 본다.
329) מ(ומם)이 중자 탈락(haplographice) 참조 70인역.
330) המסרק분향 단(출 30:1)으로 보는 것이 더 낫다.

2. 왕이 방백들과 예루살렘의 모든 회중들과 함께 의논하고 두 번째 달에 유월절을 지키기로 하였다.

11. 아셀과 므낫세와 스불론의 사람들이 겸비하여 예루살렘에 도달하였다.

14. 그들이 일어나 예루살렘에 있는 제단과 향단들을 모두 제하여 기드론 시내에 던졌다(사역).

열왕기에는 나오지 않는 유월절 행사가 역대기에는 나오고 있다. 이것은 이미 히스기야 개혁의 역사성의 진위 문제가 제기되고 있지만 역대기에서는 개혁의 과정에서 유월절이 지켜졌다고 말하고 있다. 이 행사는 남 유다 만이 지키지 않고 북쪽의 이스라엘 사람들도 초대하여 유월절을 지키려 하였고, 그로 인하여 시기 문제가 대두되어 2월로 연기하였다고 하는 기록은 역사적 신빙성이 있는 것으로 시사한다. 따라서 2월의 시기와 북 이스라엘까지 범위 확대는 히스기야 시대의 유월절 행사의 역사성을 인정하게 한다.[331]

역대기에서는 유월절 행사 도중에 제의 순수화와 제의 개혁 조치를 행하는 것으로 보도한다(대하 30:14). 또한 끝난 직후에도 제의 순수화와 제의 중앙화를 실시한 것으로 기록한다(대하 31:1). 그러므로 제의 중앙화와 유월절 행사가 밀접히 연결되어 있음을 보여준다. 그리고 뒤이어 31장에서는 레위인들과 제사장들이 십일조 거두는 일을 언급한다. 이것은 제의 중앙화의 경제 집중화 작업이라고 볼 때 유월절은 제의 중앙화 개혁 조치

---

331) *ibid.*, p. 935.

의 하나라고 볼 수 있다.

3) 제의 개혁 조치와 십일조 수거(대하 31:1, 6, 7)

1 וככלות כל-זות יצאו כל-ישרש הבמצאים לערי יהורה וישברו
המצכות ויגרעו האשרים רינתצו את-הבמות ואת-המזבחת מכל-
יהורה ובנימך ובאפרים ומנשה ער לכלה וישובו כל בני ישראל
איש לאחזתו לעחזתו לעריהם
6 (332)ומעש קרשים המקרשים ליהוה אלהידהם הבאו ויתנו ערמות
ישראל ויהורה היו שבים בערי יהורה גם ה מעש רבקר וצאך
השלשי החלו הערמרת (334)ליסור ובחרש השביעי כלו (333)ובני
ערמות 7 בחרש

1   이 모든 일이 마치고 온 이스라엘 사람이 나가서 유다
성읍을 찾아서 그들이 주상을 깨뜨리며 아세라 목상을
부수며 유다와 베냐민, 에브라임과 므낫세 등 온 땅에서
산당과 제단을 헐어서 멸하고 이스라엘 온 자손이 각각
그들의 성으로 돌아갔다.

6   유다 여러 성읍에 거한 이스라엘과 유다 자손들이 소와
양의 십일조를 가져 왔고 그리고 그 십일조를 여호와 하

---

332) 70인 역에는 ו가 빠져 있다. 5절과 결합하여 kai가 부가된 것으로 볼 수 있
다.
333) כל-תביאח שרה(모든 소산의 처음 것)가 삽입되어야 한다. 참조5절. 착시에
의한 오류(aberratio oculi)이다.
334) 소수의 필사본들에는 ליס로 나온다.

나님께 거룩하게 구별하여 가져 왔고 그것을 높이 쌓았
다.

7   삼월에 쌓기를 시작하여 칠월에 마쳤다(사역).

유월절 행사가 마치고 축제에 참석한 온 이스라엘 사람들이
제의 중앙화 개혁의 조치를 행한다(31:1). 이것을 통하여 제의
중앙화 개혁과 유월절 행사가 분리되지 않는다는 것을 알 수 있
다. 또한 유월절 행사 뒤에 제의 개혁 조치가 이루어지는 것을
관찰할 수 있다. 그리고 연이어 십일조 세를 바치는 것을 기록
하고 있다. 커티스는 역대기 최종 편집 시대에 제사장들과 레위
인들 지원을 위해 세금을 거둔 것이라고 주장한다.[335] 그러나
히스기야 시대에 이것은 제의 중앙화의 경제적 집중화의 모습
이다. 그 시대에 다목적 용도에서 십일조세가 쓰였던 것이다.
우선 예루살렘 제의를 원활히 하기 위해 쓰였고, 둘째 레위인과
제사장을 공궤하는데 쓰였고, 셋째 국고를 비축하여 국가 재정
에 사용하며 이방의 침공에 대비한 국방 예산으로도 쓰였다. 따
라서 역대기에서 제의 중앙화 개혁 조치와 십일조 수거의 기사
를 연결하여 연속적으로 묘사하는 것은 제의 중앙화 개혁이 앗
시리아의 산헤립의 침공과 연관된 정치적인 개혁 이었음을 보
여 주는 것이다.

4) 산헤립 침공과 제의 중앙화 언급(32:1, 2, 3, 12)

אחרי הרברים והאמת האלה בא סנחריב מלך-אשור ויבא ביהורה   1

---

335) E. L. Curtis, *Chronicles*, p. 480.

ויהך על-הערים הבצרות ויאמר לבקעם **אליו**

2   **וירא** יהזקיהו כי בא סבחריב ופניו למלחמה על ירושלם

3   ויועץ עם-שריו ונברוי לסתום את-מימי העינות **אשר** מחון לעיר
ויעזרוהו

12   **הלא** הוא יחזקיהו הסיר **את** במתיו ואת מזבחתיו ויאמר ליהורה
ולירשלם לאמר לפני 336)מזבח אחר תשתחוו ועליו תקטירו

1   이러한 일과 충성된 행동 이후에 앗수르왕 산헤립 왕이
올라왔다. 그가 유다에 들어와서 견고한 성읍들을 취하
려 했다. 그리고 혼자 힘으로 그들과 싸워 이기리라고 생
각하였다.

2   히스기야가 산헤립이 예루살렘을 치러 올라 온 것을 보
고

3   그의 방백들과 용사들과 함께 의논하여 성 밖에 있는 물
근원을 막고자 하여 그들이 도왔다.

12   이 히스기야가 산당과 단을 제하여 버리고 말하기를 유
다와 예루살렘 사람들아 이 제단 하나 에서만 예배를 드
리고 분향하라고 명하지 않았느냐?(사역)

역대기 기자는 이러한 일과 충성된 일 이후에(והאמת האלה
אחרי הרברים) 산헤립이 유다에 침공하였다고 분명히 언급하고
있다. 이 본문을 통하여 히스기야가 제의 중앙화를 시행하였고
(대하 32:12), 그 후에 산헤립이 들어 왔다는 것은 제의 중앙화

---

336) *τοῦθυσιαστηρίου τούτου* 중요한 사본에 나온다.

작업이 앗시리아에게는 반란으로 인식하였다는 것이 분명하다.
따라서 그것을 통하여 앗시리아가 침공하러 들어왔다고 말하
고 제의 중앙화 작업이 유다 편에서 여호와께 충성된 일이라고
밝힌다. 반면 이 일 후에 산혜립이 올라왔다는 것은 문맥상 앗
시리아에게는 충성되지(האמת) 못한 것이라는 것을 이면에서 말
해주고 있다. 그러나 이 본문이 히스기야 시대를 반영하는 가라
는 본문상의 문제가 있다. 벨튼은 32장 1~4절까지는 히스기야
시대를 반영하는 것처럼 언급하지만 5절의 밀로(성벽)를 세우
고 방어 무기를 만드는 상황은 역대기 편집 시대를 반영한다고
주장한다.337) 산혜립 침공하는 상황은 히스기야 시대를 언급하
기 때문에 열왕기하 18장 13~16절까지의 산혜립 침공(주전 701
년)을 반영하는 것으로 대체적으로 학자들이 동의한다.338) 하
지만 커티스가 이 기사가 정확한 역사적인 연대기에는 관심이
없다고 지적한 것은 동의할만하다.339) 따라서 다만 히스기야
시대의 상황을 언급하고 있다고 볼 때 그 동안 학자들이 주목
하지 않은 "이러한 일과 충성된 일 이후에(הרבים והאמת האלה
אחרי)"라는 것은 히스기야 개혁을 언급하는 것340)으로 분명히
산혜립 침공이 시기적으로 뒤늦게 발생한 것이 분명하고 앞장
의 맥락과 연관해서 볼 때 제의 중앙화에 이은 침공의 결과가
수반되었다는 것을 살필 수 있다.

---

337) S. J. De Vries, *1 and 2 Chronicles*, p. 390. 재인용 Welten, *Geschichichte*,
    pp. 29~31.
338) J. M. Myers, *1. 2 Chronicles*, p. 188.
339) E. L. Curtis, *Chronicles*, p. 486.
340) *Ibid.*, p. 486.

앗시리아 산헤립의 연설에서 히스기야의 제의 중앙화 개혁이 언급된다. 즉 예루살렘 제의 중앙화가 분명히 언급되고 있는 것이다(대하 32:12). 다만 한 단(לפני מזבח אחד)에서 경배하고 분향하라는 중앙화 개혁 조치는 앗시리아 산헤립의 신경을 거스른 것이었다. 그것이 산헤립의 공격의 첫 대상인 것을 볼 때 히스기야 제의 중앙화와 산헤립 침공과는 밀접한 연관 관계가 있음을 보여 준다. 역대기 본문은 이 사실을 분명히 드러내 주고 있는 것이다. 이러한 사실을 통하여 역대기 본문이 어느 시기의 본문인가라는 문제가 대두된다. 시기적인 문제로 히스기야 중앙화와 산헤립 침공의 이러한 밀접한 관계가 역대기 시대의 해석된 시각에서 구성된 것이라는 이해가 있을 수 있다. 다시 말해 히스기야 시대의 역사적 정황에서 볼 때 제의 중앙화만이 산헤립의 침공 조건이 아니라 다른 요인이 침공의 대상이었을 것이라고 볼 수 있는 것이다. 그러나 히스기야 시대의 기록이 정경화 된 상태의 본문에서 히스기야 중앙화 개혁이 산헤립의 침공을 가져왔다는 사실을 보여 주고 있다.[341] 이것은 히스기야 시대의 상황을 추론할 수 있는 여지를 주고 있다. 그래서 히스기야가 제의 중앙화를 시행하자 그 원인으로 산헤립이 예루살렘 침공을 감행했다는 결과를 가져온다.

우리는 역대기본문에서 1. 제의 중앙화의 조치로서 성전 청

---

341) R. W. Klein, *Textual Criticism of the Old Testament: The Septuaint after Qumran*, 김기천역, 「구약 본문 비평」서울 : 임마누엘, 1991, p. 130. 역대기가 팔레스틴 본문 사무엘~열왕기 본문을 근거로 하였다고 주장한다. 이집트와 팔레스틴, 바빌론 등 3지역에서 각기 다른 전승과정을 가졌음을 주장한다. 따라서 역대기가 열왕기 보다 나중임을 주장한다.

결(대하 29:3, 6, 7, 15) 2. 제의 중앙화 개혁으로서 유월절 축제 (대하 30:1, 2, 11, 14) 3. 제의 개혁 조치와 십일조 수거(대하 31:1, 6, 7) 4. 산헤립 침공과 제의 중앙화 언급(32:1, 2, 3, 12) 등을 연구하였다. 이 연구를 통하여 성전 청결과 유월절 행사, 십일조 수거 등의 제의 중앙화 조치는 산헤립 침공과 연관되었다는 사실을 알게 되었다. 따라서 역대기의 이 본문은 신명기 역사에 나타난 역사적인 사실을 보완해주고 입증해주는 결정적인 역할을 하고 있음을 살필 수 있다. 더 나아가 역대기 역사의 신학을 드러내고 있음을 보았다. 역대기 시대의 제의 공동체 형성을 위한 제사장 나라와 레위 중심의 사회 이데올로기가 반영되어 있는 것을 유월절 행사와 제의 청결, 레위인 정결 본문 등을 통하여 알 수 있다. 이 연구에서는 제의 중앙화에 관점에서 연구하였다.

5. 나오는 말

본 연구에서 히스기야 개혁 기사가 열왕기에 나타난 신명기 역사와 달리 유월절 행사를 지킨 사실이나 성전 청결 작업을 한 것이 자세히 기록되어 있는 것을 발견하게 된다. 이것은 바로 역대기 역사가 바빌론 포로 회복 이후 성전 중심의 제사장 나라를 추구하는 역대기 역사 신학에서 비롯됨을 알게 되었을 뿐 아니라 역대기 역사가 보도하는 역사적 사실에 차이가 있음을 알게 된다. 역대기 역사는 제의와 왕권이 축이 된 구조로 사울과 다윗, 솔로몬, 히스기야 왕 등이 부각되고 있다. 특히 히스기야 기사는 역대기 역사에 있어서 다윗과 솔로몬 왕의 제의 왕국을 회복할 왕으로 히스기야 왕을 이상적인 왕으로 개혁을 시행한 왕으로 기록하고 있다. 역대기 역사는 히스기야 개혁의 정치적 면보다 종교적(제의적)면을 자세하게 기록하고 있어서 역대기 신학을 반영되어 있음을 알게 된다. 역사가 자리 잡고 있는 시대와 지향해야 할 시대적 사명이 다름에서 옴을 알게 되었다. 신명기 역사는 바빌론 포로 생활이라는 시점에서 귀환의 희망을 가지고 역사를 기록하고 있는 반면, 역대기 역사는 유다 귀환 생활에서 다시 솔로몬 성전을 재건하려는 역사적 사명에서 제의공동체와 제2성전을 건설해야할 과제로서 역사를 해석하고 있다. 히스기야 개혁은 역대기 역사에 있어서 중요한 자료가 되고 있다. 신명기 역사에 종교 개혁 기사가 더 많이 기록된 요시야 개혁보다 히스기야 개혁은 역대기에 더 강조되고 있다. 그것이 바로 우리가 살펴보았던 유월절 행사, 성전 청결, 레위인 정결 등 제의 중앙화 개혁을 보여 준다.

히스기야 개혁이 역대기에서도 그대로 역사적 사실을 보도하고 있고 열왕기에서 보다 더 자세히 기록해주고 있다. 그것은 바로 히스기야 시대의 제의 중앙화 개혁에서 비롯되었음을 이 책은 밝히고 있다. 제의 중앙화의 조치로서 성전 청결과 유월절 행사를 지켰고, 십일조 수거와 제의 집중화를 기획하였고, 그 결과 급기야 앗시리아의 산헤립의 침공을 받게 되는 상황이 되었음을 밝히게 되었다. 역대기 역사가 보도하는 역사적 사실과 기록이 이러한 역사적 상황을 좀 더 밝히 알게 해준다. 이 책에서는 이사야에 나타난 히스기야 개혁에 대한 논의를 다루지 못하였다. 이 부분은 다음의 연구 장으로 넘기며, 다음의 연구에서 요세푸스의 히스기야 역사 기록과 후기 유대교의 관점 등을 함께 연구하는 것이 요구된다.

VI. 요시야 개혁과 신명기 역사(히스기야 개혁과 관련하여)

1. 들어가는 말

구약 역사서 분야에서 가장 뜨거운 논란의 문제들이 제기되어 오고 있다. 그것이 신명기와 신명기 역사에 대한 문제, 신명기와 요시야 개혁, 히스기야 개혁과의 관계 등의 문제들이다. 요시야 궁정에서 발견된 율법책이 무엇이냐는 질문에서부터 시작하여 열왕기하 22~23장에 기록된 개혁 기사가 어떠한 신학적 의도와 의미를 가지는지 묻게 되면서 요시야 개혁은 중요한 문제로서 대두되기 시작하였다. 그래서 요시야 개혁은 그 중요성이 증가되면서 많은 연구를 하게 되었고, 그 결과 요시야 개혁에만 강조점을 두게 되었다. 신명기 역사 연구에 있어서 요시야 개혁과 관계된 여러 논란의 문제들은 히스기야 개혁보다는 요시야 개혁에 치중되어 공식적으로 처리되는 경우가 많았다. 따라서 이 책에서는 요시야 개혁과 관련하여 신명기와 신명기 역사서의 기원과 생성, 편집 시기에 대한 문제를 다루고, 신명기 역사서의 편집의도와 목적을 물으면서 요시야 개혁과 히스기야 개혁의 관계와 중요성에 대하여 논의하며 그 문제를 극복하고자 한다.

2. 신명기와 요시야 개혁, 히스기야 개혁

히스기야 왕과 요시야 왕 종교 개혁은 다른 유다 왕들의 종교 개혁과는 다른 특징을 지닌다.[342] 호프만에 의하면, 신명기 사가는 왕국 시대를 다섯 시대의 종교 개혁 유형으로 나누어 놓고 있다.[343] 그 중에 히스기야 왕과 요시야 왕은 같은 시대의 종교 개혁 유형으로 본다.[344] 또한 그들의 개혁에는 예루살렘으로 제의를 집중화시키려는 작업들이 있고, 신명기 사가가 보여주는 특별한 신학적인 의미를 공유하는데, 그것이 바로 제의 중앙화이다. 제의 중앙화는 예루살렘 성전의 종교를 강화하는 것을 말한다.

이 히스기야, 요시야 개혁은 예루살렘을 제외한 지방의 모든 제의 시설을 철폐하고 모든 제의 활동을 예루살렘 성전으로 제

---

342) 호프만은 다섯 시대의 종교 개혁 유형을 제시한다. 두 번째 시대에 있어서 북왕국의 아합, 아하시야, 요람왕과 남왕국의 아사, 여호사밧 왕이 있고, 세 번째 시대 혁명과 개혁들로 북왕국의 예후, 여호아하스왕과 남왕국의 여호야다, 요아스, 요담왕등이다. A. D. H. Mayes, *The Story of between Settlement and Exile: A Redaction Study of the Deuteronomistic History*(London: SCM press, 1983), p. 10. 참조하라.

343) H. D. Hoffmann, *Reform und Reformen*, pp. 47~168.

344) *Ibid.* 호프만은 종교 개혁이 유형이 긍정적인 유형과 부정적인 유형으로 나눈다. 그는 야웨 종교의 관점에서 그렇게 평가하여 나눈다. 다섯 시대의 유형을 나눈 것을 살펴보면, 첫째 시대는 솔로몬 통치 시대의 제의 경향과 남북 왕국의 기본적인 것을 묘사한다. 둘째로 북 왕국의 아합, 아하시야, 요람, 남왕국의 아사, 여호사밧 왕들의 제의 개혁을 제시한다. 셋째로 종교적인 혁명과 제의 개혁 시대로 북 왕국에서는 예후, 여호아하스와 남 왕국의 여호야다, 요아스, 요담 왕 등을 말한다. 넷째로 종교와 정치가 밀접히 통합된 시대로 북왕국 멸망 기사(왕하 17:7~23)와 앗시리아 통치하의 혼합종교 (17:24~41)를 지적한다. 마지막으로 절정의 시대로 히스기야, 므낫세, 요시야 왕의 시대이다.

한하는 것을 그 골격으로 하고 있다. 이러한 제의 중앙화(신 12
장)의 강조는 신명기 율법책에서 기인하기 때문에 현존하는 대
부분의 신명기 연구는 요시야 통치 기간에 성전에서 발견된 율
법책이 바로 신명기라는 드베테의 원 신명기설에 크게 의존한
다.

로울리도 요시야가 발견한 율법책이 현재의 신명기가 아닌
어떤 형태의 신명기(원신명기)라는 사실은 구약학 연구에서 가
장 확고히 확립된 연구 이론중 하나라고 주장하고 있다.[345]

바인펠트는 주전 622년에 발견된 이 율법책과 신명기를 동
일한 것으로 볼 수 있는 다섯 가지 근거를 제시하고 있다.[346]
하란은 율법책이 신명기라는 것은 요시야가 백성들과 맺은 계
약(왕하 23:1~3) 이후에 신명기가 이스라엘의 문학적인 활동과
공동체적인 삶 속에서 큰 역할을 하고 있다는 사실에서 입증된
다고 주장하고 있다.[347] 이와 달리 니하우스는 고대 근동의 배
경에서 고대 앗시리아의 관례와 열왕기하22장의 비교를 통해
서 율법책과 신명기 사이의 관계를 입증하고 있다.[348]

이러한 연구와는 반대로 요시야의 개혁과 신명기가 동일하

---

345) H. H. Rowley, "Hezekiah's Reform and Rebellion", *in Men of God*(London: Thomas Nelson Ltd, 1963), p. 161.

346) M. Weinfeld, *Deuternomy & the Deuternomic School,* pp. 160~171 참조하라. idem, "Deuteronomy," *EJ,* vol. V, 1577. 바인펠트는 율법책과 신명기가 동일한 것으로 볼 수 있는 다섯 가지 근거로서 율법책(ספר התורה)의 어휘와 산당 철폐와 제의 중앙화 언급, 천체 숭배, 유월절 기념, 율법 규정 준수 서약 형태 등을 제시하고 있다.

347) M. Haran, *Temples and Temple Service*, p. 137.

348) J. Niehaus, "The Central Sanctuary: Where and When?" *TynBul* 43(1992): p. 29.

지 않다는 연구가 제기되었다. 컨달은 요시야의 예루살렘 제의 중앙화 정책이 신명기에 근거한 것이라는 것에 의문을 제기하여 열왕기의 요시야 개혁에 관한 기록을 신명기 규정 사이의 불일치한 부분에 주목하고 있다.[349] 맨리는 우상을 섬기는 제사장(왕하 23:5), 바알에게 분향하거나(왕하 23:5), 태양상을 숭배하는 등 요시야 시대에 횡행한 악이 신명기에서는 무시되고 있다는 점에서 양자 사이의 직접적 관계를 인정하지 않는다.[350] 이러한 점은 런드범과 필립스에게서 더욱 구체적으로 지적되어 성전에서 발견된 율법책이 신명기의 중심이 아니라고 주장된다. 런드범은 신명기 1~28장 이 히스기야 개혁에 영향을 주었으나, 부분적으로나 전체적으로 성전 두루마리는 아니었다고 본다.[351] 부수적으로 신명기 1~28장이 히스기야 시대에 개혁문서가 되었다고 주장한다. 그는 히스기야 개혁이 소멸되었다가 아마도 므낫세 시대에 사라지게 되면서 이 문서가 상실되었다고 보지는 않는다. 런드범은 역대기의 기록을 근거로 신명기 1~28장이 요시야 개혁에 영향을 끼쳤지만 그것이 성전 안에서 발견된 율법책이 아니고 신명기 32장의 모세의 노래가 힐기야에 의해 발견된 율법책이라는 것이다. 그의 이론의 약점은 열왕기와 역대기 자료를 동일선상에 놓고 연구하고 있다는 것이다. 이것은 전승의 단계나 전승의 발전에 따른 신학적 이해를

---

349) A. E. Cundall, "Sanctuaries in Pre—exilic Israel," *VoxEv* 4(1965): p. 24.
350) G. T. Manley, *The Book of the Law: Studies in the Date of Deuteronomy*(London: The Tyndale Press, 1957), p. 125.
351) J. R. Lundbom, "The Lawbook of The Josianic Reform," *CBQ* 38(1976): p. 302.

무시하는 측면이 있다. 그리고 신명기 29~34장의 부록은 요시야 개혁때 저작 되었다고 주장하고 있다. 그는 새로 발견된 두루마리를 모세의 토라로 불렀다고 말하고 있다.[352] 런드범은 신명기 32장과 신명기 29~34장은 요시야 개혁의 산물이라고 주장하는 근거로서 역대기의 보도를 근거로 하여 열왕기하 22장 16~17절을 들고 있다.

그리고 역대하 34장 25~26절의 훌다의 예언이 요시야 시대로부터 근원한다는 것과 "노래의 말씀"(השירה דברי), "율법의 말씀"(דברי התורה) 사이에 관련성을 제시하고 있다. 이와 같은 런드범의 이론은 힐기야가 발견한 율법책의 출처를 의식한 이론으로서 그는 요시야 개혁에 영향을 준 신명기 1~28장은 히스기야 시대에 유래한 개혁 문서인 반면, 힐기야에 의해 발견된 율법책은 신명기 32장의 모세의 노래라고 주장한다.[353] 이와 같이 신명기 저작이 히스기야 시대와 요시야 시대에 걸쳐서 편집되었다고 주장하고 있다.

필립스도 히스기야 개혁과 요시야 개혁을 동일선상에 놓고 신명기 율법과의 관계를 설정한다. 그는 출애굽기 34장이 히스기야 개혁의 현상과 유사한 것에 대하여 주목하여서 출애굽기 34장의 저자가 JE편집자이고, 신명기 5~26장에서 단수 연설의 자료가 본래의 신명기 부분이며, 이것이 힐기야가 발견한 율법책 부분으로서 요시야 개혁을 일으키게 한 원인이 되었다고 주장하고 있다.[354] 알버츠도 출애굽의 계약법이 히스기야 시대의

---

352) *Ibid.*
353) *Ibid.*, p. 295.

생활상을 보여 주고, 소위 계약책(출 20:23~23:19)은 히스기야 개혁의 법률적인 근거가 된다고 주장하고 있다.355) 알버츠는 히스기야 시대의 사회상에 비추어 출애굽기의 계약책과 관련성을 지니고 있으며 히스기야 개혁이 제의 개혁만이 아닌 종합적인 사회 개혁이었다고 말하고 있다.356) 그는 출애굽기 20장 23~23장 19절의 소위 '계약책'이 히스기야 개혁의 법적 근거가 되었다고 주장한다.357) 예를 들어 그에 따르면, 출애굽기 22장 20절과 23장 9절은 이방인 보호에 대한 관심을 보여 주는데, 이것은 북 이스라엘 사마리아가 멸망되고 난 후, 심각한 난민에 대한 문제를 반영해 준 것이다. 알버츠는 출애굽기의 계약책을 초기 이스라엘 시대와 군주 시대, 북이스라엘 몰락시대인 주전 8세기 등을 나누어 계약책 구절을 제시하고 있다. 그러므로 이 이론은 일견 히스기야 시대와 출애굽기의 계약책의 관계를 연관시키고 있어서 역사적인 전승의 관점에서 이해한 것으로 볼 수 있다.

히스기야 시대의 정황으로 돌아가서 개혁의 성격을 살펴볼 때, 알버츠의 주장과 같이 출애굽기의 계약책과 같은 성격을 가지고 있다고 말할 수 있다. 그러나 히스기야 개혁이 열왕기에 기록되어 있다는 그 자체의 역사성에서 볼 때, 신명기 개혁의 성격을 가지고 있다고도 볼 수 있다. 다시 말해 히스기야 시대

---

354) A. Phillips, *Ancient Israel's Criminal Law*(New York: Schocken Books, 1970), p. 173.
355) R. Albertz, *A History of Israelite Religion in the Old Testament Period*, pp. 183~184.
356) *Ibid.*, pp. 184.
357) *Ibid.*, pp. 182~183.

의 역사적 전승과 신명기 전승의 맥락에서 히스기야 개혁과 신명기 율법과의 관계를 새롭게 조망할 수 있게 된다. 그리고 히스기야 시대의 개혁 상황의 차원에서 역사적 배경의 측면을 고려해 볼 때, 북 이스라엘 전승과 남 유다 전승이 통합될 가능성이 있고, 산헤립 침략 기사에서 히스기야 개혁과 신명기의 관계를 살필 수 있어, 같은 선상에서 열왕기하 20장에 기록된 히스기야 전승 중 바빌론 사절단 방문기사는 신명기와 밀접히 연관되었다고 볼 수 있다.[358] 따라서 앞에서 논의한 대로 히스기야 개혁과 신명기의 관계가 요시야 개혁 보다 더 밀접한 것으로 보인다.

로젠바움은 히스기야 개혁 전승이 요시야 시대의 신명기 역사가의 신학이 반영되었다고 주장하여 요시야 개혁 때 신명기 신학이 히스기야 개혁 전승에 반영되었다고 주장한다.[359] 그러나 로워리는 히스기야 개혁과 신명기 신학의 상호 영향이 분명하다고 본다. 그는 히스기야 개혁과 신명기 신학은 서로 접촉점이 있다고 보았다.

"아래에서 토론할 관점에서 히스기야 개혁과 신명기 신학 사

---

358) C. T. Begg, "2 King 20:12~19 as an Element of the Deuteronomistic History," *CBQ* 48(1986): pp. 27~38.

359) 열왕기의 히스기야 전승에 요시야 시대의 신명기 역사가(Dtr1)의 개혁 기사가 투영되었다고 보는 학자는 로젠바움이다. J. Rosenbaum, "Hezekiah's Reform and The Deuteronomistic Tradition," pp. 23~43. 참조하라. 이 견해는 크로스(F. M. Cross)에 비롯되는데, 신명기의 전승에 있어서 히스기야 개혁기사는 요시야 시대의 Dtr1의 관점이 투영되었다고 보고 있고, 포로기(Dtr2)에 개정되었다고 본다. F. M. Cross, *Canaanite Myth and Hebrew Epic*(Cambridge MA: Harvard Univ. 1973) 참조.

이에 접촉점들이 있다는 것은 역사적인 의존에 의해서 가장 잘 보여준다. 아마 히스기야는 일종의 '원 신명기' 신학에 의해 영향을 받았지만 확실히 계속되는 부속된 신명기 신학은 히스기야 개혁에 의해 영향을 받았다." [360)]

히스기야 시대에 개혁 기사를 기록하고 있던 전승자들이 히스기야 개혁을 기록하고 있을 수 있는 가능성이 있기 때문에 이 문제는 좀 더 논의할 필요가 제기된다. 지금까지 히스기야 · 요시야 개혁과 신명기와의 관계를 논의하였다. 여기서 신명기적 제의 중앙화 개혁이 히스기야 개혁부터 기원하고, 출애굽기의 계약책에서 그 근거를 찾을 수 있었고, 히스기야 개혁과 신명기 신학의 접촉이 있었음을 알게 되었다.

이제 신명기 역사서 편집 과정에 대하여 살펴보면서 히스기야 시대와 요시야 시대의 기록 과정을 논의하고자 한다.

3. 요시야 개혁과 신명기 역사서 편집 시기

신명기 역사서에 기록된 요시야 개혁의 내용은 다음과 같다. 요시야는 아세라상(왕상 23:6), 단상과 목상(23:14), 산당(23:8), 도벳(23:10) 성전의 두 마당에 세운 제단들(23:12), 므낫세로부터 그에게 남긴(21:3, 5) 하늘의 주에 대한 우상(23:4, 5, 12)을 없앴다. 요시야는 솔로몬이 그의 이방인 아내들을 위하여 세운

---

360) R. H. Lowery, *Reforming Kings*, p. 148.

산당을 파멸시키고, 신성모독으로 여겼다(왕하 23:13~14). 므낫세와 솔로몬의 죄들을 바로 잡고, 요시야는 이전의 왕들의 많은 죄악들을 수정했다. 요시야는 바알에게, 해와 달과 별에게 분향하며 우상을 섬기게 한 제사장들을 없앴다(23:5). 그는 미동을 위한 작은 방을 헐고(23:7), 태양에게 바쳐진 말들과 수레를 제거했다. 더우기 요시야의 개혁은 이전의 왕들에게서 언급되지도 않았고 이전의 통치자의 잘못으로 돌리지도 않았던 부정한 제의적인 행동과 물건들을 제거했다. 그는 바알이나 아세라 그리고 하늘의 신에게 바쳐진 성전의 기명을 없애고 불살랐다(23:5). 또한 그는 예루살렘의 성으로 유대의 제사장을 데리고 왔고 이전의 그들의 산당을 무시했다(23:8). 이 요시야 개혁의 원인과 동기를 제공한 율법책에 대한 논의는 앞서서 논의하였다. 이 개혁 내용을 담고 있는 신명기 역사서에 대한 문제를 요시야 개혁과의 관계에서 논의하여야 요시야 개혁과 히스기야 개혁의 성격과 의미가 드러나게 될 것이다.

노트는 신명기 역사서가 바빌론 포로 시대(주전 550년)의 단일 저자의 저작이었다고 주장한다. 그는 신명기 역사 전체를 통하여 후기 추가물이 있었다고 주장하고 있다.[361] 최근 들어 2차적인 자료들이 신명기 전체 율법책과 사무엘상의 계승설화를 포함한다는 이론이 제기되고 있다.[362]

일반적으로 열왕기상 20장 22절과 엘리사에 관한 수집 자료

---

361) 아주 오래된 제 2의 자료의 목록들은 신명기 4장 41~44절 32~34절(34;1, 4, 5~6은 제외) ; 여호수아 13~22장, 사사기 1장 1~2절, 5장 13~21 등을 포함한다. 재인용, S. L. McKenzie, *The Trouble With Kings*(E. J. Bril : Leiden, 1991), p. 148.
362) *Ibid.* 레빈슨, 클리포드.

들과 엘리야 이야기가 확장된 제2자료가 분명하다고 보았다. 맥켄지는 엘리사에 관한 이야기들은 신명기 역사 속에서 완전하게 일치되지 않았다고 본다.363) 그의 견해는 신명기 저자가 전체 신명기 역사서를 편집하지 않고 나중에 후기 편집자가 첨가하였다고 보고 있다. 그는 전체의 신명기 역사서 보다 훨씬 작은 열왕기의 모든 추가물들을 한 두 사람의 특수한 편집자에 의해서 기록하였다고 배분하는 것은 어렵다고 본다.

노트 이후에 신명기 역사 편집 이론으로 대두한 것이 이중 편집설이다. 크로스는 두 편집 시대와 편집자의 주제를 제시한다. 포로기전 편집자(주전 610~620년)와 포로기 편집자(주전 550년) 시대로 제1편집자 시대에는 북 이스라엘 멸망이 여로보암의 죄 때문이라는 주제로 기록되었고, 제2편집자 시대에는 야웨의 선택한 종 다윗과 예루살렘 주제로 기록되었다고 주장한다.364) 포로기전 편집에 있어서 요시야 개혁과 다윗 국가의 재건을 위한 프로그램으로 신명기 역사를 기록하였다는 것이다.

요시야 왕을 축으로 분단된 이스라엘과 유다가 재통일이 되

---

363) *Ibid.* 비록 엘리사 이야기나 신명기가 단순하게 엘리야 이야기들을 흡수했다는 노트의 주장과 같이 생각한다고 할지라도 신명기에 대한 흔적이 빠져 있다는 것은 그 밖의 장소에서 자료에 대한 사용과는 상충되는 것이며 바로 그것은 그가 편집하지 않았다는 강력한 근거가 된다고 주장한다. 더욱 최근에 신명기 역사에 관한 책들의 취급은 신명기 전체 율법책과 사무엘상의 계승설화를 포함하여 제 2자료의 더욱 광대한 부분도 논의되고 있다. 한편 제 2자료들에 대한 이 같은 최근의 제안들, 곧 열왕기에 나타나는 신명기 작품의 추가로 고려되어지는 그 가설에 대한 관점들이 제시되고 있다. 확장된 제 2자료에 관한 가장 근접한 예는 열왕기상 20장 22절과 엘리사에 관한 수집 자료들과 엘리야 기사라고 멕켄지는 주장하고 있다.

364) F. M. Cross, *Canaan Myth and Hebrew Epic*(Cambridge: Harvard University, 1973), pp. 278~285.

어 국력을 회복하려는 의도로 기록되었다고 보았다.

이 이론은 그 후에 넬슨(Nelson)이 발전시켰고, 많은 학자들이 설득력 있는 근거들이 제시되어 받아들이고 있다.

신명기 역사 연구에 있어서 양립 불가능 형태의 어구(이전에도 없었고, 후에도 없었다)에 대한 논의가 있다. 크로스(Cross), 프리드만(Friedman), 넬슨(Nelson) 등은 최상급 평가 형태를 포로기전 편집자(Dtr1)의 정점이라고 말한다.

프로반(Provan)도 같은 맥락에서 열왕기하18.5의 약간 달리 변형된 형태를[365] 히스기야 시대 쓰인 것이라고 주장하였다.

반면, 나퍼는 앞에 언급한 두 가지 형태가 모두 나온 솔로몬과 히스기야, 요시야 평가 어구의 특징을 각각 들어서 포로 시대에 메시지를 전하기 위한 신명기 역사적 구조를 제시한 것이라고 주장한다.[366]

나퍼는 이 어구는 포로시대(Dtr2)의 것이라고 주장하며 도식적인 구조를 제시하고 있다. 여기서 프로반의 지적에 주목하여 히스기야 평가가 히스기야 시대의 편집자 의해 쓰였다는 것을 염두에 둘 필요가 있다.[367]

한편, 우선 신명기 역사서의 근간이 되는 요시야 개혁의 율법책이 언제 기원하는가라는 문제를 집고 넘어가야 한다. 로울

---

365) Gary N. Knoppers, "There Was None Like Him" : Incomparability in the Books of Kings *CBQ54*(1992), p. 412. 그 형태는 "그(히스기야)의 전후 유다 왕 중에 그러한 자가 없었으니"이다.

366) *Ibid.*, pp. 413~431 참조하라.

367) *Ibid.*, p. 413. 참조, 히스기야의 양립 불가능 형태의 공식은 프로반의 신명기 역사의 첫 편집 연대 연구에 중요한 역할을 한다. 프로반은 히스기야의 평가가 요시야의 성취와 대조를 이룬다고 보았다. 열왕기하 18장 5절과 23장 25절이 서로 대조가 된다고 보았다.

리는 신명기 역사서가 므낫세 통치 초기에 구성되었다고 주장한다. 그는 히스기야 시대에 시작된 야웨주의에 의한 개혁운동이 므낫세 시대가 되면서 히스기야가 벌인 개혁이 원점으로 돌아가면서 개혁지지 그룹들이 비밀리에 숨어서 문서화 작업을 하였고 은밀히 야웨 신앙을 가지고 개혁 문서 작업을 수행하다가 나중에 야웨 신앙이 회복되던 요시야 시대에 이교도 주의자들이 다 죽어가던 때에 그 문서(D)가 발견되었다고 주장하고 있다.[368]

로울리의 주장은 율법 책의 생성과 기원에 대한 질문을 하게 하였고 어디서 어떻게 전승되었는가에 대한 논의를 일으켰다. 요시야 궁전에서 발견된 율법 책이 신명기 역사서의 근간이 되고 핵심이라고 주장한다.

이 주장은 드베터가 처음으로 요시야 시대 때 발견된 책을 원신명기라 명명하게 된다. 이 율법책 발견으로 신명기 역사서의 일차편집이 요시야 시대라는 것이 유력해지게 되었다.[369] 그 이전의 전달 과정에 대한 문제에 있어서 북 이스라엘에서 내려온 레위인(폰라드)이 신명기를 기록하였다고 하면, 그 후 므낫세 시대는 요시야의 궁정에 율법책이 숨어 있던 그 책을 요시야 시대에 힐기야가 발견하게 된다. 로울리는 이 율법책이 므낫세 시대에 기록되었다고 주장한다. 그러나 이교도와 혼합 종

---

368) F. L. Moriarty, "The Chronicler's Account of Hezekiah's Reform" *CBQ* 27(1965), p. 400. 재인용, H. H. Rowley, *Studies in Old Testament Prophecy*(Edinburgh: T & T. Clark, 1950) p. 164.

369) Marvin A. Sweeney, "The Critique of Solomon in the Josianic Edition of the Deuternomistic History", *JBL 114*(1995), pp. 607~622.

교의 분위기가 팽배한 상황에서 율법서 기록 작업은 쉽지 않았을 것이다.

오히려 그 앞 시대에 시대적으로 개혁서가 요구되었을 것이고, 더우기 야웨 중심의 개혁운동의 영향으로 개혁의 강령과 프로그램이 필요했을 것이다. 따라서 히스기야 시대 저작 작업이 이루어 졌고, 히스기야의 사람들이(잠언 편집, 왕하 18장) 이 신명기 편집에 많은 영향을 미치었을 것을 미루어 볼 수 있다.

신명기 역사서의 문체와 어구 연구에 있어서 최근 주목할 만한 연구가 있다. 스위니는 신명기 역사의 특성과 구성에 대한 이론에서 열왕기상 1~11장의 솔로몬 평가 어구(Critique)가 중심 모티브(motif)가 되어서 이스라엘과 유다의 역사에서 신명기 역사의 관점을 세우는 데 중심역할을 하였다고 주장한다.[370] 그는 솔로몬의 평가 어구는 신명기 역사가의 요시야 시대 편집에 중요한 요소가 되었고, 요시야 시대 편집은 솔로몬 평가 어구가 요시야에게 영향을 미치어 요시야 왕이 율법에 비추어 올바르게 행하려는 의지의 산물이었다고 본다. 이스라엘과 유다 왕국의 분열을 일으키는데 근본적인 문제를 야기시키는 모델로서 솔로몬은, 요시야와 대조적으로 금박(foil)의 두 면으로 비유하여 이해한다고 하면, 어두운 역할을 하는 것으로 제시된다고 주장한다. 스위니는 "솔로몬과 다윗이 아닌 요시야가 신명기 역사가의 의도된 이상적인 군주였다" 고 주장하고 있다.[371] 솔로몬과 요시야, 히스기야에게 나타나는 최상급 표현

---

370) *Ibid.*
371) *Ibid.*

어구를 통하여 솔로몬과 대조적인 요시야를 부각하려고 했다고 해석하는 것이다.[372] 그것은 바로 요시야의 신명기 편집자의 작업이라는 것이다.

윌슨도 같은 방법으로 연구하여 많은 학자들이 이스라엘 왕들과 유다 왕들 각각의 치세 기록을 도입하고 맺는 왕들의 공식적인 진술에 입각하여 결론 내린다고 지적한다.[373] 그는 그들이 열왕기의 최종 편집자들이 북왕국과 남왕국의 대조적인 운명에 대한 신학적인 평가를 하는 데 관심을 갖는다고 지적한다. 윌슨도 더 나아가 북왕국 왕들의 기사는 예언 활동에 크게 강조점을 두고 있고, 반면 남유다 기사는 남왕국의 왕들이 종교개혁을 증진시키는 데 관심을 가지고 있다고 밝힌다.

또 두 번째 관심은 하나님께 신뢰(이사야서에서 발견되는 관점)보다는 외국과 동맹을 맺는 것에 더 관심을 갖는다는 것을 밝히고 있다.

그의 연구로 북 왕국과 남 왕국의 기사의 차이점과 외국의 동맹 기사를 주목하게 되었다. 윌슨도 스위니의 결론과 비슷하게 요시야를 위대한 개혁가보고, 요시야 시대에 초점을 맞춘다.

빈눈은 왕치세 공식 중 매장지 언급에 관심을 갖는다.[374]

그는 이 치세 공식 중 매장지 언급을 통하여 아하스 시대에

---

372) 나퍼(Garry Knopper)는 신명기 역사가가 중요한 역사적 모델로 삼은 왕은 솔로몬과 히스기야, 요시야 왕이라고 보고 있다. 그것은 이들이 양립 불가능성의 비교형태 어구로 평가를 받고 있기 때문이다.

373) Robert R. Wilson, "The Former Prophets: Reading the Books of Kings" *Old Testament Interpretation*, pp. 83~96.

374) S. R. Bin−Nun, "Formulas From Royal Records of Israel and of Judah," *VT18*(1968): pp. 414~432.

히스기야 기사를 기록한 사람들이 신명기 역사서의 일차 편집에 관여했을 것이라는 추정한다. 신명기 역사서의 매장지에 대한 언급을 통해서 신명기 역사 저작의 상황을 유추해 볼 수 있게 된다.

빈눈(Bin-Nun)은 신명기 역사서의 왕들의 매장지 언급 양식을 통하여 히스기야 시대에 역사서가 쓰였을 가능성을 제시하여 주었다.

그는 "왜 히스기야는 묘실이 언급되지 않았는가?"라고 질문한다. 그리고 전제하기를 왕 통치의 결론적 공식은 분명히 저자의 이해에 근거하지 않고, 왕의 계승자의 경향에 영향을 받는다고 말한다.[375] 그래서 다른 선왕들의 매장지 언급이 나오다가 히스기야에 와서는 매장지에 대한 언급이 없는 이유는 무엇인가? 히스기야의 죽음에 대한 짧은 기사는 아직 12세 밖에 되지 않는 어린 므낫세의 통치를 주관했던 사람들 때문일 수 있다고 추정한다. 그들이 반감을 가지고 히스기야를 하락시키고 깎아 내리었다고 본다. 그래서 매장지를 의도적으로 기록하지 않았다고 보았다. 또 한편 므낫세가 성장하고 아버지의 정치적 종교적인 경향을 반대하도록 그에게 영향을 주었던 권력을 행사하였던 사람들은, 아하스 시대의 장관들 일 수 있을 것이라고 추정한다. 그래서 그들은 앗시리아에 대한 그들의 우호적인 경향 때문에 히스기야 시대에는 축출되었다가 그 후 히스기야가 죽은 후 다시 므낫세 통치시대에 영향력을 발휘할 수 있었을 것

---

375) *Ibid*, p. 430.

이라고 가정한다.[376]

그러나 히스기야 죽음 기사 이후에 나머지 유다의 어떤 왕도 아버지와 함께 묘실에 묻혔다는 언급이 없다는 것은 또 어떻게 해석해야 하는가? 히스기야 왕에 앞서서 선조와 함께 묘실에 매장되었다는 기록이 있는 왕은 아하스이었다. 아하스 왕은 야웨 종교의 경향에 있어서 악명이 높은 왕이었는데, 열조와 함께 묘실에 들어갔다는 좋은 평가를 받는다. 이것은 신명기 역사가가 히스기야를 높이기 위한 저작 의도로 추정된다.

후대 왕이 선대왕을 좋게 평가하고 기록해주는 경향이 있다고 하면 히스기야 시대의 신명기 역사가가 기록했을 가능성이 높은 것이다. 그러나 히스기야에 대한 매장지 언급이 없는 것은 어떠한 이유에서 그런가?

이 문제에 대하여 빈눈은 매장지 기록과 연관되어 왕정 기록에 대하여 결론 내리기를 왕정 기록들의 변화가 있는 것은, 왕들의 통치 시대 당시의 기록일 것이라고 말한다. "왕들에 대한 왕정 기록들이 변화가 있는 것을 통해 그것은 동시대의 창작이지 후대의 구성이 아닌 것이 분명하다."[377] 그의 견해에 따르면 신명기 역사 전체를 각각 왕의 시대에 기록하고 증보하였다는 것인데, 매시대마다 기록하고 계속하여 증보해 갔다는 것은 신빙성이 결여되어 있다.

신명기 역사서의 편집 과정에 대한 큰 가닥을 제공하는 사건들을 발견하게 된다. 그것이 바로 히스기야 시대의 제의 중앙화

---

376) *Ibid.*, pp. 430~431.
377) *Ibid.*, p. 430.

개혁, 요시야 시대의 율법책 발견, 포로 시대의 여호야긴 석방(왕하 25:27~30) 등이다. 이 사건을 통하여 편집 시대를 유추할 수 있다. 이중 편집설에서 말하는 요시야 시대의 신명기 역사 일차 편집과 포로기의 이차 편집을 알 수 있다. 그 앞서서 언제 요시야 궁전에서 발견된 율법책을 기록하였을까? 그것은 아하스, 히스기야, 므낫세 시대 중에서 어느 한 때로 추정할 수 있게 된다. 히스기야 시대부터 신명기 전승(신명기 역사서 전승)이 기록되고 존재하였을 가능성을 살펴보았다.

4. 신명기 역사서의 편집의도와 구성적 주제－요시야 개혁이냐 히스기야 개혁이냐?

여기서 히스기야 개혁과 요시야 개혁의 사건과 기사를 비교하여 살펴봄으로 신명기 역사가의 역사 편집과 신학적 의도를 알 수 있다. 주전 701년 히스기야는 앗시리아에 반역하는 사건을 일으킨다. 이 사건과 히스기야 개혁이 밀접하게 연관되어 있음을 열왕기하18~20을 통하여 알 수 있다. 히스기야의 개혁으로부터 주전 621년 요시야 개혁의 역사적인 진행과정과 개혁 기사(왕하 21~22)를 통하여 볼 때 요시야의 개혁은 개혁 예정안이 몇 가지 더 나아졌다. 그것은 많은 제의 개혁을 통하여 철저한 제의 개혁 준비와 시행이 있으리라고 보기 때문이다.

나퍼는 포로시대의 신명기 역사가는 히스기야를 한 개혁자로 언급을 하기보다는 오히려 그의 탁월한 믿음을 강조하여 신앙인으로 언급을 했다고 본다. 그리고 그는 오히려 요시야를 개혁자로 더 명시를 하고 있다고 주장한다.378) 또한 2중 편집설의 관점에서 나퍼는 바빌론 포로 이전의 신명기 역사가는 요시야의 국가적인 개혁을 칭찬한 반면에, 포로시대의 신명기 역사가는 요시야에 대해서는 비난을 하지 않지만 돌이킬 수 없는 국가적인 멸망에 대해 므낫세를 비난한다고 보고 있다.379) 하지만 나퍼는 오히려 신명기 역사가가 히스기야를 바빌론 포로 이전에 제의 중앙화를 시행하며 제의 개혁을 시행했던 모델로 보고 있는 것을 간과하고 있다. 히스기야가 산헤립에 저항하며, 조직적인 이념과 강령으로 신명기 역사서의 초안을 기록하였을 가능성을 배제하고 있다.

더우기 나퍼는 히스기야 개혁을 단지 요시야 개혁의 서론으로 보면서 히스기야 개혁을 과소평가한다. 그는 신명기 역사가의 변증법적 구조(dialectical structure)에서 히스기야 개혁은 솔

---

378) Gary N. Knoppers, "There Was None Like Him" pp. 425~431. 참조 "히스기야 전에 그와 같이 온 마음으로, 온 뜻으로 야웨 하나님을 향하는 왕이 없었고 모세의 모든 율법을 따라 온 힘으로 그를 좇는 자가 왕이 없었다." 나퍼는 히스기야가 "야웨께 돌아가는 것으로" 최상의 평가를 받았다고 강조하며 포로들에 대한 포로기 역사가의 신학을 알 수 있게 한다.

379) *Ibid.*, pp. 429~30. 참조. "이것이 요시야 통치에 대한 중요성에 관한 바빌론 포로시대의 이전의 신명기 사가와 포로시대의 신명기 사가 사이의 과장하고 있는 관념적인 차이점에 대한 관심이다. 포로시대의 신명기 사가의 요시야의 통치에 관한 편집은 가볍고, 그들의 차이점들이 때때로 상상할 만큼 대단한 것도 아니다. 포로시대의 관점에서 보면, 요시야의 개혁은 므낫세에 의해서 발생한 위험을 취소하지 않을 수 없다면, 이것은 요시야가 노력한 명분을 부정하지 않는다. 열왕기하 22~23의 고도의 문체로 기록된 기사에서 요시야가 완성한 개혁자 왕이었다는 것은 분명하다. 만약에 부와 지혜로 솔로몬 통치를 구별하고, 신뢰로 히스기야 통치를 구별한다. 면 지배적인 개혁은 요시야 통치로 구별할 수 있다. 모세의 모든 토라'에 무조건적으로 주어진 요시야의 헌신은 선조와 후계자들 사이에 독특한 위치를 차지하게 하였다" (왕하 23:25).

로몬 몰락이후 2세기만에 일어난 개혁으로 유다에 좋은 징조로서 역할을 한다고 보고 므낫세에 의해 그의 개혁은 수포로 돌아가고 그 후 요시야가 18년간을 다스리며 개혁을 일으킴으로써 신명기 역사가의 이상적인 과거 회복의 모델이 된다고 주장하고 있다.[380] 나퍼는 신명기 역사가가 솔로몬과 요시야라는 인물에 초점을 맞추었다는 신학적 도식에 의해서 역사 해석을 전개한다.[381]

그러나 신명기 역사가는 솔로몬과 요시야라는 두 인물에만 초점을 맞춘 것이 아니라 다윗, 솔로몬 그리고 히스기야, 요시야에게 초점을 맞춘 것이다. 신명기 역사가는 다윗은 정치와 토라에 합한 인물로, 솔로몬은 제의와 예언, 생활(정치)에 맞는 인물로 모델을 만들고 그러한 두 가지 이상을 갖춘 왕이 히스기야 왕이라고 본다. 히스기야 시대에 두 왕이 실현한 통일 왕국, 다시 회복시킬 이상적인 왕으로 보고 제의 중앙화 개혁을 통하여 강대국 앗시리아로부터 독립하려는 모습을 기록하고 있다

---

380) Gary N. Knoppers, *Two Nations Under God: The Deuteronomistic History of Solomon and the Reign of Josiah, Vol. 2*(Atlanta: Scholars Press, 1994), pp. 243~254. 즉 솔로몬이 시작한 산당의 설치를 요시야가 철폐하고, 여로보암이 시작한 제사장을 임의로 세우고 벧엘과 단에 세운 성소로 말미암아 북 이스라엘을 멸망케 하였던 것을, 다시 통일 이스라엘을 회복하게 하기 위해서 북 이스라엘까지 개혁을 행하였다고 보았다.

381) *Ibid.*, pp. 246. 나퍼는 신명기 역사에 있어서 두 축이 되는 인물이 솔로몬과 요시야라고 본다. 솔로몬은 성전을 건축하고 성전제도를 수립한 왕으로 신명기 역사가가 지향하는 미래상이었다는 것이다. 한편, 요시야는 솔로몬의 두 번째 축복의 간구를 현실화시킬 수 있는 인물이었다고 본다(왕상 8:57~59). 즉, 그는 백성과 왕이 토라에 순종하기로 결단하는 축복의 기도를 한다. 요시야왕은 성전을 수리하고 성전의 위치를 국가의 생활에 중심에 위치시킨다. 신명기 역사가는 한 제의, 한 성소, 한 왕의 이상적 이념을 세워서 한 하나님께 헌신하는 것을 현실화시키려고 하였다고 주장한다.

(왕하 18~20장, 무려 3장에 기록). 반면, 요시야 왕은 제의, 토라, 예언의 요소 등은 잘 나타나지만 정치적인 주제(이야기)가 부족하여 마지막 4왕의 치적에서 보충 기록되어 유다가 재기하는 역사가 실패한 것으로 기록된다. 따라서 포로기의 신명기 역사가는 포로 시기의 상황에서 희망을 가지고 새롭게 모색할 수 있는 개혁 이야기로서 청사진을 다시 히스기야 이야기에서 찾고 있다고 볼 수 있다.

호프만은 남 유다, 북 이스라엘 왕들의 개혁구조를 살피며 개혁 대상들을 분류하여 주제별로 개혁의 성격을 자세히 추출해 낸다. 여러 왕들의 개혁 구조와 언어를 연구하고 최종적으로 히스기야, 므낫세, 요시야왕이 신명기 역사서의 마지막 삼중구조로 구성되어 결론적 위치를 가진다고 주장하고 있다.[382] 그 삼중 구조에서는 요시야왕의 종교 개혁기사가 종합적으로 기록되어 제의 개혁의 모든 대상이 열거되었기 때문에 가장 강조되고, 중요한 위치에 놓였다고 결론 내린다. 호프만도 문학적 관점에서 본문에 기록된 용어와 기술에 강조점을 두고 연구하지만 전체 구조의 구성적 주제를 크게 자세히 살피고 있지 못하다.

여기서 우리는 신명기 역사가가 예언과 제의, 토라와 정치라는 4가지 틀에서 역사자료를 구성해가고 있음을 발견하게 된다.[383] 이 4가지 역사 구성 요소, 주제들은 신명기 역사 전체를 통하여 발견하게 된다. 야웨(하나님)의 뜻을 말하고 의미하는

---

382) H. D. Hoffmann, *Reform und Reformen*. AThANT 66(Zürich: theologischer verlag, 1980). pp. 32.

예언이야기는 신명기 역사기록에 중심에 위치시키고 있고, 이스라엘 백성이 야웨 하나님께 순종하며 살아가는 삶, 예배하는 삶은 제의를 통하여 제시해 주고 있다. 그리고 토라(율법)에 순종하는 역사와 불순종하는 역사에 따라 세속 정치에 있어서 실패와 성공 여하가 달려있는 요인이 된다. 이 사실은 역사를 통하여 제시해 준다. 그러므로 역사 이야기 안에 예언과 제의, 토라와 정치(생활)라는 요소의 종합적 구조(틀)는 신명기 역사해석의 기준이 되고 있다.

이런 관점에 볼 때 나퍼는 주제적인 구성(틀)의 관점에서 보지 못하고 단지 비교 불가능의 형태 어구에서 찾았다는 것을 알 수 있다. 그는 한 어구에 주목하여 요시야가 최고 평가를 받고, 결국 그 왕이 신명기 역사가의 최고의 이상적인 모델이 된 것으로 해석하게 되었다. 그러나 요시야는 이미 완전한 신명기 역사가의 토라, 제의, 예언, 정치(생활)의 구성의 틀을 모두 실현한 선왕, 히스기야 왕을 재현하려고 했다. 신명기 역사가는 히스기야 왕이 4가지 구성요소를 다 실현한 왕으로 이상적인 왕으로 그렸지만 요시야 왕은 정치적인 구성 요소를 갖추지 않아 비록 종교적 제의 개혁을 철저히 행한 왕이지만 실패한 왕으로 기술한다(므깃도 전투의 실패). 물론 히스기야도 바빌론 사절단

---

383) R. H. Lowery, *The Reforming King: Cult & Society in First Temple Judah*, JSOT120(Sheffield: JSOT Press,1991), 27. 지금까지 학자들이 신명기 역사를 법률층, 예언층, 역사층(Dtr G, P, N)으로 구성되어 편집되었다고 본다(디트리히, 스멘트, 바이올라 등). 즉, 이야기의 편집 층이 짜인 것이라고 주장한다. 그러나 본문의 최종적인 형태에서 보면 각기 다른 자료들을 역사가가 역사철학과 역사관에 맞게 구성적 주제들을 일정한 패턴으로 기록하였다고 보인다. 열왕기 전체(신명기 역사 포함)를 통해 예언과 정치, 제의와 토라 등의 복합적인 주제의 결합으로 기술된 것을 살필 수 있다.

방문의 접대 실수로 포로 결과의 상황을 맞게 되는 실패의 모습이 기술된다. 이것은 신명기 역사가 포로 신학을 설명하기 위한 것이다. 결국 두 왕의 개혁 운동이 실패하여 통일 이스라엘 회복을 실패하여 유다가 패망하여 포로가 된것을 말하고 있다. 여기서 주목할 만한 것은 히스기야 왕과 요시야 왕이 정치적 실패를 똑같이 했다는 것은 공통점이 있지만 그 기사의 분량 상 요시야는 단지 한 줄에 그 실패 사실을 보도하고 있다. 이것은 요시야가 정치(생활)기사가 부족함을 볼 수 있다. 반면, 히스기야 기사는 신명기 역사가의 4가지 주제의 구성의 틀을 잘 갖추어 정치 기사를 열왕기하 19~20장, 두 장에 길게 기록하고 있다. 그래서 신명기 역사가의 4가지 주제 구성의 관점에서 히스기야 기사에 더 치중하고 있고, 히스기야 개혁에 더 비중을 두고 포로 환원(귀환) 신학에 희망의 메시지로 제시하고 있다.

여기서 우리는 열왕기하 18~20장의 히스기야 기사를 그 구성적 주제의 관점에서 좀 더 자세히 살펴보자. 히스기야 이야기의 전체적 구조는 다음과 같이 연결된다.

토라 준수—히스기야 개혁—산헤립의 침공—히스기야 기도—이사야 예언—히스기야 병—이사야 치유—바빌론사절—이사야 예언 등이다.

열왕기하 18장 1~3절 치세이야기, 4~6절 제의 개혁, 7~8절 영토 확대이야기, 9~12절 북 이스라엘멸망이야기(토라), 13~37 산헤립 침공이야기, 22 제의중앙화(제의, 정치, 토라)

열왕기하 19장 1~7절, 이사야 요청 이야기, 8~13절 산헤립의 편지, 14~19절 히스기야의 기도(토라), 20~37절 이사야의 예언,

앗시리아의 실패(예언, 정치, 토라, 예언), 열왕기하 20장 1~11절
히스기야의 병 이야기, 12~13절 바빌론 사절, 14~19절 이사야
예언, 20~21절 치세 이야기(정치, 예언)

3장에 걸친 히스기야 이야기는 신명기 역사의 구조를 대표적으로 잘 보여준다. 제의-정치-토라-예언-정치-토라-예언-정치-예언 등의 결합을 통하여 볼 때, 중심부의 구성 구조에 이사야 예언자가 위치하여 있어서 이야기 전체의 중심이 무엇인지를 보여준다. 야웨 하나님의 종, 예언자의 입을 통하여 역사가 진행된다는 것을 보여준다. 신명기역사가가 의도하고 있는 것이 예언 중심의 구조인 것을 발견하게 된다. 지면 관계상 전체를 논의하지 못하지만 엘리야, 엘리사를 중심으로 열왕기 초기 역사 부분을 구성하고 있는 것을 알 수 있다. 열왕기 전체를 통하여 볼 때 히스기야 개혁기사는 열왕기(신명기 역사까지도) 전체구조를 축약해놓은 대표적인 이야기가 된다.

따라서 신명기 역사가는 히스기야 개혁이야기를 그의 전체 역사이야기에 모델로 이야기하며, 다윗과 솔로몬이 보여주는 완벽한 통일왕국의 제시를 회복할 첫 효시를 히스기야 왕으로 보고, 다윗의 믿음을 가장 잘 본받은 자, 솔로몬의 제의를 회복한 첫 번째 왕으로 본다. 이러한 정치와 제의의 잘 짜인 구조는 히스기야 기사가 잘 보여 주기 때문에 요시야의 이야기보다는 더 신명기 역사가의 초점이 되는 이야기로 볼 수 있다. 그러면 요시야 개혁기사는 어떠한 의미를 가지는가? 요시야 이야기에서 율법과 제의개혁 이야기는 많이 하고 있고, 반면, 정치적인 언급은 아주 적은 것(한 구절)을 볼 수 있다. 따라서 신명기 역

사가의 전체 구성 주제(틀)에는 미흡한 모습이다. 신명기 역사서의 전체 구조에서 '정치+율법+예언+제의'라는 구조에서 부족한 정치 부분은 뒤에 4명의 왕의 이야기를 통해 보충되고 있다. 신명기 역사가는 요시야 이야기와 마지막 유다의 멸망이라는 정치적 이야기를 대단원으로 전해주려는 의도를 가지고 있다. 신명기 역사가는 긍정적인 평가와 부정적인 평가를 이 두 기사에서 동시에 하고 있다. 그는 요시야 이야기를 긍정적인 역할의 기능으로 구성한다. 즉, 율법과 제의, 예언의 주제를 이상적으로 성취한 왕으로 평가한다. 반면, 4명의 왕은 부정적으로 기술하는데, 이 세 가지 주제의 요소가 미달된 왕으로, 제의, 토라에 불충실함으로 그 결과 불가피하게 예루살렘이 멸망했다는 결론을 맺는다.

5. 나오는 말

신명기와 신명기 역사 연구에서 요시야 개혁과 히스기야 개혁에 대해 연구함에 있어서 기록 시대와 편집 시대, 정경 시대를 구별하여 연구하지 않으면 안 되게 됨을 알게 되었다. 요시야 왕 때 발견된 율법책이 원신명기라는 이론과 그 책과 개혁이 관련되어 있고, 더우기 신명기와 신명기 역사서의 구성과 편집에 핵이 됨을 알게 되었다. 따라서 요시야 개혁과 히스기야 개혁 연구에 있어서 율법책의 정체성이 무엇인가가 중요한 문제가 되었다. 지금까지 그 책이 요시야 시대의 궁정에서 발견된 책으로 원신명기라고 규정하였다. 그러나 본 책에서는 그 책이 언제 쓰였는가라는 질문으로부터 히스기야 시대부터 쓰였을 가능성을 타진하였다. 신명기 역사 편집 시기와 관련하여 치세 평가 최상급 어구와 솔로몬 평가어구, 매장지 공식을 통하여 연구하였다. 그 결과 요시야 개혁과 관련하여 연구하게 되었고, 2중 편집설 이론에 근거하여 히스기야 개혁 시대에 신명기(역사) 전승이 기원되었을 것을 추정하게 된다. 끝으로 신명기 역사가의 관점에서 히스기야 기사와 요시야 기사를 어떻게 다루고 있는지를 살피게 되었다. 신명기 역사서를 구성하는데 4가지 구성적 주제의 틀로 기록되었음을 알게 되었다. 즉, 토라와 예언, 제의와 정치의 연속된 구조로 신명기 역사서가 기록되어 있고, 히스기야 기사는 가장 잘 그 구조가 축약되어 있음을 알게 되었다. 따라서 히스기야 개혁이 요시야 개혁보다 상대적으로 더 강조되고 있음을 밝히게 되었다. 이 구성적 주제의 관점이 요시야 개혁과 히스기야 개혁의 논란에 있어서 문제 해결에 도움을 주었다. 앞으로 전체 신명기 역사서에서 구성적 주제가 어떻게 나타나고 변화하는지 연구할 과제로 남게 된다.

구약 개혁 신학의 방향

구약의 축제
구약의 죽음과 문화
통일 신학과 통일 리더십 – 문화 신학적 접근
구약의 그리스도

| 3장 구약 개혁 신학의 방향 |

1. 들어가는 말

구약에서 말하는 축제의 정의와 의미는 무엇일까?
구약의 축제는 이스라엘의 축제를 연구하는데 중요한 요소가 된다. 왜 축제가 형성되었는가라는 근원적인 문제에 해답이 되기 때문이다. 따라서 구약 축제의 중심 축제와 역사적 중심의 사건은 무엇인가라는 중요한 질문이 제기된다. 이러한 맥락에서 출애굽 사건과 3대 축제의 관계는 어떠한가. 이 문제의 연구가 요구된다. 성서에 기록된 축제와 각 시대마다 행해졌던 축제는 연구과제이다.
여기서 논자는 축제가 기록된 본문들을 살펴보면서 축제의 역사성과 후대의 축제 상황 등을 살펴보고자 한다. 구약 성서에 나타난 축제에는 신학적인 해석이 반영되었는지, 또 역사적 상황은 어떠했는지 묻게 될 것이다. 유월절과 오순절, 초막절 등 구약의 3대 중심 절기부터 수전절, 부림절, 현대의 절기 등을 거론하고 현대 이스라엘의 축제를 살피면서 구약 축제의 실체와 본질을 파악하게 될 것이다. 오늘 우리가 선 자리에서 구약의 축제를 어떻게 수용하고, 우리의 축제로 새롭게 계승시킬수 있을 것인가에 대한 심도 있는 고찰로 결론을 맺을 예정이다.

I. 구약의 축제

1. 들어가는 말

구약에서 말하는 축제의 정의와 의미는 무엇일까?

구약의 축제는 이스라엘의 축제를 연구하는데 중요한 요소가 된다. 왜 축제가 형성되었는가라는 근원적인 문제에 해답이 되기 때문이다. 따라서 구약 축제의 중심 축제와 역사적 중심의 사건은 무엇인가라는 중요한 질문이 제기된다. 이러한 맥락에서 출애굽 사건과 3대 축제의 관계는 어떠한가. 이 문제의 연구가 요구된다. 성서에 기록된 축제와 각 시대마다 행해졌던 축제는 연구과제이다.

여기서 논자는 축제가 기록된 본문들을 살펴보면서 축제의 역사성과 후대의 축제 상황 등을 살펴보고자 한다. 구약 성서에 나타난 축제에는 신학적인 해석이 반영되었는지, 또 역사적 상황은 어떠했는지 묻게 될 것이다. 유월절과 오순절, 초막절 등 구약의 3대 중심 절기부터 수전절, 부림절, 현대의 절기 등을 거론하고 현대 이스라엘의 축제를 살피면서 구약 축제의 실체와 본질을 파악하게 될 것이다. 오늘 우리가 선 자리에서 구약의 축제를 어떻게 수용하고, 우리의 축제로 새롭게 계승시킬수 있을 것인가에 대한 심도있는 고찰로 결론을 맺을 예정이다.

2. 축제의 정의

hag(חג)라는 말이 hug(circle)라는 명사와 관련되어 원안에서 춤추는 개념과 연관이 있다.[384] 이것은 hag의 축하(벨하우젠의 주장: 거룩한 서클)의식에 중요한 특징이었다. 어원적으로 아랍어의 hagg라는 말과 일치하는데, 이 말은 메카로 순례라는 의미를 가진다.[385] 이와 유사한 주장으로 성서 히브리어, 시리아어의 hwg(욥 26:10) 동사는 '순환하다', '원 주위를 돌다'라는 의미만을 가진다. 따라서 '춤춘다' 는 의미로 볼 수 없다. 아람어의 hng(명사는 춤이라는 말에서 유래)는 아주 다른 말로서 hwg와는 혼동해서는 안 된다. 뇌뒬케(Nödelke)는 셈어의 hag 라는 말이 순례의 의미를 포함하여 '축제적인, 기쁘게 모이는 것'이라고 주장하였다.[386] 구약성서에서 이 단어가 사용되는 곳에는 두, 세가지의 의미를 나타냈다. 첫째, 크고 많은 수의 백성들이 모이는 것 둘째, 아모스 5장 23절의 '기뻐하며 시끄러운 노래들' 이나 '하프의 멜로디(춤출 때)'를 표현한다. 그리고 그러한 말들은 순례 축제의 맥락에서 쓰인다(신 16:14~15; 사 30:29; 암 5:21~3; 8:10).

---

384) M. I. Gruber, "Ten dance derived expressions in the Hebrew Bible," *Biblica* 62(3): pp. 328~346. 히브리어의 춤추다는 동사 11개를 가지고 연구한다. chagag, sabab, raqad, qippes, dilleg, kirker, pizzez, pisseach, chyl/chll, sicheq등이다. 1) 셈족어(랍비 히브리어, 아카드어, 우가릿어 등) 비교 연구 2) 탈무드 문학에 보존된 전통 3) 다른 고대 현대 문화의 춤의 어휘를 조직적으로 연구한다. 이 책에서 hag는 원을 그린다, hagag는 서클로 춤춘다는 뜻을 가짐을 말하며 용례를 밝히고 있다. 329쪽 참조하라.

385) H. Ringgren, *Israelite Religion*(Philadelphia: Fortress, 1980), 185.

386) Th. Nödelke, ZDMG 41(1887), p. 719. 재인용, M. Haran, *Temple & Temple Service in Ancient Israel*(Oxford: Clarendon Press, 1978), p. 289.

hag(축제)라는 말은 연례 성일 중에 구약성서에 오직 3개의 축제에만 사용된다. 즉, 무교절 hag, 오순절(주간절) hag, 초막절 hag 이다. 이 hag는 본질적으로 성전의 순례를 포함한다. 신년 축제나 속죄일도 심지어 구정(신달, New Moon)이나 안식일에도 hag라고 표현하지 않는다. 그것들은 miqrae qodesh(거룩한 선포, 거룩한 집회, 성회)라고 불리는데 그 날에는 일하는 것이 금지된다(레 23; 민 29:1, 7). '와서 야웨의 앞에 보이도록' 명한 것은 오직 세 개의 haggim이다.[387] 이 세 개의 축제(haggim)는 성전 순례를 의무적으로 규정하고 있다(종교적이고 국가적인 의무). 국가적인 중요한 사건을 기념하기 때문이다.

반면 다른 축제들은 성전에 방문하는 것이나 모이는 것이 선택적이다. 이 세 축제가 이스라엘의 근원적인 사건이었던 출애굽의 역사를 기억하며 기념하고 있다는 사실을 보여 주고 있다. 뿐만 아니라 다른 축제와 구별되는 세 축제에만 hag라는 용어를 쓰고 있는 것은 특별한 의미가 있다고 하겠다.

엘리아데는 '축제 의식을 통하여 인간은 원시의 근원적인 시간으로 돌아갈 수 있고 과거의 시간이 또한 현재화 될 수 있다'고 말한다.[388] "사람들이 기원에 대한 신화를 재현하고 축제 의식에 참여함으로써 거룩한 원시의 시간으로 강렬하게 몰입하게 된다. 축제에서 인간은 세계의 창조를 재연하고 실제로 재생한다. 인간은 또한 새롭게 창조됨을 느끼며 죄의 짐으로부

---

387) M. Haran, *Temple & Temple Service in Ancient Israel*, p. 291.
388) A. Wineman, "Mircea Eliade and the Jewish Holy Day," *Judaism 33*(1984): 485.

터 해방되고 중생을 얻고 새로움과 순수함, 창조 순간의 생생함으로 다시 피조되는 세계를 경험할 수 있게 된다. 모든 것이 갱신된 에너지로 깨끗하게 된다."[389] 그의 말대로 이스라엘 사람들은 구약 축제를 통하여 창조주의 창조 사건과 구속주의 구원 사건을 다시 경험하게 되었다. 그들은 축제 의식을 통하여 다시 거룩한 시간의 근원적 경험을 하게 되는 것이다. 그러면 출애굽 사건을 기념하는 유월절을 살펴보자.

1) 유월절

축제의 중심에 있는 유월절 절기 연구를 통하여 이스라엘 축제의 의미와 상황을 파악하고자 한다. 유월절이란 말은 פסח로서 '보호하다', '넘어가다' 의 의미와 '부드럽게 하다, 유순하게 하다, 가라앉히다, 진정시키다' 등 여러 가지 뜻을 지닌 아카드어 passahu에서 기원한다.[390] 이 유월절의 발전 과정을 살펴보면, 성서 기록상 유월절에 대한 기사가 열 재앙 사건과 이스라엘 백성의 구원 사건 사이를 연결하는 중심적 역할을 하고 있다. 출애굽 사건 이후 유월절은 출애굽과 구원에 대한 하나님의 은혜를 기념하는 핵심적 의식 요소였다. 유월절은 이집트의 노예 생활에서 벗어나 시내 광야에서(민 9:1~14)부터 히스기야왕(왕하 18~20), 요시야왕 시대(왕하 :21~22), 포로기 이후

---

389) *Ibid*, 485쪽.
390) B. M. Bokser, "Unleavened Bread and Passover, Feasts of" *ABD*(New York: Doubleday, 1992), pp. 755~765.

(스 6:19~22)에도 계속 절기로서 지켜졌다.

출애굽기에 기록된 유월절 이야기는 레위기, 민수기, 신명기에 나타난다. 레위기의 기록은 신명기, 민수기의 기록과 일부 중복되며, 신명기의 기록은 나중에 역대기 사가에게 영향을 끼친 듯하다.[391] 유월절 준수에 대한 자료로서 성서외의 자료들에는 오스트라카, 파피루스 문서와 쿰란 문서, 희년서, 필로와 유세푸스 등이 있다. 이들 자료에는 유월절에 관한 시행 시기, 장소, 참가자 규모 등을 나타내는 기록이 담겨 있어 성서에 나타난 유월절 준수의 역사성과 기록의 사실성을 입증하고 있다.[392] 필로에는 제물 드리는 행위와 축제를 연관시킨다. 백성들은 참을 수 없는 격정과 열망으로 너무 기쁜 나머지 제사장을 기다리지 않고 제사를 드린 것을 기록하고 있다. 필로는 또 이런 행위는 자발적이고 본능적인 감정의 결과이며 매년 한번씩 그들에게 감사할 의무를 상기하는 법에 의하여 규정지어졌다고 하면서 당시 유월절의 능동적 자발성에 관하여도 언급하고 있다.[393] 요세푸스는 유월절 주간을 무교병 축제라고 불렀다. 백성들은 니산 8일에 축제를 위해 예루살렘에 모였다. 이방인들과 나병, 임질에 감염되었거나 생리중인 여인들, 그리고 그 외 불결한 자들 등은 배제되었지만 완전히 금지시킬 수는 없었다. 모든 팔레스틴과 외국으로부터 온 순례자들의 규모는 엄청났다. 주후 65년 제사를 시행한 자들은 300만 명이고 예루살렘

---

391) 한규언, 『유월절에 관한 연구』, 연세대학교 대학원 석사학위 책, 1996년, p. 23.
392) 위의 책, 27쪽.
393) B. M. Bokser, pp. 761~762.

이 멸망되던 해에 시행한 자들도 비슷한 규모라고 묘사하고 있다.394)

2) 유월절의 발전 과정

유월절과 무교절의 상관관계를 어떻게 볼 것인가에는 다양한 시각들이 있다. 출애굽 사건을 기념하여 양의 피로 인해서 이스라엘 백성이 죽음을 면했다고 하는 점에서 유월절은 큰 의미를 지니고 있다. 무교병을 먹는 규례는 고대 이스라엘에서 추수를 끝내고 새로운 해가 시작되려는 즈음에 무교병을 먹던 의식과 관련되어 있다.

유월절의 유래에 대해 엥그넬은 유월절과 바빌론 아키투 축제와의 구조적 유사성을 지적한다. 둘 다 봄철 니산월에 열리며 유월절 아밥(니산) 10일에 준비하여 첫날부터 21일까지 확장되어 축제 기간은 11일(혹은 12일)인데, 이는 아키투 축제 기간과 정확히 일치한다. 아키투의 예비극에는 태고의 바다가 나오며 남편의 이름은 킹구(Kingu)로서 티아맛(Tiamat)에 대한 승리를 재상연하는 것에 비하여 유월절은 홍해 바다와 파라오가 등장한다. 이와 같은 맥락에서 링그렌도 고대 근동의 배경에서 유목민의 문화와 가나안 농경문화를 대비시켜 유월절의 기원을 찾는다.395) 유월절은 초원을 따라 이동하는 유목민들이 가축을 보호하기 위하여 지켰던, 보다 오랜 의식을 수용하여 이스라엘

---

394) 같은 책, 40쪽.
395) H. Ringgren, 같은 책, p. 187.

의 출애굽 구원의 사건이 결합되었던 것으로 보인다.[396]

무교절의 유래는 가나안의 보리 추수 때 수확의 축제, 즉 하나의 농경 축제에서 기원한다. 메이는 무교병을 먹는 봄 축제가 출애굽 사건 이전에 있었던 것으로 주장한다.[397] 무교절은 맏물을 드리는 봄 축제이다. 무교절 축제는 곡물의 어린 이삭들이 나타나는 봄철 새달에 열린다.

유월절이 하루만 지키는 대신 무교절은 특별한 집회나 축제가 나란히 7일 동안 드려졌고, 그로 말미암아 유월절 대신 무교절 절기가 되었다고 한다. 농경 축제인 무교절이 유목민의 배경을 가진 유월절 축제와 결합되고 그것이 출애굽 해방 사건으로 인해 축하되고 기념되어야 할 절기로 규정된 것(출 12:27, 23:15)은 이스라엘 신앙 안에서 동화되고 결합된 것이다. 유월절과 무교절은 출애굽 사건을 통하여 자연스럽게 통합되어 무교절의 축제에서 유월절 축제로 정착되었다.

그러면 이 유월절과 무교절이 어느 시기에 결합되었는지는 논란의 여지가 있다. 일반적으로 고대 계약 법전 이전과 가나안 정착 후에 해당하는 왕국 형성 이전설, 요시야왕 재임기간을 중심으로 한 제의 중앙화 시대 등이 거론되고 있다.[398] 이스라엘 백성들이 출애굽하여 가나안 땅을 점령하고 정착하는 과정에서 농경문화를 흡수하며 무교절의 풍습을 받아들였을 가능성이 높다. 노트와 크라우스는 가나안 정착 후의 시기를 주장하는

---

396) E. Kutch, "Passover" *Encyclopaedia Judaica* 13, pp. 163~172.
397) H. G. May, "The Relation of the Passover to the Festival of Unleavend Cakes," *JBL* 55, pp. 65~82.
398) 한규언, 위의 책, 60~65쪽 참조하라.

데[399], 여호수아 5장 10~12절의 본문을 증거로 제시한다. 길갈 제단에서 있었던 유월절과 무교절의 직접적인 결합의 증거가 된다는 것이다.

3) 유월절을 어디에서 지켰는가.

이 문제를 연구함으로 시대마다 유월절 행사의 변화를 가늠할 수 있게 해준다. 초기에는 가정(집)에서 제사를 드리다가 가나안 정착 시대와 사사 시대에는 중앙 성소와 지방 성소에서 유월절 행사를 지냈다. 가정 제사에서 성전 제사로 이동 과정은 신명기 12, 16장에 잘 나타난다. 이집트 땅, 집, 가족(출 12:1, 3, 7, 21~23)에서 시내 광야(민 9:5)로, 야웨께서 고르신 곳(신 16:7)에서 길갈(수 5:10~12)로, 예루살렘 성전(대하 30:1, 5; 35:1, 2)으로 유월절 기념 축제 장소가 이동하는 것을 알 수 있다.

순례 축제인 유월절은 칠칠절, 초막절과 더불어 성전에 나가 야웨 앞에 보여야 하는 절기이었다. 예루살렘 성전은 축제의 중요한 요소가 되었고 제의 중앙화의 과정이 자연히 이루어지게 되었다. 히스기야 시대와 요시야 시대는 종교 개혁이 대대적으로 이루어진다. 그들은 유월절 행사를 대대적으로 행하였다(왕하 18:4; 대하 29~31; 왕하 23).

제의 중앙화는 솔로몬 시대부터 제정되어 시행되었지만 실제의 역사성은 히스기야 시대로 부터 볼 수 있다.[400] 제의 중앙

---

399) 위의 책, 60~62쪽
400) 박신배, 『신명기 역사에 나타난 히스기야 개혁 전승사 연구』, 연세대 대학원 박사 논문, 2001년, p. 67.

화는 복합적인 의미를 가지고 있어서, 정치적 경제적 군사적 심리적 효과를 가지고 있었다. 히스기야와 요시야 왕은 앗시리아 제국의 속주 화에 저항하여 정치적 독립을 꾀하고자 유월절 행사를 통한 제의 중앙화 작업으로 국력을 강화하였다.[401] 성전 제의 중앙화는 유다의 멸망(주전 587년)으로 붕괴되었고, 포로기 이후 성전 상실로 인하여 무력화되었다. 그 때 유월절 행사가 회당과 가정에서 거행하는 내면화와 축소의 과정으로 탈바꿈하게 되었다. 포로기를 지나 포로기 이후 성전 재건 시대가 되면서 다시 성전 중심의 축제가 정착되게 되었고, 유월절 행사가 회복되게 되었다. 이때에 3대 축제가 구약 성서로 문서화되었고, 동시에 축제가 구체화하고 발전하게 되었다.

3. 레위기 23장에 지정된 축제

1) 유월절—4~5절
2. 무교병의 축제—6~8절
3. 첫 이삭 한 단—9~14절
4. 오순절의 축제—15~21절
5. 나팔의 축제—23~25절
6. 속죄의 날—26~32절
7. 초막의 축제—33~43절

---

401) 위의 책, 66~77쪽 참조하라.

레위기 23장은 3대 절기에 대하여 세세하게 기록하고 있다. 유월절과 무교절이 이스라엘 제의에서 결합되어 실시하고 있는 것을 보여 주고 있다. 첫 맏물 드리는 날과 오순절(추수절, 칠칠절, 보리추수, 맥추절)에 대하여 말하고 있다. 나팔 부는 날과 초막절, 속죄의 날 등은 전체의 초막절에 하나의 연속된 행사임을 보인다. 3대 절기에 세부적인 사항들을 설명하고 있다. 이것은 후대에(포로기 이후) 절기가 정착되었을 때 상황을 보여 주고 있다. 이 축제의 기본은 안식일임을 보여주는데, 서두와 결론에 반복하여 안식일을 언급하며 강조하고 있다. 그것은 안식일을 강조하는 바빌론 포로 귀환의 상황을 입증하는 것이다.

그 절기들의 특징을 레 23장의 순서대로 개괄적으로 축제의 의미만을 살펴보자.

먼저 이스라엘 축제는 달력(캘린더)과 밀접한 관련이 있다. 이스라엘의 성스런 달력의 중요성을 히르쉬는 다음과 같이 강조하고 있다.

"하나님께서는 우리로 하여금 인생을 통과하는 시간의 날개 위에 영혼을 고무시키는 그분의 영원한 말씀들을 새기셨다. 그분은 날과 주일, 달과 년으로 하여금 그분의 진리를 선포하는 전달자가 되게 하신 것이다. 이러한 시간의 요소들보다 더 빠르게 보이는 것은 아무 것도 없을 것이다. 그러나 하나님께서는 이 시간의 요소들에게 그분의 거룩한 일들을 돌보는 일을 맡기셨다……. 제사장들은 죽고 기념비들은 퇴색하며 성전과 제단들은 산산조각이 나 버린다. 그러나 시간은 영원히 남는다. 그러므로 모든 새로 생겨난 날들이 시간의 품속에서 새롭고 힘차게 빠져 나온다." [402]

1) 유월절, 무교병의 축제, 첫 열매의 잔치

ㄱ) 유월절, 무교병의 축제

"여호와께서 모세에게 일러 가라사대……기한에 미쳐 너희가
공포하여 성회로 삼을 여호와의 절기는 이러하니라. 정월 십사
일 저녁은 여호와의 유월절이요, 이 달 십오일은 여호와의 무교
절이니 칠일 동안 너희는 무교병을 먹을 것이요"(레 23:1, 4~6).

이스라엘의 달력은 유월절과 무교병의 축제로 시작된다. 원
래 유월절과 무교병 축제는 서로 판이하게 다른 것이다. 유월절
은 7월 14일 일어난 것이다.[403] 그리고 무교병 축제는 7월 15
일에 시작하여 그 달 21일 까지 7일 동안 지속되었다(레
23:4~6). 유월절은 유대인의 가장 중요한 축제이다. 이 유월절
은 이스라엘 백성들이 애굽에서 종살이하다가 해방된 역사적
사건을 기념하는 축제이다.

이스라엘의 모든 남자들이 주님 앞으로 나와야 하는 삼대 축
제들 중 첫 번째 축제가 바로 유월절 축제이다.

유월절의 어린양은 흠이 없어야 하고 적어도 8일은 지나야
되며 일 년 미만인 양이어야 했다. 각 가정에서 유월절을 위한

---

402) Hirsch, Rabbi Samuel Raphael, *Judaism Eternal*, vol. 1, p. 3.
403) R. Gordis, "An unrecognized biblical use of ereb," *JBL* 102(1983): pp.
107~108. 축제에 시작은 저녁에 시작된다. 이스라엘 시간 측정에 있어서 하
루가 저녁에 시작하여 아침에 끝나기 때문이다. 안식일과 유월절 축제의
시작도 저녁 시간에 시작된다.

특별한 준비가 7월 13일 저녁에 시작되었다. 이때 각 가정의 가장은 촛불을 켜고 그 집 안에 있는 모든 누룩을 제거해 버려야 한다. 성전에서의 유월절은 양의 피를 제단에 뿌리는 일과, 레위 찬양대들이 시편 113~118편(할렐루야 찬양)까지 노래하도록 인도했다.

땅거미가 지면 수천, 수만 명의 유대인들은 성전으로부터 물러 나와 제물로 사용된 양을 가죽에 싸서 집으로 가지고 갔다. 전 세계로부터 모여든 친척과 친구들이 모여 쓴 나물, 무교병, 샤로셋(Charoseth)[404], 샤기가(Chagigah)의 고기를 나누었다. 유월절의 만찬을 나누며 구원의 주님을 기리며 즐거워한다. 요세푸스가 전하는 말에 따르면 "한 유월절에 죽임을 당한 어린 양의 수가 25만 6,000마리였다."[405]고 한다. 과거 유월절 축제의 규모를 가늠할 수 있다.

ㄴ) 첫 열매의 잔치

첫 열매의 잔치는 유월절 축제 기간 동안 열리는 세 번째 이스라엘의 잔치이다. 유월절 주간은 원래 세 가지 중요한 사건으로 이루어져 있다.

첫째, 유월절 양은 7월 14일에 죽임을 당하게 된다.

둘째, 무교병 잔치는 7월 15일에 시작된다.

셋째, 첫 열매를 바치는 것은 7월 16일에 행해진다.

---

404) 식초와 물; 찰흙이나 몰타르의 응집력을 지닐 때까지 식초, 무화과, 아몬드, 대추 야자, 향료들을 섞은 것이라고 한다.

405) Josephus, *Wars VI*, p. 9. 3.

이 잔치는 단순한 추수 축제가 아니라 이스라엘에 대한 하나님의 은혜와 섭리에 대한 인정이었다. 성전 예배로 7월 16일 한 오멜의 밀가루가 성전에 바쳐졌다.[406]

첫 열매를 바침으로 이스라엘 백성들은 첫 열매뿐만 아니라 추수한 곡식 전체가 주님께 속해 있다는 사실을 선포했다.

2) 오순절

첫 이삭 한 단(레 23:10)은 안식일 이튿날, 7월 16일에 바쳐졌다.

그 날부터 50일 계산되었고, 히브리의 9월 6일은 언제나 주(weeks, Shavuoth), 주간 잔치(Feast of Weeks) 또는 오순절 잔치로 선포된다.[407] 이 잔치는 이스라엘이 곡식 추수 계절의 기쁨을 극치에 이르게 했다. 추수기 말에, 추수를 시작한 지 50일 지난 새 밀가루로 빵 두 덩어리를 만들어 제물로 바친다. 이 빵은 밀 추수의 첫 열매라고 불리운다. 이를 위한 축제 역시 욤하-비쿠림(Yom ha-Bikkurim), 곧 새 곡식의 첫 번째 음식을 주께 드리는 날로 불린다.[408] 오순절은 율법이 주어진 것을 축하하고 기념한다. "무교병 축제는 시작된 후 50일까지 실제로 끝나지 않은 것이라 말할 수 있을 것이다. 그 때 무교병 축제는

---

406) Alfred Edersheim, *The Temple, Its Ministry and Services*, pp. 223~224.
407) J. M. Baumgarten, "4Q Halakah~a 5, the law of Hadash, and the Pentecontal calendar", *JJS* 27, 36~46. 하다쉬(Hadash, 새 곡출)법과 오순절 절기에 대하여 연구한 책이다. 4Q Halakah~a 5, 쿰란 동굴 4에서 발견된 기록으로써 후대의 오순절 절기의 상황을 추정할 수 있다.
408) Hayyim Schauss, *The Jewish Festival*, pp. 86~87.

오순절, 또는 주간 축제(Feast of Weeks)에 병합된다. 오순절 날은 시내 산에서 율법 받은 것을 기억하는 기념일이었다. 주간 축제도 이것을 기념하려는 의도에서 계획되었다. 유월절에 첫 오멜을 바침으로 시작되는 추수한 곡식의 헌물은 오순절에 두 개의 빵을 흔들어 바치는 감사의 예물로 완료되며, 이때 이스라엘의 구원에 대한 기억이 율법을 주는 것으로 적당하게 끝난다."[409]

3) 초막절

ㄱ) 나팔절 축제

"여호와께서 모세에게 일러 가라사대, 이스라엘 자손에게 고하여 이르라. 칠월 곧 그 달 일일로 안식일을 삼을 지니, 이는 나팔을 불어 기념할 날이요, 성회라. 아무 노동도 하지 말고 여호와께 화제를 드릴지니라"(레 23:23~25).

유대 달력에는 신년의 날(New Year's Day), 신년제라고 한다. 신년의 날의 유대 관습 중 가장 잘 알려진 인사의 표현은 "행복한 한 해가 되시길 빕니다!"이다. 신년제와 속죄의 날 사이 10일 간 사람들은 선한 행위를 많이 하려고 애를 쓰게 된다. 이 신년의 날과 속죄의 날은 경외의 날(days of awe)로 불린다. 나팔 소리가 신년제에 크게 울려 퍼지는데 율법을 읽은 후에 소리를

---

409) Alfred Edersheim, *The Temple, It's Ministry and Services*, pp. 225~226.

낸다.

ㄴ) 속죄의 날

"여호와께서 모세에게 일러 가라사대 칠월 십일은 속죄일이
니 너희에게 성회라. 너희는 스스로 괴롭게 하며 여호와께 화제
를 드리고, 이 날에는 아무 일도 하지 말 것은 너희를 위하여 너
희 하나님 여호와 앞에 속죄할 속죄일이 됨이니라…… 이는 너
희가 그 거하는 각처에서 대대로 지킬 영원한 규례니라. 이는 너
희의 쉴 안식일이라. 너희는 스스로 괴롭게 하고 이 달 주일 저
녁, 곧 그 저녁부터 이튿날 저녁까지 안식을 지킬지니라"(레
23:26~32).

속죄의 날(Yom Kippur)은 이스라엘 백성들의 죄를 속하는
날이기 때문에 가장 중요한 행사이다.[410] 이 속죄의 날은 대제
사장이 중요한 위치를 차지한다.

대제사장이 죄를 대속하는 중재의 일을 하기 때문에 그의 역
할은 매우 막중하였다. 속죄를 위한 대속의 염소는 두 마리이
다. 속죄 염소(scapegoat)라고 불리는, 아자젤을 위한 염소와
여호와를 위한 염소 두 마리가 모두 죽임을 당하여 광야에 버
려진다. "동이 서에서 먼 것같이 우리 죄과를 우리에게서 멀리

---

410) J. H. Golner, "God, Satan and Atonement," *Judaism* 9(1960): pp. 299~306.
골너는 이 소책에서 유대의 가장 거룩한 날인 신년 축제와 속죄 날과 관련
하여 유대 전설에서 인간의 발전 단계, 인간의 죄 속에서 구원의 단계를 심
리학적 분석으로 연구한다. 발전 단계의 두 원칙을 제시하는데, 첫 번째 단
계는 사탄과 투쟁하는 단계, 두 번째는 속죄의 단계라고 말한다.

옮기셨으며"(시 103:12).

ㄷ) 초막절

역사적으로 초막절[411]은 이스라엘 사람들이 초막에 살았을 때인 출애굽의 시절을 돌아보는 것이었다. "너희는 칠일 동안 초막에 거하되 이스라엘에서 난 자는 다 초막에 거할지니, 이는 내가 이스라엘 자손을 애굽 땅에서 인도하여 내던 때에 초막에 거하게 한 줄을 너희가 대대로 알게 함이니라"(레 23:42~43).

각 가족은 초막을 지었는데, 이것은 실제로 일시적인 야외 집이었다. 그것은 이중의 목적을 지니고 있었다. 첫째는 유대인들이 그들의 출애굽을 기억하게 하기 위함이며, 둘째는 인간의 삶이 덧없음을 가리키기 위함이었다.

"이 초막절 축제의 일곱째 날인 마지막 날은 아주 특별한 날이다. 그것은 호사나 랍비"(Hoshana Rabba), "위대한 호사나" (the great Hoshana)로 불린다. 회당에서 아침 예배 동안 종려 가지를 들고 제단 주위를 일곱 바퀴 돈 후, 그 가지들로 회당의 마루 위나 가구 위를 친다. 그 동안 예배자들은 "메시야의 오심을 알리는 소리가 들린다 라는 노래를 하고 있다."[412]

이 초막절의 모습은 포로기 훨씬 이후의 발전된 유대교의 회당 종교의 상황으로 보인다.

예수님 당시의 초막절 행사의 모습(요 7:37~38)은 밀그램이

---

411) G. W. MacRae, S. J. "Meaning and evolution of the feast of tabernacles," *CBQ* 22(1960): pp. 251~276.

412) *The Encyclopedia Judaica*, "Hoshana Rabba", vol. 8, 1027.

그 상황을 잘 묘사하고 있다.

"실로암 연못에서 떠 온 물을 황금 병에 담아서 제단 가까이에 있는 대야에 제사장이 붓는다. 이것은 성전의 의식들 중 가장 기쁜 것이었다. 미쉬나에는 '물을 공급받은 곳에서의 기쁨을 보지 못한 사람은 결코 그의 삶 속에 있는 기쁨을 보지 못한 것이다'(Sukkah 5:1)라고 기록되어 있다. 그 의식에는 횃불, 행렬, 춤, 노래, 15편의 순례의 시편, 승천의 노래를 부르는 성가대의 찬양, 악기들의 연주가 수반되어진다. '그러므로 너희가 기쁨으로 구원이 우물에서 물을 길으리로다'(사 12:3)라는 예언적인 구절에 따라 수행하는 상징적인 행위였다."[413]

초막절도 결국 출애굽의 구원의 사건을 기념하며 광야에서 고생하였던 것을 회상하는 축제였다. 그들이 초막에서 덧없는 인생임을 깨달으며 여호와 경외하는 삶을 살아가기로 다짐했던 축제였다.

4) 부림절

이 절기는 3대 절기가 아닌, 후대의 유대교에서 지킨 절기이다. 중요한 절기로서 출애굽의 구원과 같은 해방의 사건을 기념하는 절기이다. 야웨의 구원과 그의 역사하심을 기리는 절기로서 계속되는 구속사의 축제를 보여준다.

부림절은 '제비뽑기' 축제(Feast of Lots)로써 종종 에스더의 축제로 알려졌다. 이 날은 에스더 당시 유대인이 보호받은 것을

---

413) Abraham Millgram, *Jewish Worship*, p. 204.

기억하여 지켜진다. 부림은 '제비뽑기'라는 뜻의 말에서 유래된다. 하만은 유대인을 멸망시킬 날을 결정하기 위하여 제비를 뽑았다(에 3:7). 그리하여 그 축제는 부림이라고 불린다.

"모르드개가 이 일을 기록하고 아하수에로왕의 각 도에 있는 모든 유대인에게 무론 원근하고 글을 보내어 이르기를, 한 규례를 세워 해마다 아달월 십사일과 십오일을 지키라. 이 달, 이 날에 유대인이 대적에게서 벗어나서 평안함을 얻어 슬픔이 변하여 기쁨이 되고 애통이 변하여 길한 날이 되었으니, 이 두 날을 지켜 잔치를 베풀고 즐기며 서로 예물을 주며 가난한 자를 구제하라 하매"(에 9:20~22).

부림절과 관련하여 '베푸는 음식들 중에 하나'는 유대인들이 즐겨 먹는 특별한 것인데, 이것은 하만타셴(Hamantaschen)이라고 불린다. 그것은 양귀비 열매로 가득 채운 밀가루 반죽으로 만든 삼각형의 과자이다. 이 과자의 이름은 몬(Mohn, 양귀비 씨)과 타셴(Taschen, 주머니)이라는 독일어에서 온 것이다. 그렇지만 부림절과 그것이 관련되어 있기 때문에 몬타셴은 하만타셴으로 불리게 되었고 페르시아에서 유대인의 적 하만을 연상하게 만든다.

5) 수전절(Hanukkah)

성전 청결과 관련된 절기로써 유대교가 극한 핍박을 당하다가 회복된 역사를 기념하는 절기이다. 알렉산더 제국 시대 이후 안티쿠스 에피파네스 통치 시대에 있었던 사건이었다. 안티쿠스는 주전 168년 3월 15일 예루살렘 번제 제단 위에 이교 제단

을 세움으로 지성소를 범했다. 주피터 신상을 세우고 유대인들
이 가장 싫어하는 돼지를 희생 제물로 드리는 일을 자행하였다.
주전 171년 유대인들에 대한 박해를 시작했고 성전이 깨끗하
게 정화되어진 것은 박해 때부터 2,300일이 지난 후인 주전
165년 12월이었다. "이천 삼백 주야까지니 그 때에 성소가 정
결하게 함을 입으리라"(단 8:14) 수전절에 대한 성서의 배경은
다니엘서(단 8:13~14)로서, 성전이 깨끗이 청소되고 이스라엘
의 하나님이 다시 한 번 경배를 받으셨다. 3월 25일을 시작으
로 이제 유대인들은 8일간의 수전절을 지키고 있다.

6) 축제 절기에 대한 신학적, 역사적 문제

오경의 제의력 문제에 있어서 초기의 모습을 잘 반영하는 본
문 두 구절이 있다. 그것은 출애굽기 23장 10~19절과 34장
18~26절이다. 크라우스는 3장 10~19절은 소위 계약책으로써
왕국 이전 시대의 상황을 반영한다고 보며, 고대 이스라엘의 율
법 수집들이라고 주장한다.[414] 그리고 출애굽기 34장 18~26
절은 야웨 십계명으로 그 후에 기록된 것 같다고 말한다.

이 두 본문에는 삼대 절기(무교절, 맥추절[415], 첫 이삭)를 언급
하고 있지만, 출애굽기 34장은 안식년, 안식일을 언급하고 있
지 않다.

---

414) H. J. Kraus, *Worship in Israel: A Cultic History of the Old Testament*(Oxford:
　　Basil Blackwell, 1966), p. 26.
415) 추수절, 칠칠절, 주간절, 오순절이라고도 부름.

따라서 출애굽기 34장은 야웨이스틱 버전(J버전)으로서 초기의 상황을 보여 준다. 링그렌은 이 본문에서 중요 세 절기와 농경, 유목문화와 관련하여 언급하다.

출애굽기 23장 14~17절은 세 개의 축제(hag-massot, hag haqqasir, hag ha' asip)를 언급하며 이 모든 절기는 농사와 관련 있다고 주장한다.[416] "비록 무교절이 출애굽과 관련되어 언급 될지라도 캘린더는 이스라엘이 가나안 땅에 정착했을 때 상황을 반영한다. 아마도 이스라엘 사람들은 축제의 이름과 가나안 사람들의 많은 축제의식을 빌려왔다."[417] 이큰(Eakin)도 삼대 순례 절기는 모두 농사와 관련된 절기라고 주장한다[418] 다시 말해 이스라엘 사람들이 자신의 종교 역사적 의미를 각각의 축제에다 주입시키더라도 가나안 적인 것이 흡수되었을 것이다.[419] 무교절은 유월절과 초기에 결합되었고, 칠칠절은 후기 정경시대에 야웨가 모세에게 토라를 수여하는 것을 기념하고 역사화 하였다. 초막절은 이스라엘이 광야에서 체류하면서 초막(장막)에 살던 것과 관련되게 되었다. 이러한 고유한 역사적 정체성들은 가나안 적 의식과 제의를 불가피하게 흡수하였다. 이스라엘의 역사를 각인하는 작업이 가나안의 신화적인 풍요 구조로 추락하는 것을 막았다고 볼 수 있다.

---

416) H. Ringgren, *Israelite Religion*(Philadelphia: Fortress, 1980), p. 185.
417) 같은 책.
418) F. E .Eakin, *The Religion and Culture of Israel: An Introduction to Old Testament Thought*(Boston: Allyn & Bacon, 1971), pp. 145~146.
419) 가나안 땅을 정복하면서 이스라엘 사람들은 가나안 의식과 가나안 제의에 동화되었다(1.출 23:10~19, 2. 출 34:18~26, 3. 레 23. 4. 신 16:16~17, 5. 겔 45:21~25)

크라우스가 오경의 축제에 대하여 신명기 36장 1~17절, 레위기 23장 4~44절, 민수기 28~29장 등 본문을 다루고 가나안 종교의 측면에서 게셀의 달력을 연구한다. 하지만 링그렌은 출애굽기 본문을 같이 다루지만 신명기 36장을 다루지 않고, 신명기 16장 1~17절에 주목하여 언급한다.[420] 그는 신명기 16.1~17은 출애굽기의 본문보다 후대의 발달된 상태에서 나온 본문임을 밝힌다. 신명기 16장 1~17절에서 절기 상황이 어느 정도 상세하게 나온다. 첫 번째 축제는 다른 두 개의 축제와 다른데, 이것은 유월절(pesah)과 무교절이 결합되었다는 것을 보여 준다.[421] 전자는 양을 도살하는 출애굽 축제이고, 후자는 무교절의 빵의 축제로 남는다. 다른 두 축제는 오순절, 초막절(hag hassukkot)이라고 부르고, 그 이름에 대한 설명을 주어지지 않는다고 밝힌다.

오경의 축제에서 레위기 23장은 4번째 단계의 발전 과정을 보여 준다고 본다. 민수기는 축제의 제의 규정을 정확하게 전달하고 있어서 가장 후대에 기록되어 있음을 추정할 수 있다.

"성결 법전이라고 불리는 레위기 23장은 4번째 캘린더이다. 태음력을 사용하는 바빌론 달력 체제를 가지고 있기 때문에 신명기 16장 보다 어느 정도 후기의 발전 단계를 보여준다. 큰 3대 축제에 덧붙여 조그만 다른 축제일들이 추가된다. 즉 유월절

---

420) H. Ringgren, *Israelite Religion*, pp. 186~187.
421) 유월절 특징에 있어서 초기 캘린더에는 3대 중요 절기중의 하나로서 무교절만 언급된다(출 23:15; 34:18)그러다가 유월절이 분리되어 언급된다(출 34:25; 23:18). 원래는 두 개의 다른 절기가 병합되었다. 무교병의 축제는 농업 문명에 기원을 가지고 첫 보리 추수와 연관되었다.

하루를 지내고 나면 무교병 축제 7일을 즉시 뒤따르게 된다. 첫 이삭 바치는 축제와 오순절, 7번째 달 첫 날(구 신년축제일), 속죄일—7월 10일, 마지막으로 초막절이 나온다. 민수기 28~29장에는 똑같은 축제 순서가 희생제의 규정이 전제되어 나온다. 이 민수기에는 각각의 특별한 축제에서 제공되는 축제들을 정확히 구체화하고 있다."[422]

폰라드는 축제 본문에 있어서 성서 편집 과정과 정경화 과정에 대한 상황을 암시한다. 그는 성서 본문과 기록 시대의 괴리가 존재한다고 본다. 고도의 발전된 포로기 이후 제의의 상황에서 시대착오적으로 포로기전 시대의 제의 현실을 성서본문에서 읽게 된다고 주장한다.[423] 따라서 후대의 하누카(Hanukkah) 축제[424], 부림 축제,[425] 달과 관련된 축제—신년축제(새 달축제[426]), 안식일(년) 준수 등이 역사적으로 먼저 생긴 축제들이었고 오경의 축제들은 비록 역사적으로 선행되었더라도 후대의 발전된 형태로 나타나게 되었던 것이다.

오경의 축제들이 역사적으로 발전되어 오다가 히스기야, 요

---

422) 위의 책, 186쪽. 연속되는 축제 순서는 다음과 같다. 1.유월절—4, 5절 2.무교병의 축제—6~8절 3.첫 이삭 한 단 —9~14 4.오순절의 축제—15~21 5.나팔의 축제—23~25절 6.속죄의 날—26~32절 7.초막의 축제—33~43절.

423) F. E. Eakin, *The Religion and Culture of Israel*, pp. 145~146. 재인용, 폰라드, 구약 신학, 250~53.

424) 주전 165/164년 마카비시대에 유다 마카베우스(Judas Maccabeus)의 성전 청결 기념 축제이다.

425) 에스더서(특히 스 9:17~19) 고양된 애국적인 축제이다.

426) 개역 성경에는 월삭으로 나온다. 시편 81편 4절에 "월삭과 월망과 우리의 절일에 나팔을 불찌어다"고 기록되어 있다. S. B. Freehof, "Sound The Shofar— "BA—KESSE," Ps 81.4," *JQR* 64(1974): 225~228. 프리호프는 이 월삭(BA—KESSE)이 만(滿)달이 아니라 신(新)달로 번역하는 것이 낫다고 주장한다.

시야 시대에 정착된다. 유월절 축제에 제의 중앙화가 역사적으로 실행되기 시작한다. 히스기야 시대에 유월절을 예루살렘에서 지키라고 하는 제의 중앙화가 처음 제기되어 유월절 준수가 이루어진다. 열왕기하 23장 22절, 역대하 35장 18절은 이 사실을 기록하고 있다.

히스기야 시대의 유월절 시행에 문제가 생긴다. 남쪽은 제 날짜에 지키지만 북쪽은 2월 달에 지키게 된다.[427] 히스기야가 북쪽 에브라임에 급파하여 2월에 유월절을 지키도록 제의 개혁 캘린더 개혁을 한다.

두 번의 유월절 행사가 요시야 때 통합된다.[428]

제의 축제가 바빌론의 포로 시대가 되면서 성전 종교가 없어지고 회당 제의로 변화한다. 바빌론 상황에서 안식일과 할례, 율법의 종교로 크게 변한다. 포로기 이후에는 다시 성전과 제사장의 종교로 바뀌면서 제의 정착이 이루어지게 된다.

로빈슨은 이러한 상황을 잘 지적하였다. "(마카비 반란 이전) 시기의 역사와 종교에 대하여 우리가 알고 있는 대부분은 성전과 직·간접적으로 관련이 있다. 왜냐하면 우리는 예루살렘 주위에 정착했던 포로기 후 공동체가 비교적 규모가 작았고 이미 모든 정치적 중요성을 상실하고 있었다는 것을 알고 있기 때문이다. 그 공동체의 관심은 종교적이고 실제적이고, 혁신적이었다. 그들의 종교는 영성화되었거나 유형화된 성전이었다."[429]

---

427) S. Talmon, *King, Cult and Calendar in Ancient Israel*(Jerusalem: The Magnes Press, 1986), p. 129.
428) 위의 책, 132쪽.

앞에서 살펴 본대로 이스라엘의 축제는 역사성이 있고 문화 수용성이 있다. 출애굽의 역사를 기억하는 3대 절기에서부터 역사적 기원과 축제의 중심적 요소가 된다. 가나안 정착 시대에 가나안 문화를 융합하여 유월절과 무교절이 결합되는 과정을 거친다. 사사시대에는 중앙 성소와 지방 성소에서 절기를 지키다가 다윗, 솔로몬 시대에 성전 건립을 통하여 성전 제의로 탈바꿈하였다. 그 후 분열 왕국 시대에 제의 분열화가 이루어진다.[430] 하지만 히스기야 시대와 요시야 시대를 거치며 제의의 통합화를 가지게 된다.[431] (북쪽의 제의/예루살렘 제의) 포로시대에 안식일, 안식년, 할례의 종교가 이루어지고, 포로기 이후에 성전 종교, 제사장 종교로 다시 부활 발전되었다. 그 후에 부림절, 하누카 축제가 제정되고 역사적 변천과 이스라엘 국가의 독립을 성취하면서 오늘날의 축제에 이르게 된 것이다.

역사적으로 시대가 바뀌면서 축제의 형태가 변화되고 발전되었고, 또 새롭게 생성되기도 하였다.

예루살렘의 축제 제의 만해도 처음 다윗 · 솔로몬 시대의 축

---

429) H. W. Robinson, "The Religion of Israel," in *A Companion to the Bible*, ed. by T. W. Manson(T. & T. Ckark, 1939), p. 302. 참조, F. E. Eakin, *The Religion and Culture of Israel*, p. 150.

430) J. Morgenstern, "The Festival of Jerobeam 1," *JBL* 83(1964): pp. 109~118. 모건스턴은 이 소책에서 여로보암 1세가 벧엘에서 실시한 축제는 열왕기상 12장 31~33절에 기록되어 있는데, 이 구절은 본래 형태에서 신명기 기자에 의해 1차 확대되고, P 편집자에 의해 2차로 후대에 확대되었다고 주장한다. 109쪽 참조.

431) 문화 융합 = 가나안 문화의 융합, 출애굽 사건의 유월절＋가나안 땅 정복의 무교절 = 패스 오버(유월절), 출애굽 사건의 초막절＋가나안 정착의 칠칠절 = 예루살렘 순례하는 3대 절기화 = 제의 중앙화; 히스기야, 요시야 시대이다.

제와 순례 축제가 되면서 많은 변화가 있었다. 히스기야, 요시야 시대는 제의 중앙화 축제가 되었고, 그 축제 의미는 군사적, 경제적, 정치적으로 포괄적이다.[432] 예루살렘(시온)의 순례가 이스라엘의 생활의 절정이 있으나 후대로 갈수록 더욱 중심이 되었다. 시편의 자료들은 그것을 보여 준다.[433] 후대로 갈수록 축제 제의의 개인화와 특별한 사건의 축제가 이루어진다.

신약성서 시대에는 사마리아 캘린더가 존재하고 있었다.[434] 북쪽의 축제가 남쪽 예루살렘의 제의력과 달리 시행되었다. 사마리아 달력은 태음력을 사용하며 13개월, 29일, 30일로 구성되어 있다. 북 사마리아 달력과 예루살렘의 유대력이 주후 70년 예루살렘 파괴 전까지 존재하였다. 이는 축제일이 서로 다른 기간에 이루어졌음을 보여 준다. 예수는 유대인의 3대 축제를 준수하였음을 복음서를 통하여 알 수 있다.[435] 예수는 축제를 통하여 예루살렘의 종교 지도자들과 계속 갈등을 보였다. 예수를 통하여 기독교가 제정되면서 유월절과 성만찬[436], 칠칠

---

432) H. J. Kraus, *Worship in Israel*, 208. 솔로몬은 일 년에 세 번 번제와 화목제를 집전키 위해 그가 지은 제단에 올라갔다(왕상 9:25). 세 개의 주요 연례 축제는 성소에서 거행되었다. 장막절도 실제로 근본적인 축제가 되었다(왕상 8:2). 요시야 시대까지는 유월절이 전면에 나서지 않았다(신 16:1ff; 왕하 23:21f).가을 축제가 세 부분으로 나누어지게 지는 것은 요시야 개혁과 바빌론 포로 시대 사이에 짧은 시기에 발생하였을 것이다(레 23:23ff).
433) 위의 책, 208~222. 시편 42편, 시편 84편 2절 하나님의 임재, 순례의 초대.
434) T. C. G. Thornton, "The Samaritan calendar: a source of friction in New Testament times," *JTS* 42(1991): pp. 577~580.
435) D. G. Murray, "Jesus and Feasts of The Jews," *DR* 109(1991): p 217. 이 책에서는 머레이가 요한 복음에 나타난 예수와 유대 종교 지도자들과의 관계, 유대 축제에 대하여 연구한다.
436) M. J. Cook, "Christian Appropriation of Passover: Jewish Responses Then and Now," *LTQ* 34(1999): pp. 13~39.

절(주간제)은 오순절 성령 강림절과 연관되었다.[437] 그리고 초막절은 예루살렘 입성과 호산나 찬양, 성전 청결, 생수의 강으로서 예수의 구원 사건으로 새롭게 해석되었고, 속죄의 날과 나팔부는 날이 구원의 날과 종말적인 재림의 날로 연관되고, 메시야의 구원으로 성취되는 축제일로 새롭게 승화되었다.

4. 현대 이스라엘의 축제

구약의 축제가 오늘날 현대 이스라엘에 어떻게 지켜지고 있고 새롭게 지켜지는 축제들은 무엇이 있는지 2003년 달력을 보면서 살펴보고자 한다.

1) 2003년 캘린더(5753년)[438]
　*1. Tu B' shvat―(세밧11월 15일)1월 18일, 식목일: 알몬드 나무나 여러 종류의 나무 심는 날
　2. Purim, Shoshan Purim―(아달=12월 14,15일)3월 18일, 19일: 16일 저녁 금식, 19일 예루살렘에서 부림절을 즐김, 마스크를 쓰고 축제를 즐김. 에스더와 이스라엘의 구원 기념일
　3. Pessah(니산1월) 4월 17~23일: 16일은 유월절 저녁, 학가다

---

437) D. Fuchs, Israel's Holy Days, 『성경의 절기와 성일들』, 서울: 보이스사, 1985, pp. 17~99, 참조.
438) 이스라엘 달력은 서기력을 쓰지 않고 자신들의 창조력(창조 때부터 5753년, 연도 계산)을 쓴다.

(haggada) 출애굽 구원 사건을 기념함

*4. 대학살 기념일(Yom Ha-ashoah)(홀로코스트, 독일 히틀러에 의해 학살당한 날)(니산 27일) 4월 29일

*5. 전몰 용사 기념일(Yom Hazikkaron:아일 4일)

*6. Yom haachmoth-(아일 2월 5일) 5월 7일 독립기념일 (1945년)

*7. Lag B' Omer-(아일 2월 18일) 5월 20일 Barkobach

*8. Yom Jerusalaim(아일 2월 28일) 6일 전쟁 승리의 날(1967년), 5월 29일

9. Shavuoth(소닌3월 5일) 오순절, 칠칠절(율법제정기념), Feast of Weeks, 6월 6일

10. Tisha B'Av(chum ti bab, 아브달5월 9일) 8월 7일, 성전 파괴일(로마)

11. Rosh Hashana(엘룰6달29일, 티스리7달1일) 9월 26~28일, 신년 축제, 27일 축복하는 날.

12. Yom Kippur(티스리 7달 10일) 10월 6일, 속죄의 날

13. Sukkot(티스리 15일) 10월 11일, 초막절

14. Simchat Tora(티스리 22일) 10월 18일, 심핫(해피 토라) 토라 축일이다. 호사나 라바, 위대한 호산나-초막절 일곱째 날.

15. Hanukka(카스로 9달 25일~30, 테밭 10달 1~2일) 수전절 12월 21~27일.

중세 비잔틴 시대의 기도문(Piyyutim)에 나타난 축제일을 살펴보면, 거론 안 되고 있는 축제가 현대 축제일임을 알 수 있다.

이 기도문은 시로 되어 있다.

유월절, 칠칠절, 아브달 9일(성전 파괴일), 속죄일, 하누카, 부림절, 니산 뉴문(신달) 축제 등 7개의 축제가 기록되어 있다.[439] 이 기도문에 없는 축제들은 오늘날 생겨난 축제임을 알 수 있다. 식목일과 대학살의 날, 독립 기념일, 라그 베오메르, 전쟁 승리의 날 등이 그 후에 생긴 것임을 알 수 있다. 라스킨은 이 축일을 세속적인 휴일(Secular Holidays)이라고 한다. 이 4개의 시민적(civil) 휴일은 독립일(Yom Ha'atzmaut), 전몰 용사 기념일(Yom Hazikaron), 대학살 기념일(Yom Ha-ashoah), 예루살렘 재통일일(Yom Yerushalayim) 등이다. 이 날들이 이스라엘 시민 종교라고 부르기도 한다.[440] 이 시민 종교는 정치적 문화에서 정치적 목적으로 가장 거룩하고 신성한 것이 되었다. 이 날들은 역사적으로 시온 사회주의자들과 국가주의자들에 의해서 만들어졌다. 그러나 이러한 세속 종교가 전통적인 유대교(축제)를 대체할 수 없다. 시민 종교는 역사적 발전 과정에서 생겨난 것이며, 이스라엘의 정체성 추구의 상황에서 만들어진 축일이다.

오늘날 이스라엘 초등학생들이 예루살렘을 순례하는 코스를 보면 그들의 신앙심을 알 수 있다. 그들은 고대의 성지와 현대의 성지를 둘러본다. 고대 이스라엘의 수도, 서쪽 벽과 성전 산과 다윗의 무덤 같은 전통적인 성지를 방문한다. 새로운 시민

---

439) M. Sokoloff & J. Yahalom, "Aramaic piyyutim from the Byzantine period," *JQR* 75(1985): pp. 312~314, 320.

440) M. Laskin, "Secular Holidays in Modern Israel: The Toward Traditional Beliefs, Symbols and Rituals," *Conservative Judaism* 46(1993): pp. 44~59.

종교의 신성한 곳은 1948년, 1967년 전쟁지와 후기 시온주의
자들의 정착지, 국회(Knesset), 히브리 대학 등을 방문한다.

2) 순교자 기념일

성인이나 순교자를 기념하는 축일과 전통은 유대교에서 지
켜지다가 기독교 순교자 전통으로 이어진다. 유대교 순교자 축
일은 공식적으로 기념되지 않고 민간의 전통으로 대부분 랍비
들에 의해 유지된다. 이 축일 중에 라그 베오메르는 현대의 달
력에서도 지켜지고 있다.

축일	순교자	지역
아달 12	10명의 순교자	리다(카이사라?)
아달 14	에스더, 모르드개	하마단(페르시아)
이알 14	메일, 바알 하네스	티베리아스
이알 18	시므온 바르 요하이	메론
	(라그 베오메르 Lag be'omer)	
엘룰 1	예레미야 예언자	카이로 근처 포스타트
이알 28	사무엘 예언자	예루살렘 근교 라마
시반 7	의인 시몬	예루살렘 근교
헤쉬반 25	라헬	베들레헴 근처 부락
디셈버 26	다윗과 야고보	헤브론
	(예수의 형제)	

이 날들은 많은 사람들의 망각 속에 잊혀져 가고 있다.

그렇지만 10명의 순교자 축일과 라그 베오메르 기념일은 계속 이어진다. 소위 마카비 시대 순교자들을 기념하는 축제가 앞의 축일들에 추가되었을 것이다. 그리고 유대교에서 하누카의 마카비 축제, 즉 빛의 축제동안 순교자들을 기념하게 된다.[441] 이러한 맥락에서 대학살의 날(홀로코스트)도 기념하고 있다. 이스라엘 국회에서 욤 하쇼아(Yom hashoah)를 제정하여 그 날에 600만 명의 살해당한 사람들을 기억하고 기념하고 있다.[442] 이스라엘 사람들은 하나님 백성이라는 의식이 있고 강한 종교적인 의미를 가지고 산다. 그래서 순교의 역사를 기억하고 역사의식을 가지고 살아간다.

3) 축제 생활

라인스는 유대인의 전통적 인간관계에서 이스라엘 사람들의 축제 생활에 대하여 시대별로 간단하게 언급하고 있다.[443] 고대 이스라엘의 성전 제의 축제는 백성들이 제의적 식사와 포도주를 즐기며 열정적으로 보냈던 절기였다.

---

441) E. Werner, *Traces of Jewish Hagiolatry*, Hebrew Union College: New York, p. 51.

442) J. B. Wolowelsky, "Is Yom HaShoah an Iyyar Event?," *Judaism* 41(1992): 31~36. 이 책에서 시민 종교 축일 3개의 기념일(독립일―이알/5, 이스라엘 기념일―이알/4, 예루살렘 해방일~이알/28)이 유대력 Iyyar달(5월―2003년)에 있어서 대학살의 날이 일주일 전에 지켜짐으로 Iyyar달에 지키는 이스라엘 국가 건설의 축제, 이알절 사건들에 가리어진다고 주장한다. 대학살의 날은 희생의 날이 아니라 영웅의 날이라는 의미를 고취하고 있다.

443) C. W. Reines, "Human Relationships in the Jewish Tradition," *Judaism 26*, pp. 362~364.

예언자들은 백성들이 종교적 헌신보다 감정적인 즐거움을 가지고 잔치를 벌이는 것을 맹렬히 비난하였다(호 4:11). 개인들은 자신들의 삶 속에 여러 가지 기쁨을 위하여 축제에 참여했다. 어린이 탄생이나 할례의식 같은 경우나 양을 잡는 경우(삼하 12:23) 등이다. 부자들에게 매우 비싸고 사치스런 음식과 와인, 노래와 음악이 있었다. 그래서 호세아나 이사야 같은 선지자들은 그것을 비난한다(호 7:5; 사 5:12). 전도서 기자는 잔칫집(축제)에 가는 것 보다 초상집에 가는 것이 더 지혜롭다고 말하고 있다(전 7:4).

제2성전 시대의 축제는 훨씬 모호하고 엄격한 에티켓이 요구되었다. 축제 의식의 주인이 선택되었고 화자는 지혜의 말을 했다. 전도자와 대조적으로 벤시라는 축제를 찬성한다. 노래를 방해하지 않기 위해 많은 시간을 갖지 말라고 촉구하고 있다.

성전 파괴 후 랍비는 애도의 표시로서 축제 때 노래하는 것을 금했다. 그러나 대중들의 축제를 강제로 금지할 수는 없었다. 랍비들은 즐기기 위해 당시 열렸던 수많은 향연들을 마땅치 않게 여겼다. 랍비들은 미즈바(결혼과 할례)의 향연만 참석하였다.

4) 축제 식사

미즈바 식사(seudat mizvah)는 휴일이나 안식일마다 먹는다. 부림절 때 친구의 우정을 위하여 음식을 보내는데 미쉬로아 마노트(mishloah manot)라고 한다. 친구에게 선물로 선물로 보내는 것이다. 가난한 이웃에게 자연스럽게 음식을 보낼 수 있다.

Shulhan Arukh은 분리된 미즈바 식사나 가난한 자에게 베풀어야만 하는 식사로 미쉬로아 마노트로 규정되지 않고 부림 식사(seudah), 공동 식사의 분위기를 표현하는 선물로서 볼 수 있다.[444]

할라카(halakhic)적인 전통에서 특별한 식사는 유월절 세달(Seder)이다. 시둘(Siddur)의식이 어떻게 기도하며 무엇을 위하여 기도해야 할지 사람에게 가르치도록 되어 있는 것처럼 세델(Seder)의 의식은, 미즈바 식사(seudat mizvah)가 어떻게 실행되는지 깊은 통찰력을 제공하도록 구성되었다.

식사의 근본 원칙을 선포하는 기도를 한다.

그 기도문(seudat yom-tov)은 다음과 같다.

> "우리가 먹고 마실 때마다 나그네와 고아, 과부와 다른 가난한 사람들에게도 음식을 제공할 수 있게 해주세요. 만약에 그들의 집 문이 닫히고 홀로 식사를 하고 있다면, 그래서 어려운 불쌍한 영혼을 무시한다면 미즈바 식사의 행복(simhah)은 없고 위장의 행복만이 있을 것입니다."

이러한 기도는 유월절의 역사의식에서 온 것이다. 노예로 고통 받던 때의 괴로움을 식사 때에 기억한다. 그 식사의 빵을 향하여 'ha lahma anya' (이것은 괴로움의 빵이다)라고 선포하고 먹게 된다.

---

444) J. B. Wolowelsky, "The Human Meal," *Judaism 26*, pp. 92~94.

5. 구약 축제와 오늘의 의미

후기 이스라엘의 종교가 유대교가 되면서 거룩한 생활을 강조하게 된다. 클라우스너는 모든 유대인들의 생활과 행위는 하나님의 명백함과 숨겨진 의지가 있는 미즈보트(mizvot, maasiyot 종교적 제의)에 참여하는 거룩함으로 거룩하게 된다고 말한다.[445] 이스라엘의 축제 제의에는 거룩함과 신성의 신학이 내포되어 있다.

이스라엘의 축제는 안식일이 기본이 된다. 그래서 안식일의 거룩함과 복된 날(Yom tov)의 거룩함이 축제의 기쁨이 된다. 안식일과 더불어 축제는 '두려움의 날', '휴일'로서 Rosh Hashanah, Yom Kippur, 세 개의 순례 축제(Pesah, Shavout, Sukkot) 등이 있다. 하지만 거룩한 안식일과 축제는 구별된다. 이 안식일의 거룩함과 축제의 거룩함에는 차이가 있다. 하나님께서는 거룩함과 거룩함을 구별하는 분이시다. Yom tov(복된 날: 안식일과 모든 축제일)의 거룩함의 일부에는 축제의 기쁨이 있다. 이러한 축제의 거룩함과 기쁨이 구약의 축제와 오늘날의 세속 종교, 시민 축제들 속에 담겨 있다.

이스라엘의 축제는 기쁨과 슬픔이 혼합되어 있다. Rosh Hashana(2003년 9월 26~28일, 신년 축제, 27일 축복하는 날), Shabbat Shuvah, Yom Kippur(10월 6일, 속죄의 날), Sukkot(10월 11일, 초막절). Sh'mini Azeret, Simchat Tora(10

---

445) J. Klausner, "The sanctity of Yom tov and the joy of the festival", *Judaism* 38(1989): p. 94.

월 18일, 심핫(해피) 토라). 슬픔과 기쁨이 이 축일들 속에 혼합되어 있고, 기쁨과 어두움이 결합되었다는 것은 모순되어 보인다.[446] 이스라엘 축제에는 고통과 슬픔이 내포되어 있지만 그 날을 기념하고 즐기면서 역사의 교훈을 되새긴다. 이스라엘 사람들은 축제의 기쁨을 즐기지만 동시에 금식을 하면서 회개와 경건의 시간을 갖기도 한다.[447] 즐거움과 고통, 기쁨과 슬픔, 축제와 탄식, 춤과 금식이라는 인생의 상반된 모습을 축제의 시간에 함께 누리면서 기쁨을 극대화하는 이스라엘의 지혜를 엿볼 수 있게 한다.

구약의 축제와 현대 이스라엘의 축제를 살펴보면서 구원의 사건이었던 출애굽 사건이 축제의 중심이 된 것을 알게 되었다. 이 구원의 사건은 모든 축제의 정신으로 이어져 역사적 사건 속에 새롭게 생성된 축제들의 골격이 되었다. 역사적 사건과 문화의 융합, 다시 말해 이스라엘 백성들은 역사의 흐름 속에도 야웨 하나님의 역사하심을 잊지 않고 그 때마다 구원의 사건을 기억하고 축제화 시켰다는 것이다. 나라가 있는 상황이든 없는 상황이든 민족이 흩어진 상황이든 그들은 역사의식을 가지고 있었고 축제를 지킴으로서 이스라엘이라는 정체성을 잊지 않고 구약 백성에서 이스라엘 백성으로 남아 있게 되었다. 세계 문화 속에 동화되면서도 야웨의 역사하심의 사건을 재현하여 문화

---

446) M. C. Weiler, "I Believe," *Judaism 27*, p. 391.

447) S. Z. Leiman, "The Scroll of Fasts: the ninth of Tebeth," *JQR* 74(1983): pp. 174~195. 금식 두루마리(מגילה תענית), 티벧월 9일 금식일을 기념하는 책이다. 이 날에는 이사야와 예레미야, 에스겔의 죽음의 날을 기념하는 것이 아니라 나답과 아비후의 죽음의 날을 기념한다. 토라에는 성서적 영웅에 대하여 기념하기 위하여 금식하라는 말이 없는데 이곳에서는 있다.

와 역사가 융합된 독특한 축제로 승화시켰다. 오늘 현대 이스라엘 사람들이 지키는 축제는 그러한 축제 문화의 산물이다. 구약의 축제는 구약의 이스라엘 사람들이 자신들의 삶의 자리에서 역사적 사건을 잊지 않고 지킨 축제들이었다. 전통과 역사, 문화를 간직하려는 이스라엘 사람들의 면모를 살필 수 있다.

그러면 우리의 축제는 어떠한가? 우리는 전통적으로 설날과 추석을 명절로 보내고 있다. 가족 축제로서 민족적인 농경문화의 축제이다. 이 날을 통하여 가족들의 우애와 사랑, 전통과 문화를 만끽하고 있다. 그런가하면 역사적 사건을 기억하는 3·1절과 8·15 광복절이 있다. 치욕적인 일본의 식민 통치에서부터 벗어난 근래의 사건을 기억하는 기념일이다. 그 밖의 휴일들은 4월 5일 식목일, 5월 5일 어린이날, 5월 8일 석가탄신일, 6월 6일 현충일, 7월 17일 제헌절, 10월 3일 개천절, 12월 25일 성탄절 등이다. 우리의 축제일을 보면서 이스라엘 축제와 견줄 수 있는 무엇인가가 결핍된 것을 본다. 축제의 중심 정신(출애굽 정신)과 민족의 한을 신명나게 풀 수 있는 축제일들을 만들 수 있을까? 요즈음 월드컵 축제나 촛불 시위 축제들을 참석할 때면 어떤 가능성을 찾으려는 국민들의 정서를 느끼게 된다. 역사와 전통, 한민족 문화의 재발견의 작업은 아직도 우리에게 열려 있다는 사실을 환기하며 남은 과제로 삼고자 한다.

참고문헌

박신배, 「신명기 역사에 나타난 히스기야 개혁 전승사 연구」, 연세대 대학원 박사 학위 논문, 2001년, p. 67.

한규언, 「유월절에 관한 연구」, 연세대학교 대학원 석사학위 책, 1996년, p. 23.

Baumgarten, J. M. "4Q Halakah~a 5, the law of Hadash, and the Pentecontal calendar", JJS 27, pp. 36~46.

Bokser, B. M. "Unleavened Bread and Passover, Feasts of" ABD,(New York: Doubleday, 1992), pp. 755~765.

Cook, M. J. "Christian Appropriation of Passover: Jewish Responses Then and Now," LTQ 34(1999): pp. 13~39.

Eakin, F. E. The Religion and Culture of Israel: An Introduction to Old Testament Thought(Boston: Allyn & Bacon, 1971), pp. 145~146

Freehof, S. B. "Sound The Shofar-" BA-KESSE, "Ps 81.4," JQR 64(1974): pp. 225~228.

Fuchs, D. Israel's Holy Days, 「성경의 절기와 성일들」, 서울: 보이스사, 1985.

Gruber, M. I. "Ten dance-derived expressions in the Hebrew Bible," Biblica 62(1981): pp. 328~346.

Gordis, R. "An unrecognized biblical use of ereb," JBL 102 (1983): pp. 107~108.

Klausner, J. The sanctity of Yom tov and the joy of the festival, Judaism 38(1989): 94.

Kutch, E. "Passover" Encyclopaedia Judaica 13, pp. 163~172.

Kraus, H. J. Worship in Israel: A Cultic History of the Old Testament(Oxford: Basil Blackwell, 1966), p. 26.

Laskin, M. "Secular Holidays in Modern Israel: The Toward Traditional Beliefs, Symbols and Rituals," Conservative Judaism 46(1993): pp. 44~59.

Leiman, S. Z. "The Scroll of Fasts: the ninth of Tebeth," JQR 74(1983): pp. 174~195.

May, H. G. "The Relation of the Passover to the Festival of Unleavend Cakes," JBL 55, pp. 65~82.

MacRae, G. W. S. J. "Meaning and evolution of the feast of tabernacles," CBQ 22(1960): pp. 251~276.

Murray, D. G. "Jesus and Feasts of The Jews," DR 109(1991): pp. 217~225.

Morgenstern, J. "The Festival of Jerobeam 1," JBL 83(1964): pp. 109~118.

Rabbi Samuel Raphael, Hirsch, Judaism Eternal, vol. 1, p. 3.

Reines, C. W. "Human Relationships in the Jewish Tradition," Judaism 26, pp. 362~364.

Ringgren, H. Israelite Religion(Philadelphia: Fortress, 1980), p. 185.

Robinson, H. W. "The Religion of Israel," in A Companion to
the Bible, ed. by T. W. Manson(T. & T. Ckark, 1939), p.
302.

Sokoloff & J. Yahalom, M. "Aramaic piyyutim from the Byzantine period," JQR 75(1985): 312~314.

Talmon, S. King, Cult and Calendar in Ancient Israel
(Jerusalem: The Magnes Press, 1986)

Thornton, T. C. G. "The Samaritan calendar: a source of friction in New Testament times," JTS 42(1991): pp.
577~580.

Werner, E. Traces of Jewish Hagiolatry, Hebrew Union College: New York, p. 51.

Wolowelsky, J. B. "The Human Meal," Judaism 26, pp. 92~94.

Weiler, M. C. "I Believe," Judaism 27, p. 391.

Wineman, A. "Mircea Eliade and the Jewish Holy Day,"
Judaism 33(1984): p. 485.

II. 구약의 죽음과 문화

1. 들어가는 말

인간은 숨을 쉬는 유한한 존재이다. 숨이 멈추는 날, 생물학적 생명은 끝이 난다. 태워 나서 숨을 멈추는 시간까지를 인간의 일생이라고 말한다(시 39:5, 11; 49:12, 20; 82:7; 89:47f). 일생이 끝나는 시점과 생을 마감하는 것에 대하여 구약은 무엇을 말하는가. 구약성서는 죽음에 대하여 어떻게 보고 있는지 살피고자 한다. 특히 구약의 죽음에 대한 의미와 연구가 한국인의 죽음과 장례 문화 속에 어떻게 반영될 수 있는지도 살펴보고자 한다. 지금까지 구약의 죽음에 대한 연구들이 어떻게 진행되어 왔는지, 구약의 죽음에 대한 독특한 표현들은 무엇인지, 주검의 장소인 무덤에 대한 생각들은 어떠한지, 죽음의 신학에 대하여 전반적으로 살펴보고자 한다.

2. 구약성서에 나타난 죽음

구약의 죽음에 대한 주제는 생명에 대한 주제보다 더 많은 연구가 있어 왔다. 그 이유는 죽음에 대한 관심이 생명보다 더 강렬하게 때문일 것이다. 또한 구약 시대의 고대 근동 국가의 문명은 죽음의 문화를 중심으로 한 것들이었다. 이집트의 피라미드와 앗시리아 · 바빌론 문명의 홍수 설화가 바로 그것이다.

이 죽음에 대한 다음과 같은 연구들이 있다. 링그렌(1963), 일만, 파브리(1984)와 마르땡-아살(1960), 카이저(1977), 마아크(1964), 포러(1968), 볼프(1973), 플뢰거(1978) 등이 연구들이 있다. 구약성서에 나타난 죽음의 신학적 이해에 관심을 둔 연구로는 폰라트, 침멀리(1971), 브르그만(1976), 베일리(1979) 등이 있다. 장례 의식에 대해서는 드보(1958)가 연구했다.[448]

구약에서는 인간은 불멸의 존재가 아니라 죽음이 모든 인간의 피할 수 없는 운명이라고 본다. 창세기 2장 17절에서 죽음은 분명히 선악을 알게 하는 나무를 따먹은 데 대한 형벌로 규정된다. 그러나 창세기 3:19에서 죽음은 인간이 땅 위에서 수고하는 일의 종료를 나타내는 것으로 언급할 뿐, 형벌로 언급되지 않는다.

인간에게 불멸성을 줄 수 있다는 생명나무를 언급하는 3장 22, 24절에 함축된 의미는 사람이 그 때 불멸성을 소유하지 않았다는 것이다. 따라서 창조와 타락 설화에는 인간이 한 때 불멸성을 소유했다는 사상이 없다. 이처럼 인간은 불멸의 존재가 아니라 죽을 수밖에 없는 한시적 존재이다. 구약은 선악과 생명나무를 통하여 인간의 영원성에 대한 시원(始原)을 보여 주고 있지만 결국 유한한 존재임을 말해준다. 이것은 죽음 이후의 삶

---

448) R. E. 클레멘츠 편저, 황승일 번역, 「고대 이스라엘의 세계」(서울: 은성, 1996), p. 544.

과 영원한 영혼에 대한 인간의 영원성을 시사하고 있다.

클레멘츠는 구약성서에 나타난 죽음에 대한 태도들은 죽음을 단순히 모든 인류의 공통된 운명으로 인정하는 것보다 더 다양하다고 본다.[449] 뵈흐터는 죽음에 대한 본능적인 태도와 구약성서의 신학적 평가를 구분한다.[450] 전자로서 뵈흐터는 죽음을 피하려 하거나 두려워하는 것을 인간의 가장 보편적인 반응으로 간주한다. 이것은 죽음의 위협에 직면한 사람이 도망치는 것에서(삼상 19:11~12), 혹은 좀 더 깊은 차원에서는 하나님을 대면하리라는 생각에 두려워하는 일(민 16:34; 삿 13:22)에서 가장 뚜렷하게 표현되었다. 그러나 뵈흐터는 또 죽음을 수용하거나(욥 5:26; 삼하 19:34~37), 만년에 닥치는 죽음(창 25:8), 때로는 사람이 죽음을 갈망하는(출 14:11~12; 왕상 19:4), 전도서에서 삶에 지쳐 있는(2:15~18; 6:2~6) 일을 포함하여 여러 가지 서로 다른 태도들에도 주목했다.

죽음에 대한 태도는 사람의 정황에 따라 다르게 나타난다.

대체적으로 시편의 탄원 시에서 볼 수 있듯이 고통과 환란 중에 죽음의 상태에 놓인 경우에 처절하게 여호와를 갈망하는 기도로 이어지고 있다(시 18, 시 118).

"찬송 받으실 여호와께 아뢰리니 내 원수들에게서 구원을 얻으리로다. 사망의 줄이 나를 얽고 불의의 창수가 나를 두렵게 하였으며 음부의 줄이 나를 두르고 사망의 올무가 내게 이르렀

---

449) 클레멘츠, 위의 책, 545쪽.
450) L. R. Bailey, *Biblical Perspectives on Death, Overtures to Biblical Theology*(Philadelphia: Westminster, 1979), 47~61, 71~4. L. Wöchter, *Der Tod im Alten Testament, Arbeiten zur Theologie* II/8, Stuttgart, 1967.

도다. 내가 환난에서 여호와께 아뢰며 나의 하나님께 부르짖었더니 저가 그 전에서 내 소리를 들으심이여 그 앞에서 나의 부르짖음이 그 귀에 들렸도다"(시 18:3~6).

죽음에 대한 태도 연구는 죽어 가는 사람에 대한 구약의 표현과 연관된다. 볼프는 죽어 가는 사람에 대한 연구를 정리하고 있다.[451] 구약 성경은 죽음이란 이상한 현상으로 보지 않는다. 다윗이 임종 전에 한 말에 보면 잘 나타난다. "내가 이제 세상 모든 사람의 가는 길로 가게 되었다"(왕상 2:2절). 또한 유언이 죽어 가는 모습보다 더 중요하게 다룬다. 구약의 축복 유언은 미래를 결정한다. 야곱, 요셉 아들들에 대한 유언(창 48:1~21)과 모세의 축복 유언(신 33장)의 경우가 미래를 예언하고 있다. 죽음과 죽어 가는 사람과의 관계를 통하여 구약은 축복과 죽음의 준비에 대하여 예시해주고 있다. 모든 사람이 가는 길에서 신앙의 조상이 유언으로 남긴 말들이 후손들에게 그대로 성취되고 있는 것으로 보여준다. 죽어 가는 사람의 유언에서 죽음에 대한 준비에 대한 하나의 교훈을 얻을 수 있고, 또 오늘날 장례식에서 임종 예배 때에 고인(故人)의 유언과 교훈에 대한 메시지로

---

451) H. W. Wolfff, *Anthropology of the Old Testament*(Philadelphia: Fortress Press, 1974), p. 99. "죽어간다는 말은 처음으로 구약 성서의 사람들 의식 속에 나타난다. 죽음의 상태에서 사람에게서 발생하는 무엇인가는 특별한 어떤 상태가 아니다. '내가 온 세상이 가는 길로 가려고 한다.'—이 말은 여호수아(수 23:14)와 다윗(왕상 2:2)이 신명기 역사에서 자신들의 최후의 말을 시작할 수 있던 표현이다. 죽음이란 이스라엘에서 가장 위대한 사람에게조차 하나의 공유된 보편적 운명으로 이끈다. 그러나 죽음 이전에 죽어 가는 사람의 목소리는 살아있는 사람을 위해서 중요하다. 전체적으로 성서기자는 인간의 이별 언어가 죽어 가는 행동보다 훨씬 중요한 관심을 가지고 있다고 언급한다."

이용할 수 있다.

뵈흐터는 죽음에 대한 신학적 평가를 한다. 죽음이 대부분, 집단적 죽음이든(신 28장; 레 26장) 개인적 죽음이든(암 7:9, 11) 하나님의 형벌로 간주되는 것에 주목한다. 그러나 갑작스런 죽음이나 일찍 죽는 일은 구약성서에서 분명히 하나님의 형벌로 간주되었지만, 죽는다는 것 자체는 형벌로 간주되지 않았다.

시편 90편은 예외이다.

"주께서 사람을 티끌로 돌아가게 하시고 말씀하시기를 너희 인생들은 돌아가라 하셨사오니 주의 목전에는 천년이 지나간 어제 같으며 밤의 한 경점 같을 뿐임이니이다"(시 90:3~4).

죽음을 여호와 하나님이 모든 인생들에게 명하신 끝으로 보고 있다.

"우리의 평생이 일식간에 다하였나이다. 우리의 년 수가 칠십이요 강건하면 팔십이라도 그 년 수의 자랑은 수고와 슬픔뿐이요 신속히 가니 우리가 날아가나이다"(시 90:10). 인생의 기한이 정해져있어서 누구나 죽음을 맞이해야 하며 다만 죽음을 미리 대비하고 준비하고 살아가는 사람은 지혜롭다고 말한다. "우리에게 우리 날 계수함을 가르치사 지혜의 마음을 얻게 하소서"(시 90:12) 죽음은 자연스런 인생의 한 부분임을 알 수 있다.

신명기 역사는 죽어 가는 사무엘(삼상 12장)과 다윗(왕상 2:1 이하)의 유언의 말씀을 통하여 이스라엘이 바빌론 포로와 같은 죽음의 순간에 미래의 상황을 보여 준다. 위대한 모세와 여호수아, 사무엘과 다윗의 유언은 이스라엘의 죽어 가는 시간에 빛으로 이해될 수 있다. 구약의 죽은 자의 목소리는 마가복음 15장

34절(시 22편)에서부터 요한복음 19장 30절에 있는 '다 이루었다'(tetelestai)는 복음서에 있는, 죽어 가는 예수의 중요한 말씀들의 서곡이 된다.

3. 죽음에 대한 독특한 표현

구약성서에서는 mût(죽다)라는 어근이 1000회 나온다.[452] 이 죽음에 사용된 언어에 관심을 둔 연구는 두 가지(일만과 슐츠)가 있다.[453] 일만(Illmann, 1979)은 죽음에 사용된 구약성서의 양식(formula)들을 점검했는데, 이 책에서 그의 접근 방법은 Theologisches Wörterbuch zum Alten Testament(링그렌, 일만, 페브리, 1984)에서 mût를 다룬 것에 근거를 두고 있다.[454] 죽음과 관련된 양식들을 다룬 것이 그 자체로 새로운 것은 아니다. 여기서 '열조들과 함께 자다', '백성들과 함께 장사되었다' 와 같은 표현에 대한 알프링크(Alfrink)의 연구를 언급할 수 있을 것이다(1943, 1948; Driver:1962, 137~43).[455] '열조들과 함께 자다' 는 표현은 열왕기의 왕들의 치세 공식과 더불어 나

---

452) G. Gerleman, 'mut sterben' 1971, *THAT* 1: 893~897.

453) 클레멘츠, 같은 책, pp. 555~557.

454) 위의 책, 560, 재인용, K. J. Illman, *Old Testament Formulas about Death*, Meddelanden fran Stiftelsens for Abo Akademi Forskningsinstitut 48, Abo. 일만의 연구에서 독특한 것은, 그가 특정 어근을 포괄적으로 다루었다는 것과 방법론에 대한 그의 관심이다.

455) 위의 책, 559쪽. 재인용, B. Alfrink, 'L' expression *sakab im abôtaw*' *OTS*(1943) 2: 106~18. 'L' expression ne sab bel— *'ammaw*' *OTS*(1948) 5: 118~31.

타난다.

이 표현은 죽음이 인간 모두에게 있는 보편적인 것이며 선조들과 연관성을 가지고 있음을 보여 준다.

한 세대가 자신의 세대에서 끝나지 않고 다음 세대와 연관성을 가지고 있음을 보여주는 죽음의 표현이다. 따라서 구약의 이 표현은 연속되는 세대성과 죽음이 그 자체로 끝나지 않고 영원의 세계가 있음을 보여주는 말로서, '죽는다' 는 동사를 사용하지 않고 '잔다' 고 표현하고 있다.

일만은 1979년의 연구에서 자신의 목적이 두 가지라고 밝힌다. '어근 mût의 지평에서 히브리 양식의 특징들을 묘사하고' 또 '이 어근을 양식에 사용하는 것이 그 의미를 해석하는 데 있어서 염두에 두어야 할 본질적인 요소인지 밝히려는 것이다' 그는 죽음 '양식' 을 '거듭 사용된 어휘 집단 혹은 거듭 사용된 어휘 조합' 으로, 또 '좀 더 넓은 맥락 안에서 독특한 기능' 을 갖고 있는 것으로 정의하고, 서론과 책 전체를 통하여 '양식' 을 '관용어' (idiom: 여기에는 기능의 기준이 결여되어 있으며 그 어휘 집단은 히브리어의 자연스러운 표현 방법이다), '조어(造語, coined phrase: 다른 저자가 차용한 어휘 집단)를 구분한다. 표현 양식은 '죽음을 인식하다', '죽음과 장사' 등등과 같은 표제 아래 분류했다. 그 연구는 거의 전적으로 어근 mût가 나타나는 것에 한정했다. 일만은 그가 일차적으로 구약성서가 죽음에 대해 이야기하는 표현 방식에 관심을 두고 있다고 지적한다. 접근 방법에 한계가 있으나 흔히 사용된 양식과 관련된 자료의 배열이나 논의는 특정 구절들을 해석하는 데 흥미로운 사실들을 밝혀 준다.

일만이 연구한 양식 중의 하나가 'môt yûmat'(그가 정녕 죽으리라)이다. 이 양식으로 끝나는 문장들은(예를 들면, 출 21:12, '사람을 쳐 죽게 한 자는 반드시 죽으리라') 슐츠(Schulz:1969)가 중요한 양식 비평 연구에서 조사했다(참조 바그너:1972, 16~31).[456] 첫 부분이 분사구문으로 이루어진 일련의 môt yûmat 문장들이 출애굽기 21장 12, 15~17절에, 그리고 분사가 관계절로 대치된 다른 문장들이 레위기 20장에 나온다.

슐츠는 알트가 주장하듯이, 출애굽기 21장 12절에 나타난 유형의 môt yûmat 문장들을 정언 명령적 율법(apodictic law) 양식으로 분류할 수 있는지, 혹은 결의론적 율법(casuistic law) 양식으로 분류할 수 있는지 불분명하다고 언급하면서 연구를 시작했다. 슐츠는 môt yûmat 문장이 씨족(clan)의 금령의 한 변형을 나타내며(예를 들면, 출 21:12은 출 20:13의 '살인하지 말라'라는 금령에 기초해 있다)독특한 법령 양식을 구성한다고 주장했다. 그는 땅을 점령할 때 이러한 변형이 일어났다고 하며, 창세기 26장 1절 이하의 연구에 근거하여 이 법령 양식의 삶의 자리가 지파 공동체에, 지파 지도자에 의한 율법 선포에 있다고 주장했다. 가나안에 정착한 후 사형 선고를 내리는 책임은 지역 공동체가 맡게 되었다. 지역 공동체는 이러한 목적을 위해, 공동체가 살인죄를 범하는 위협을 피하려고 제의 공동체로서 구

---

456) 같은 책, 562쪽, 재인용, V. Wagner, *Rechtssatze in gebundener Sprache und Rechtssatzreihen im israelitischen Recht: Ein Beitrage zur Gattungsforschung*, BZAW 127(Berlin: de Gruyter, 1972), H. Schulz, *Das Todesrecht im Alten Testament: Studien zur Rechtsform der Mot—Jumat—Sältze*, BZAW 114(Berlin, 1969).

성되었다(왕상 21장, 렘 26:7 이하; 렘 7장에 근거함). 레위기 20장의 môt yûmat 문장과 레위기 18장의 금령 사이에 밀접한 관계가 있는 레위기 18~20장을 분석해 보면, 법 절차 과정에 제의 제도가 포로 이후 시대에도 계속 영향을 미치고 있음을 알 수 있다. 레위기 18~20장 근저에는 제의 공동체가 사형을 선고하는 다양한 단계의 제의 절차를 찾아 볼 수 있다고 주장한다. 슐츠는 또 이러한 율법 전승의 영향을 에스겔의 자료에서도 찾아 볼 수 있다고 한다.

4. 무덤

사람은 죽으면 무덤에 묻힌다. 그러나 동시에 죽은 자들의 영역, 곧 구약성서에서 가장 흔히 언급되는 '스올'로 내려간다고 생각되었다. 마아크는 무덤과 스올을 확실히 구분한다. 그러나 이 두 개념이 에스겔 32장 17~32절에서 보듯이 흔히 중첩되는 것 같다. 이 구절과 관련된 페더젠의 지적은 여전히 적절하다. "스올은 모든 무덤이 빠져들어 가는 전체 영역이다……원 무덤을 스올이라고 부를 수 있다. 이것은 땅 밑 깊은 곳에 있다. 그러나 무덤 어느 곳에서나 드러난다…… 무덤이 있는 곳에 스올이 있다. 또 스올이 있는 곳에 무덤이 있다.

트롬프는 그의 책 첫 부분을 구약성서에 나타난 지하 세계에 대한 여러 이름과 수식 어구를 열거하고 논하는 데 할애했다.[457)

그는 편의상 이 이름들을 세 부류로 구분했다. 스올, 'eres'

(지하 세계, 출 15:12) 혹은 bor(구덩이, 사 38:18)와 같이 장소적 측면이 주된 공통 요소를 이루는 부류; 아밧돈(멸망의 자리, 욥 26:6) 혹은 apar(먼지, 욥 17:16)와 같이 죽은 자들의 영역이 갖고 있는 특징 가운데 어떤 것을 반영하는 부류; mot(죽음, 사 28:15) 혹은 melek ballahot(공포의 왕, 욥 18:14)처럼 죽음을 인격체로 언급하는 부류.

트롬프는 그의 연구 둘째 부분에서 자신이 제 1부에서 수집한 자료의 의미를 도출해 내려 한다. 여기서 그는 성읍, 감옥으로서의 지하 세계, 인격적 세력으로서의 죽음, 이와 관련된 악마들, 그리고 지하 세계의 거민들과 그 상황과 같은 주제들을 다룬다. 트롬프의 연구로 인해 구약성서에 죽음과 죽은 자들의 세계에 대한 관심이 얼마나 널리 퍼져 있는지 보여준 일이다.

그는 전통적으로 지하에 있다고 간주해 온 스올의 위치에 관한 바르트의 견해에 관심을 기울인다. 페더젠의 사상에 크게 영향을 받은 바르트는 스올의 다양한 위치와 이름들이 스올의 어떤 성격을 드러내는 것이며, 정확한 지리적 정보를 제공하는 것으로 이해해서는 안 된다고 주장한다.[458] 그래서 스올이 지하 깊은 곳에 있다는 사상은 스올이 생명이 있는 세상으로부터 멀리 떨어졌다는 것을 반영한다. 스올이 깊은 곳에 있다는 개념은 무덤에서 비롯된 것이며, 무덤 자체를 스올의 현시로 보아야 한

457) 클레멘츠, 위의 책, 546쪽, 재인용, N. J. Tromp, *Primitive Conceptions of Death and the Nether World in the Old Testament*, Biblica et Orientalia, 21(Rome: Biblical Institute, 1969).
458) 같은 책, 547. 재인용, C. Barth, *Die Errettung vom Tode in den individuellen Klage—und Dankliedern des Alten Testamentes*, Zollikon, 1947.

다. 그는 스올과 무덤은 동의어로 표현된 것으로 보고 있다. 그러나 스올은 또 다른 현상 속에서도 드러난다. 특히 죽음과 멸망의 구현으로 인식된 바다와 광야가 드러난다. 바르트는 '죽음의 영역은 죽음이 통치하는 곳이면 어디나 존재한다. 죽음의 영역을 지리적으로 위치시키는 것은 더 정확하게 혹은 더 포괄적으로 정의할 수 없다'고 결론짓는다.

바르트는 스올의 위치에 관하여 다음과 같이 말한다. "바다나 광야와 같은 지리적 실체와 감옥, 질병, 야수들과 같은 다른 실체들 모두로 구성되는 죽음의 영역과 지하 깊은 곳에 위치한 죽은 자들만의 거처를 반드시 구분해야 한다. 그러면 스올은 죽음의 완전한 통치이고, 아무도 되돌아 올 수 없는 죽은 자들의 거처이다. 이것이 일부 무덤이나 원초적 바다와 동일시되기도 한다."

죽은 자들의 영역을 흑암의 장소로 보는 구약성서의 개념에 따르면 죽은 자들은 사람들과 하나님으로부터 격리되어, 하나님을 찬양하지도 못하며, 아무 일도 못하는 어두운 생활을 한다. 구약성서는 이사야 14장 9~20절, 에스겔 32장 17~32절, 시편 88편, 욥기 3장 13~19절, 10장 21~2절, 14장 12절, 전도서 9장 5, 10절과 같은 구절에서 이 영역을 생생하게 묘사한다. 여기서는 이 영역의 성격을 논하려는 것이 아니라 단지 죽은 자들이 매우 미약하고 축소된 상태이기는 하지만, 계속 스올에서 존재하는 것으로 믿어졌다는 사실이다.

죽음은 삶과 관련하여 설명해야 한다. 그것은 약한 형태, 진실로 nepesh가 마지막으로 해체되는 것을 나타내는 한 가장 약한 형태의 삶이다. 죽은 자들이 축소된 형태로 살아 있다는 사상은 죽은 자들에게 음식물을 바치는 관습에서도 전제되어 있다. 이러한 것들은 아마 죽은 자들이 명을 유지하기 위함이었을 것이다. 이 사상은 엔돌의 한 여인이 사무엘의 영을 불러내는 이야기인 사무엘 상 28장에도 반영되어 있다(13절의 "내가 신이 땅에서 올라오는 것을 보았나이다"). 여기서 사무엘은 귀찮게 구는 것에 대해 불평한다(15절). 그리고 이 사상은 무엇보다도 바빌로니아 왕에 대한 조롱시(사 14:3~23)에 잘 반영되어 있다. 여기서 '영웅들'(repaim, 이 구절에서는 이전의 통치자들을 언급하는 용어)이 일어나 스올의 죽은 폭군의 도착을 기린다.

> 아래의 음부가
> 너를 인하여 소동하여 너의 옴을 영접하되
> 그것이 세상에서의 모든 영웅을
> 너를 인하여 동하게 하며
> 열방의 모든 왕으로
> 그 보좌에서 일어서게 하므로
> 그들은 다 네게 말하여 이르기를
> 너도 우리같이 연약하게 되었느냐
> 너도 우리같이 되었느냐 하리로다.

(9~10절, 참조 16~17절)

볼프는 구약에 나타난 무덤에 대한 신학적 이해를 다음과 같이 설명한다.[459] 죽어 가는 사람이 말하는 것이 무덤의 언급보

---

459) Wolff, 위의 책, 100쪽.

다 훨씬 중요하다. 그 무덤은 중요하지 않다. 확실히 매장지와 망자를 위한 애도의식은 경우에 따라 자세히 묘사될 수 있다. 창세기 50장에서 야곱의 사망 같은 경우는 장황하게 자세히 다룬다. 그러나 왜 그렇게 기술하는가? 모든 야곱의 아들들과 방대한 수행 행렬들이 함께(7~9절) 이스라엘 백성들이 땅을 유업으로 받아야 하는 맹세의 확인에 속하는 약속의 서곡은 아닌 야곱이 자신의 힘으로 가나안에서 만들었던 무덤으로(5절) 가는 긴 길이 있는가?

매장지 장소의 지시는 다양한 이야기 층이 있다. 요단 동편 타작마당(10절 이하) 옆에, 그곳은 오랜 된 P문서(13절) 기사 중에 하나에 속한다. 그곳은 마므레 동쪽 막벨라 밭 굴이라고 불린 곳으로 아브라함이 아내 사라를 위하여 매장지로 산 곳이다. 이것은 창세기 23장으로 거슬러 올라가 간접적인 예언적 측면으로 또한 오해받기 쉽지 않다. 그래서 다양한 무덤의 장소에 대한 정보는 약속의 연속성을 강조한다. 무덤 그 자체는 단지 종속적인 중요성을 가진다.

확실히 주목받는 무덤기사가 있다. 리브가의 유모 드보라를 벧엘 근처에 있는 상수리나무 밑에 장사하는 전승이 있다(창 35:8). 사무엘상 25장 1절에 따르면 사무엘은 자기 집 라마에서 묻혀서 장사한다. 다른 곳에서는 위대한 모세가 모압 땅에서 묻힌다고 명백히 묘사되는데 아무도 그의 무덤이 어디 있는지 알지 못한다(신 34:6). 불평한 백성들의 죄의 결과로서(신 1:37; 4:1) 약속의 땅에 들어가지 못할 운명이 되었다(신 3:23~29). 모세의 무덤은 숭배 받지 못했지만, 숭배 받은 것은 그를 통해 선포된 야웨의 말씀이었다. 다만 이 여호와의 말씀을 순종하고 지키도록 한 것이다. 모세의 죽음 기사 직후에 기술된 것은 다음과 같다(신 34:9).

"눈의 아들 여호수아가 지혜의 신이 충만하였다. 모세가 여호수아에게 안수하였기 때문이다. 그래서 이스라엘 백성들이 여호수아에게 순종했다. 여호와가 모세에게 명령했던 대로 행했다."

다윗의 무덤은 짤막하고 비교적 모호하게 다윗 유언의 광범위한 기사 다음(왕상 2:1~9)에 곧 바로 언급된다. 주목할 장례 기사가 나온다(10절). "다윗이 그의 열조와 함께 누워 자서 다윗 성에 장사되니" 르호보암의 장례 기사(왕상 14:31)와 아사(왕상 15:24)의 장례기사와 그 밖의 기사와 일치한다. 사마리아 아합 장례 기사(왕상 22:40)와 그 밖의 기사와도 일치한다. 사울의 죽음이 보여주는바(삼상 31:10~13; 삼하 21:1~14)대로 특정한 매장지가 발견되지 않는 사람들은 호된 평가를 받은 사람이다.

하지만 망자의 장소는 결코 거룩하지 못하다. 신명기 26장 14절의 십일조 규정은 중요하다. 이 경우에 이스라엘 사람들은 야웨께 자신의 십일조를 바칠 때 다음과 같이 고백한다.

"내가 애곡하는 때에 이 성물(십일조)을 먹지 아니하였고……죽은 자를 위하여 이(십일조)를 쓰지 아니하였고."

이 개념은 십일조의 일부가 죽은 자를 위한 음식으로서 무덤 안에 들어갈지도 모른다는 것이다. 다시 말해 이것은 여호와의 눈에 신성모독이 된다. 그것은 마치 애곡 하는 기간에 일부 먹는 음식은 신성하지 못한 것과 같다. 죽음의 영역과 접촉할 만한 것은, 심지어 멀리 떨어졌다고 하여도 아무 것도 없다. 죽음의 환경은 거룩하지 못하다. 즉 위험할 정도로 불결한 것이다.

이사야 65장 4절에 따르면 여호와에게 반역한 사람들(2절)의 특징 중에 하나는 '무덤에 앉는 것'이다. 그것은 죽은 자를 애곡하기 위해서 앉든 그들을 기리기 위해서든, 물으려고 앉든 말이다. 죽음의 영역으로서 무덤은 기릴만하지 못하다.

예수는 위선자들을 저주하며 외칠 때 예언자들을 살해한 사람들의 후손들이라고 했고 예언자들의 무덤(그들의 매장지 채플)을 짓고 의로운 사람들의 기념비(마 23:29)를 장식하는 사람들이라고 말하였다. 누가복음 24장 5절 이하에서 천사의 말을 통하여 예수의 무덤이 순례의 장소가 될 가능성이 생기는 것을 시초부터 제거한다.

"왜 산 자를 죽은 자 가운데서 찾느냐? 그는 여기 계시지 않고 살아나셨느니라."

이상의 구약의 무덤에 대한 연구를 통하여 볼 때 죽은 자의 매장지 그 자체가 그렇게 의미가 크지 않은 것을 볼 수 있다. 물론 땅의 신학에 의해 야곱이 애굽의 땅이 아닌 가나안 땅에서 묻혀야 하는 것과 아브라함이 헤브론의 막벨라 동굴을 사서 아내를 매장하는 것을 통해 무덤의 중요성이 부각되고 있다. 젖과 꿀이 흐르는 땅, 열조에게 약속한 땅에 대한 신학적 의미 때문에 매장지가 강조되고 있다. 하지만 구약에서는 매장지 그 자체가 구원의 산물이라든가, 무덤이 신성한 곳이라는 사상은 없다. 이러한 무덤 문화는 애굽의 피라미드 문화와 비교할 때 대조적이다. 피라미드는 애굽 왕이 가야 할 사후 세계를 위한 것으로 웅장하게 지었다. 애굽은 사후 세계를 강조하고 무덤을 신성시하고 있다. 구약의 무덤 신학은 오늘 우리에게도 시사 하는바가 크다. 한국인들의 산소 봉분 문화로 인한 매장지 증가로 산 자의 영토가 점점 소실되는 시대를 사는 우리에게 화장 문화와 납골당 공동묘지가 절실히 요구되고 있다.

5. 죽음의 신학

죽음에 대한 정의에 대하여 시편 88편에 잘 묘사하고 있다. "나의 영혼에 곤란이 가득하며 나의 생명은 음부에 가까웠사오니"(시 88:3) 영혼이 곤란에 빠질 때부터 죽음이라고 보고 있다. "사망자 중에 던 지운바 되었으며 살육을 당하여 무덤에 누운 자 같으니 이다. 주께서 저희를 다시 기억 지 아니하시니 저희는 주의 손에서 끊어진 자니이다"(시 88:5). 여호와 하나님으로 기억 지 아니하고 끊어진 상태가 바로 죽음이라고 말한다. 죽은 자는 하나님을 찬양할 수 없음을 말한다. 산 자 만이 여호와를 찬양함을 말한다(사 38:18~19).

죽음의 상태에 빠졌을 때 유일한 구원의 가능성은 야웨께 돌아서서 기도하는 것이다. "여호와여 오직 주께 내가 부르짖었사오니 아침에 나의 기도가 주의 앞에 달하리이다"(시 88:13). 야웨의 손은 죽은 자의 세계(음부)에 까지 미치고 있음을 보여준다(시 139:8). "여호와는 죽이기도 하시고 살리기도 하시며 음부에 내리게도 하시고 올리기도 하시는 도다"(삼상 2:6). 여호와의 주권을 강조하며 죽음조차도 다스리고 계심을 보여준다. 신명기 32장 39절은 여호와의 신적인 주권의 독특성을 나타낸다. 욥기 14장 13~17에 의하면 죽음이 거하는 장소인 음부에 숨겨서 구원을 베푸는 이야기가 나온다. "주는 나를 음부에 감추시며 주의 진노가 쉴 때까지 나를 숨기시고 나를 위하여 기한을 정하시고 나를 기억하옵소서"(욥 14:13). 여호와의 구원의 손길이 죽음이 있는 음부를 활용하여서 미치게 함을 알 수 있다. 고난과 고통, 환란과 위기에 상황에서 죽음의 상태가 지속된다해도 여호와의 구원은 음부에까지 내려가고 음부에 숨기시는 주권에 달려 있음을 보여 준다.

"하나님은 나를 영접하시리니 이러므로 내 영혼을 음부의 권세에서 구속하시리로다(lqḥ)"(시 49:15) 육체의 죽음조차도 여호와의 구속하심을 방해할 수 없다. 그의 구속하심은 육체의 죽음을 넘어선다. "내 육체와 마음은 쇠잔하나 하나님은 내 마음의 반석이시오 영원한 분깃이시라 대저 주를 멀리하는 자는 망하리니 음녀 같이 주를 떠난 자를 주께서 다 멸하셨나이다"(시 73:26~27). 인생은 하나님 자신이 생명의 본질이 되시기 때문에 인간이 죽음으로 끝나지 않는다. 하나님을 가까이 하는 사람과 그와 함께 하는 사람은 영원한 생명의 근원이 된다. 묵시문학적 사고를 반영하는 이사야 25장 8절은 하나님이 계시면 사망이 더 이상 존재하지 않음을 보여 준다. "사망을 영원히 멸하실 것이라 주 여호와께서 모든 얼굴에서 눈물을 씻기시며 그 백성의 수치를 온 천하에서 제하시리라 여호와께서 이같이 말씀하셨느니라"(사 25:8).

부활의 첫 번째 약속이 이사야 26장 19절에 있는데 이 우주적 비전은 주로 이스라엘의 희망으로 천명된다. "주의 죽은 자들은 살아나고 우리의 시체들은 일어나리이다 티끌에 거하는 자들아 너희는 깨어 노래하라 주의 이슬은 빛난 이슬이니 땅이 죽은 자를 내어놓으리로다"(사 26:19). 다니엘 12장 2절은 부활의 마지막 단계에서 심판을 받게 된다는 것을 시사한다. "땅의 티끌 가운데서 자는 자중에 많이 깨어 영생을 얻는 자도 있겠고 수욕을 받아서 무궁히 부끄러움을 입을 자도 있을 것이며 지혜 있는 자는 궁창의 빛과 같이 빛날 것이요 많은 사람을 옳은 데로 돌아오게 한 자는 별과 같이 영원토록 비취리라"(단 12:2~3). 죽음 이후 세계와 현 세상의 삶의 과정의 중요성을 보여 주고 있다. 볼프는 여호와의 지식이 인생의 파도를 넘어서게 하고 죽음의 신학적 공허를 극복하게 한다고 말한다.[460] 비록 죽음의 공허를 일으키는 두 가지 원리들이 포기하지 않는다고 하여도 그 지식은 그 공허를 극복한다. 하나님으로부터 멀리 떨어진다는 것은 죽음이요, 홀로 저항 세력으로 남아 있다는 것도 죽음을 의미한다. 이 두 가지는 죽음의 공허를 가져온다. 여호와를 아는 지식이 죽음을 극복하게 한다.

이스라엘은 그 자체로 죽음의 비신화화와 관련되었음을 보여주었다(이웃 나라의 관점에서). 그 비신화화 시킨 죽음은 여호와를 믿는 자 들에게는 어렵고도 필수적인 것으로 보였다. 일반적으로 구약 성경은 매우 가증한 것으로 죽음을 본다. 전혀 어떤 달무리(halo)가 없는 것으로 둘러 쌓여있다. 무덤 밖에는 신성한 것과는 상관없이 어떤 다른 죽음을 신성시하는 거룩함은 없다. 죽음이 시적으로 어떤 명예로운 칭호로 주어진다면 '무서움의 왕들' 중의 하나로 냉소적으로 나타난다(욥 18:14). 신화적 개념이 죽음의 세계에 대한 구약의 그림 속에 비교적 두드러지게 나타난다. 마치 이사야 14장 4절 이하에 나타나듯이

---

460) Wolff, 위의 책, 110쪽.

바빌론 왕을 향하여 애곡하는 노래로부터 알 수 있다.

"학대하던 자가 어찌 그쳤으며 강포한 성이 어찌 그리 폐하였
는고.
5 여호와께서 악인의 몽둥이와 패권자의 홀을 꺾으셨도
다……
9 아래의 음부가 너로 인하여 소동하여 너의 옴을 영접하되
그것이 세상에서의 모든 영웅을 너로 인하여 동하게 하며
열방의 모든 왕으로 그 보좌에서 일어서게 하므로
10 그들은 다 네게 말하여 이르기를 너도 우리 같이 연약하게
되었느냐 너도 우리 같이 되었느냐 하리로다.
11…… 구더기가 네 아래 깔림이여 지렁이가 너를 덮었도다.
13 네가 네 마음에 이르기를 내가 하늘에 올라
15 그러나 이제 네가 음부 곧 구덩이의 맨 밑에 빠치우리로
다" (사 14:4~15).

이스라엘의 이웃 나라에서처럼(마치 길가메시 서사시에서 보듯
이, 예를 들어) 음부의 세계(스올)가 커다란 지하 세계 근거(음부
곧 구덩이의 맨 밑)로서 생각된다. 그곳에서 죽은 자들이 저승(무
덤)에 올라 말한다. 그러나 스올은 또한 통치자로서 큰 바빌론
왕(9절)의 흥분된 기대를 가지게 하여 그 옆에 힘없이 휴식하고
있는 왕들을 동하게 한다. 이러한 지하 세계 드라마는 이스라엘
을 노예로 삼은 독재자(사 14:3절 이하)를 여호와가 심판하는 결
과를 극적으로 분명하게 묘사한다. 음부의 나라는 자신의 힘과
권위가 없다. 그들의 실체가 아주 나약하게 되었다(10절). 구더

기와 지렁이가 참으로 주권자가 되었다(11절).

삶과 죽음의 경계선, 죽어 가는 사람의 단계에 대하여 구약 성서는 무엇을 말하는가. 나발의 죽음 기사를 보면 마음이 죽고 나서 열흘 후에 죽게 된다. "그가 낙담하여 몸이 돌과 같이 되었더니 한 열흘 후에 여호와께서 나발을 치시매 그가 죽으니라"(삼상 26:37~38) 구약은 인간이 하나님 찬양을 못하는 순간에 죽음으로 가고 있다고 한다(시 88:10). 이 말은 신학적인 말로서 현대인들의 심리적인 죽음을 말한다. 시편 38편에는 죽어 가는 사람은 귀머거리가 되어 들을 수 없고 벙어리가 되어 말할 수 없는 사람이라고 본다. 환난과 슬픔이 사망에 이르고 음부에 이르게 한다(시 116:3). 하지만 여호와 하나님께서 사망에서 건져 낼 수 있다고 한다. "주께서 내 영혼을 사망에서, 내 눈을 눈물에서, 내 발을 넘어짐에서 건지셨나이다"(시 116:8).

긍정적인 죽음은 장수를 누리고 산 경우이다. "아브라함의 향년이 일백 칠십 오 세라 그가 수가 높고 나이 많아 기운이 진하여 죽어 자기 열조에게로 돌아가매"(창 25:7~8) 이삭과 다윗과 욥의 경우도 장수를 누리고 죽었다(창 35:29; 대상 29:28; 욥 42:17). 이러한 이상적인 죽음을 기대하고 살지만 그렇지 못한 경우가 허다한 것을 본다. 다른 사람의 죽음을 보면서 자신의 죽음이 어떠할 것인지 생각하게 된다. 신앙의 사람들은 장수하며 살았던 것을 본다.

자신의 사랑하는 가족의 죽음을 보는 경우는 어떠한가. 죽음을 보는 사람의 경우에도 죽음을 경험하게 된다. 하갈의 경우 자신의 아이의 죽음을 지켜볼 수 없었고(창 21:16), 다윗은 자신이 아들, 밧세바의 죽어 가는 아이를 보고 고통을 받았다(삼하

12:16 이하). 젊은 사람에게는 죽음이 희망이 없는 상태임을 보여 준다. 함정과 파괴, 어두움과 침묵, 망각이 지배하여서 아무것도 볼 수 없고 들을 수 없고 기억할 수 없다(삼하 12:23; 욥 7:9 이하; 10:21 이하; 시 94:17; 115:17). 이곳은 빛나는 것도 없고 아무런 영광도 없다. 이스라엘의 하나님은 죽음의 영역에서 발견되지 않고 바로 그 경계선에서만 찾을 수 있다. 그 경계선에서 사람들을 죽음에서 구원하거나 구속한다. 하나님은 궁극적으로 죽음을 극복하시는 분이시다.

죽음과 죄는 밀접하게 연결되어 있다. 구약 성경에는 하나님과 죽음 사이에 긴장이 존재한다. 죄를 통하여 너무 이른 죽음을 맞이하게 된다. 엘리 제사장은 죄의 벌로서 친족 중에 노년에 이르는 사람이 하나도 없게 된다는 말씀을 듣는다(삼상 2:31).

엘리의 아들들도 일찍 죽음을 맞이했다. 신명기 법은 다음과 같이 생명과 죽음에 대하여 말한다. "보라 내가 오늘날 생명과 복과 사망과 화를 네 앞에 두었나니"(신 30:15) 토라(율법)에 순종하면 생명을 유지 하지만 불순종하면 죽임을 당한다는 사실을 말해주고 있다. 예언서에서도 예언자의 선포를 통하여 여호와의 부르심을 들어야 했다. "너희는 나를 찾으라 그리하면 살리라"(암 5:4) 지혜도 생명을 주는 교훈의 말씀으로서 해석된다. "지혜 있는 자의 교훈은 생명의 샘이라 사람으로 사망의 그물을 벗어나게 하느니라"(잠 13:14). 잠언은 음녀에게서 멀리 떨어지라고 경고한다(잠 2:18이하). 구약은 생명을 구하려면 율법과 예언, 지혜를 좇아야 하고 이 생명을 좇지 않고 죄를 범하면 죽음을 당하게 된다고 말한다.

인류에게 있어서 죽음의 기원은 에덴동산 이야기에서 비롯된다. 죽음은 최초의 인간 아담과 하와가 선악과(지식의 나무)를 따먹었을 때 징벌의 위협으로 나온다. "선악을 알게 하는 나무의 실과는 먹지 말라 네가 먹은 날에는 정녕 죽으리라 하시니라"(창 2:17) 하나님의 처벌은 실제로 죽음 대신에 죽을 때까지 노역을 하는 것으로 바뀌었다. 결국 죽음은 인간의 죄로 인하여 나타나게 되었다. "네가 얼굴에 땀이 흘러야 식물을 먹고 필경은 흙으로 돌아가리니 그 속에서 네가 취함을 입었음이라 너는 흙이니 흙으로 돌아갈 것이니라 하시니라"(창 3:19) 죽음의 기원이 하나님 명령의 불순종에 있다는 사실과 금령을 어김으로서 인류에게 죽음이 들어왔다. 죽음은 여호와 하나님과의 관계에서 불순종의 결과로 나오게 된 것이다.

시편 22편과 이사야 53장을 통하여 한 사람의 죽음이 많은 사람의 죽음을 담당하게 되었다는 사실을 알게 된다(사 53장 6, 11). 이 여호와의 종 대속은 신약 성경에서 예수의 죽음으로 현실화된다. 예수는 모든 사람들의 죽음을 짊어지고 구원의 길을 열었다. 주는 우리의 생명의 근거가 되었다(롬 4:25; 고후 5:21; 막 10:45).

6. 나가는 말(구약의 죽음과 문화)

지금까지 우리는 구약성서가 말하는 죽음에 대하여 살펴보았다. 구약은 죽음에 대한 총체적 이해를 하고 있음을 알았다. 인간이 숨이 멈추는 시간이 끝이 아니라 사후 세계가 있음을 보여주었다. 단지 육체적 죽음만을 죽음이라고 보지 않고 심리적 죽음에서부터 죽음이 진행되고 있음을 알게 된다. 원수와 대적자의 존재가 이 죽음의 상태를 가져오는 요인이 되고 마음을 지키지 못하고 여호와 하나님을 떠나서 죄를 지을 때 죽음이 도래하고 있음을 보여 준다. 이 죽음을 이기는 방법은 말씀(토라)과 지혜와 예언을 소유하는 것이다. 구약의 장수는 축복의 상징이고 죄를 지어 하나님을 떠남으로 단명한 경우를 보여 준다. 고대 근동의 죽음 문화와 달리 죽음을 비신화화하고 있고 죽음을 미화하거나 신적 권능이나 사후 세계의 이상향을 이야기하지 않고 있다. 죽은 자는 찬양하지 못한다는 사실을 통하여 죽음의 장소와 몸은 생명을 주지 못하고 있음을 분명히 한다. 그래서 무덤에 대한 거룩함과 신성시는 없고 사후 세계에 대한 가치와 스올에 대한 개념도 크지 않다.

죽음이란 모든 사람들이 가야 할 자연스런 현상으로 본다. 즉, '모든 사람들이 가는 길'이나 '열조에게 돌아갔다'는 구약의 표현을 통하여 보여준다. 구약의 죽음이 보여주는 것과 오늘날 한국 사회의 장례 문화와 의례, 기독교 장례와는 어떠한 관계가 있는가. 바람직한 장례 문화를 위한 구약의 죽음 이해의 좋은 적용은 무엇인지 앞으로 연구해봐야 할 것이다. 이미 앞에서 언급하였듯이 장지(葬地)에 대한 한국 사람들의 의식의 변화를 가져와야 함을 구약은 가르쳐 준다. 무덤이 생명을 주지 못함을 이야기한다. 무덤은 '땅에 대한 약속의 신학'의 의미만이 있음을 살펴보았다. 따라서 화장(火葬) 문화를 통한 기독 장례 의식으로 납골당 보급에 나서야 한다. 그래서 좁은 국토에서 급증하고 있는 매장지 봉분화 현상을 지양해야 한다.

또한 구약의 죽음의 신학을 통하여 우리의 가치관이 달라져야 함을 배운다. 여호와 하나님과의 올바른 관계가 바로 생명과 죽음의 기로에서 생명으로 가는 길임을 알고 율법과 예언, 지혜의 말씀에 귀 기울이어야 함을 알게 된다. 그리고 한시적 일생임을 알고 죽음을 준비하며 유한한 인생에 있어서 하나님을 찬양하며 살아야 할 것이다. 그것이 바로 인생의 목적이라는 사실을 알게 된다. 죽은 자는 찬양하지 못한다. 한편, 우리가 이미 고통과 고난 속에 있고 실망하고 좌절할 때, 낙망하고 고독에 빠져있다면, 허망하거나 심리적 압박에 빠져 있다면, 그 상태가 바로 스올(음부)에 있다는 것, 곧 죽음에 이미 놓였다는 사실을 기억하고 빨리 여호와 하나님께 기도하고 그에게 돌아가야 함을 구약은 가르쳐 준다. 찬양과 희망은 사망과 음부를 넘어선다. 사망 권세를 이긴 예수만이 죽음을 이기는 소망이 되신다.

참고 문헌

Alfrink, B. 'L' expression sakab im abôtaw'OTS(1943) 2: 106~118. 'L' expression ne sab bel – 'ammaw' OTS (1948) 5: 118~31.

Bailey, L. R. Biblical Perspectives on Death, Overtures to Biblical Theology, Philadelphia: Westminster, 1979.

Barth, C. Die Errettung vom Tode in den individuellen Klage –und Dankliedern des Alten Testamentes, Zollikon, 1947.

R. E. 클레멘츠 편저, 황승일 번역, 「고대 이스라엘의 세계」, 서울: 은성, 1996.

Illman, K. –J. Old Testament Formulas about Death, Meddelanden fran Stiftelsens for Abo Akademi Forskningsinstitut 48, Abo.

Schulz, H. Das Todesrecht im Alten Testament: Studien zur Rechtsform der Mot –Jumat –Sältze, BZAW 114, Berlin, 1969.

Tromp, N. J. Primitive Conceptions of Death and the Nether World in the Old Testament, Biblica et Orientalia, 21, Rome: Biblical Institute, 1969.

Wagner, V. Rechtssatze in gebundener Sprache und Rechtssatzreihen im israelitischen Recht: Ein

Beitrageg zur Gattungsforschung, BZAW 127, Berlin: de Gruyter, 1972.

Wolff, H. W. Anthropology of the Old Testament, Philadelphia: Fortress Press, 1974.

Wöchter, L. Der Tod im Alten Testament, Arbeiten zur Theologie II/8, Stuttgart, 1967.

III. 통일 신학과 통일 리더십 – 문화 신학적 접근

1. 들어가는 말

오늘 한국 기독교에 존경받는 지도력 있는 인물이 있는가 질문할 때 마땅히 떠오르는 분이 없다. 과연 이 시대의 한국 사람들이 존경하는 인물이 있는가? 한국 교회의 리더십 부재가 역력하다. 교파와 교단이 삼분오열되어 있고 분열과 분쟁으로 점철된 한국 교회사의 현장은 리더를 배출하지 못하고 있는 현실이다. 이러한 때에 본 연구가 한국 교회의 리더십 문제를 놓고 고민하며 이 시대에 갈 바를 모르는 한국 교회의 상황에서 이정표를 찾는 작업이 되리라 본다.

요즈음 기독교 문화가 무엇인가라는 문화 선교의 문제가 화두가 되고 있다. 인터넷 문화와 대중문화, 타선교권 문화 등의 관계에서 어떠한 문화가 기독교 문화인가라는 문제가 제기된다.[461] 이 문제에 더 나아가 과연 한국에 기독교 문화가 있는가, 한국적 기독교 문화의 정체성은 무엇인가라는 문제도 한국

---

461) 임성빈 외 문화선교연구원편, 『문화선교의 이론과 실제』(서울: 예영커뮤니케이션, 2003), pp. 33~55.

문화 신학회에서 문제를 제기하고 있다. 이러한 과정은 자연스러운 것으로 복음이 각 문화와 만나면서 독특한 기독교 문화를 형성하기 때문이다. 그래서 기독교 복음의 본질이 어떻게 변질되지 않고 남아 있는가하는 것은 중요하다. 오늘날 빠르게 변화하는 시대에 변질되지 않는 순수한 기독교 문화를 유지하려는 문화 선교의 과제가 요구되고 있다. 거기에 한국적인 문화 신학과 문화 선교는 더욱 심화해야 할 과제가 된다. 이것이 내적인 선교의 과제라고 하면 통일 문제는 외적인 선교 과제라고 말할 수 있다.

이 책에서는 성서에 나타난 리더십을 살펴보고, 아울러 우리 한국 교회 선배들의 리더십을 찾아보며 오늘 이 시대의 리더십의 과제와 신학적 요구를 들어보고자 한다. 이 한국 교회의 리더십 모색이 통일 한국이라는 민족적 과제를 해결하는데 있는지 살피면서 통일 비전을 조망하고자 한다.

2. 한국의 상황과 신학적 메시지

"내 이름으로 일컫는 내 백성이 그 악한 길에서 떠나 스스로 겸비하고 기도하여 내 얼굴을 구하면 내가 하늘에서 듣고 그 죄를 사하고 그 땅을 고칠찌라"(대하 7:14).

이 본문은 솔로몬의 기도로 성전과 왕궁을 건축하고 여호와 하나님께 감사 기도하는 장면이다. 이 본문은 성전 봉헌 기사(5:1b~7:22)중 마지막 기사에 해당한다.[462] 꿈의 계시 기사에 해당한 본문이다. 이 확인된 꿈의 기사(대하 7:11~22)는 크게 두 부분으로 나눌 수 있다. 그 중에 이 본문은 하나님의 연설가운데 용서의 약속 부분에 해당한다.[463] 이 구절은 역대하 6장 26~27절과 대구를 이루는 구절로서, 이 구절은 조건절 문장의 패턴이 반복된다. 그 구절에서는 백성들이 죄를 회개하고 기도하면 들어달라고 한다. 이것은 신적용서의 조건이 제시된다. 역대하 7장 17~18절도 다윗의 약속과 조건을 반복한다. 이것은 바빌론 포로의 상황을 염두에 두고 한 말씀으로 19절의 징벌은 이것을 더욱 잘 반영하고 있다. 배교로 인한 심판으로서 포로와 성전 파괴를 언급하고 있다.

이 말씀은 오늘 한반도의 상황에 시사되는 바가 크다. 남한은 기독교 대국이 되어 동양에서는 유일하게 큰 선교 국가가 되었지만 북한은 신앙 불모지와 폐허가 되었을 뿐만 아니라 기독교 핍박 국가가 되어 있다. 더우기 북한은 심각한 경제난으로 350만 명의 사람들이 기아로 죽었고 지금도 기근과 식량난으

---

462) Simon J. De Vries, *1 and 2 Chronicles*(Michigan: William B. Eerdmans, 1989), 254. 성전 봉헌 기사의 구조에 일부이다. 그 전체 구조는 다음과 같다.
   1) 의식적 보고: 법궤의 입구(5:1b~6:2)
   2) 솔로몬 연설 보고(6:3~11)
   3) 솔로몬 봉헌 기도 보고(6:12~42)
   4) 갱신된 신 현현과 희생제 보고(7:1~10)
   5) 확인된 꿈의 계시 보고(7:11~22)
463) 위의 책, 261쪽 참조
   1) 도입부 요약(7:11)
   2) 꿈의 현현 보고(12~22): 기사 도입, 신적 연설(12b~22) 신적 연설은 크게 다섯 부분으로 나눌 수 있다. 즉 수용의 선언(12b), 용서의 약속(13~14), 계속되는 관심의 약속(15~16), 솔로몬 규례의 설립(17~18), 위협(19~22) 등이다.

로 죽어가고 있다. 북한은 저주받은 땅이 되어 버렸다. 북한의 비극을 보고 우리는 무슨 생각을 하고 있는가? 악한 길에서 떠나게 하고 하나님께 기도하게 하고 사죄함을 입어 이 땅을 고침 받아야 하지 않는가! 여기에 신학적 과제와 이 시대에 하나님이 요구하는 리더십이 있다.

'내 이름으로 일컫는 내 백성이' 이 말은 야웨께 속한 백성들을 보호하겠다는 말이 내포되어 있다(대하 6:33).[464] 오늘 한반도의 백성들이 여호와 하나님을 믿는 백성으로 돌아설 때 하나님의 보호아래 거할 수 있게 된다는 약속의 말씀으로 받아들일 수 있다. 역대하 7장 17~18절, "네가 만일 내 앞에서 행하기를 네 아비 다윗과 같이 하여 내가 네게 명한 모든 것을 행하여 내 율례와 규례를 지키면 내가 네 나라 위를 견고케 하되 전에 내가 네 아비 다윗과 언약하기를 이스라엘을 다스릴 자가 네게서 끊어지지 아니하리라 한 대로 하리라." '이스라엘을 다스릴 자' 라는 문구는 메시야적 함의를 가지고 있다(미 5:2)고 마이어는 본다.[465] 이를 통해 메시야적 리더십에 대한 생각을 해보게 된다. 과연 이 한반도에서 여호와 하나님이 솔로몬에 보여준 메시야적 리더십을 다시 가질 수 있을까. 오늘 신학을 하는 이 땅의 신학자들과 목사, 신학도들이 이 메시야적 리더십을 가질 수는 없는가 질문을 하게 된다.

---

464) E. L. Curtis, *The Books of Chronicles, ICC.*(Edinburgh: T. & T. Clark, 1976), 350.

465) J. B. Myers, *1 Chronicles/ 2 Chronicles, Anchor Bible*(New York: Doubleday & Company, 1981), 44. 예언자의 영향이 분명하다고 말하며 역대하 7장 20절의 위협은 열왕기상 9장 7절보다 강하다고 한다.

1) 시편 85편

"여호와여 주께서 주의 땅에 은혜를 베푸사 야곱의 포로 된 자로 돌아오게 하셨으며 주의 백성의 죄악을 사하시고 저희 모든 죄를 덮으셨나이다(셀라). 주의 모든 분노를 거두시며 주의 진노를 돌이키셨나이다. 우리 구원의 하나님이여 우리를 돌이키시고 우리에게 향하신 주의 분노를 그치소서 주께서 우리에게 향하신 주의 분노를 그치소서 주께서 우리에게 영원히 노하시며 대대에 발분하시겠나이까 우리를 다시 살리사 주의 백성으로 주를 기뻐하게 아니하시겠나이까 여호와여 주의 인자하심을 우리에게 보이시며 주의 구원을 우리에게 주소서 내가 하나님 여호와의 하실 말씀을 들으리니 대저 그 백성, 그 성도에게 화평을 말씀하실 것이라 저희는 다시 망령된데로 돌아가지 말지로다 진실로 그의 구원이 그를 경외하는 자에게 가까우니 이에 영광이 우리 땅에 거하리이다. 긍휼과 진리가 같이 만나고 의와 화평이 서로 입 맞추었으며 진리는 땅에서 솟아나고 의는 하늘에서 하감하였도다. 여호와께서 좋은 것을 주시리니 우리 땅이 그 산물을 내리로다. 의가 주의 앞에 앞서 행하며 주의 종적으로 길을 삼으리로다"(시 85:1~13).

이 본문은 바빌론 포로에서 돌아온 직후에 쓴 것으로 본다. 하지만 여전히 페르시아 통치의 압제 상황이 계속되고 하나님의 은혜가 무엇보다도 필요한 때임을 보인다. 이스라엘이 큰 변화를 겪고 제2이사야가 선포하고 해석한 것처럼, 모든 죄를 용서한 야웨의 은총의 행위를 보여 준다. 이 본문의 상황은 가을 축제(12절)의 빛에서 이 시편을 이해하는 것이 자연스럽다.[466)] 이 본문은 제의(祭儀) 공동체가 하나님의 인도하시는 구원의 은혜를 노래하고 있다.

이 땅이 주의 분노로 분단이 되고 북한이 신음하는 땅이 되었다고 하면 이제 그 분노를 그치시고 주의 백성을 삼으시고 주의 인자하심과 구원을 주시라는 탄원을 하고 있다. 이 상황은 오늘 우리의 상황과 너무도 일치한다. 이 시편의 변화처럼 주의 분노에 탄원하여 구원으로 바뀌는 역사가 오늘 우리 한반도에서도 일어나야 할 상황이다.

한반도가 신음하고 있다. 특히 북한은 엄청난 고통과 비참한 현실에 놓여 있다. 주의 분노와 땅에 대한 용서를 생각하게 된다. 시편은 땅에 대한 진리와 하늘의 의가 만나야 땅이 산물을 낸다고 말한다. 그 길을 북한 땅에서 어떻게 이루어지게 할 수 있을까. 한국 교회 지도자들이 고민하며 심각하게 그 답을 찾아야 할 것이다.

2) 에스겔 22장

"여호와의 말씀이 또 내게 임하여 가라사대 인자야 네가 국문하려느냐. 이 피 흘린 성읍을 국문하려느냐. 그리하려거든 자기의 모든 가증한 일을 그들로 알게 하라 너는 이르기를 주 여호와의 말씀에 자기 가운데 피를 흘려 벌 받을 때로 이르게 하며 우상을 만들어 스스로 더럽히는 성아 네가 흘린 피로 인하여 죄가

---

466) A. Weiser, *The Psalms*, *OTL*(London: SCM Press, 1982), 572.

있고 네가 만든 우상으로 인하여 스스로 더럽혔으니 네 날이 가
까웠고 네 년한이 찼도다. 그러므로 내가 너로 이방의 능욕을 받
으며 만국의 조롱거리가 되게 하였노라 너 이름이 더럽고 어지
러움이 많은 자여 가까운 자나 먼 자나 다 너를 조롱하리라……
이 땅 백성은 강포하여 늑탈하여 가난하고 궁핍한 자를 압제하
였으며 우거한 자를 불법하게 학대하였으므로 이 땅을 위하여
성을 쌓으며 성 무너진 데를 막아서서 나로 멸하지 못하게 할 사
람을 내가 그 가운데서 찾다가 얻지 못한 고로 내가 내 분으로
그 위에 쏟으며 내 진노의 불로 멸하여 그 행위대로 그 머리에
보응하였느니라. 나 주 여호와의 말이니라."

이 본문은 에스겔이 선포한 최종 판결문으로서 기원전 587
년의 재앙이 있기 전 바빌론에서 주로 기록한 것이다.[467] 호스
펠트는 여섯 번에 걸친 편집 단계(<1> 1~5.6.9 ㄱ.12절 <2>
13~14절, <3> 15~16절, <4> 7.9 ㄴ.10절 <5> 9ㄴ. 11절,
<6> 8절)가 있다고 본다.[468] 안식일과 성소를 가리키는 8절은
포로 후기의 편집으로 보아 에스겔 시대와 그 이후 시대, 두 번
에 걸쳐 편집되었다고 보는 것이 더 설득력이 있다. 이 본문은

---

467) 암브로지오 스쁘레아피꼬저 박요한 역, 「하느님의 목소리: 예언서 연구」
(서울: 성서와 함께, 2003), 187. 참조, W. Zimmerli, *Ezekiel 1*(Philadelphia:
Fotress, 1979), 455. 이 본문(겔 22:1~12)에 대해서 휄셔(Hoelscher)는 멀리
떨어진 곳에서 에스겔의 입으로 한 예언이라고 말하는데, 헤른트리히
(Herntrich)와 버트렛트(Bertholet)는 에스겔이 예루살렘에 있으면서 선포
한 말이라고 한다.
468) F. Hossfeldt, *Untersuchungen zu Komposition und Theologie des
Ezechielbuches*, Wuerzburg, 1977, pp. 99~152. 재인용. 암브로지오 스쁘레
아피꼬, 하느님의 목소리, 187.

심판 담화로 되어 있으며 세 부분으로 구성되어 있다. 1~3절에 기소에 초대, 기소의 서론, 6~12절에 기소의 몸체, 13~16절에 심판 예고 [laken(그러므로)이 아닌 웨힌네(wehinneh 보아라)사용한다.] 이 단락은 처음에 '피의 성읍'('ir haddamim)이라 불린 성읍의 이름을 강조하는 방식으로 구성되어 있다. 서론 부분(1~5절)에 이어 기소를 상세히 언급하는 몸체 부분(6~12절)이 있고 마지막으로 심판을 예고하는 결론이 나온다(13~16절).[469] 서론 부분에서는 예루살렘을 '피를 쏟는 성읍'이고 '우상을 만드는 성읍'이라고 단언한다. 예루살렘의 특징은 두 가지, 곧 '이름이 더렵혀지고 혼란으로 가득한' 성읍이라는 것이다(5절).

6~12절은 '피를 쏟다'(lema'an sepok dam)라는 표현으로 시작한다. '피를 쏟다'라는 표현이 무시무시한 후렴처럼 세 번 반복되면서 6~8절, 9~11절, 그리고 12절의 세 부분으로 나눈다. 모든 것이 이 표현에 집중하며 이 표현과 연관하여 해석된다. 몇몇 단어들이 반복되는데, 이런 반복은 본문 내부에서 매우 중요하다. 첫째 단어는 단수 형태로 여섯 번 나오는 '피'(dam)이다. 충만함을 가리키는 일곱째 단어는 성읍의 이름('피의 성읍')에 내포되어 있다. 피의 성읍은 폭력의 현실을 완벽하게 표현한다.[470]

---

469) W. Eichrodt, *Ezekiel,* OTL(London: SCM Press, 1970), pp. 308~316, 아이로트는 겔 22장을 3부분으로 나눈다.
   (1) 피로 죄를 범한 도시: 에스겔 22장 1~16절
   (2) 진노의 불: 에스겔 22장 17~22절
   (3) 전체 백성에 미친 멸망 기사: 에스겔 22장 23~31절. 그 중에 에스겔22장 1~16절은 두 부분으로 나눈다(겔 22:1~5 결정된 마지막 심판; 22:6~16 하나님의 질서를 위해 보이는 공개된 멸시).
470) 위의 책, pp. 188~189.

오늘날 '피의 성읍'이 어디냐 하는 것이다. 평화의 성읍이 피의 성읍이 되었다. 동방의 예루살렘이었던 평양이 하나님이 없다고 하는 공산주의의 도성이 되었다. 기독교 신자는 모두 사라져야 하는 도성이 되었다. 많은 피를 흘리는 도시가 되었다. 오늘도 기독교인들은 발견되는 즉시 비참한 운명에 처하게 된다. 북한은 기근과 홍수로 인해 심각한 식량난에 허덕이고 있다. 탈북자가 날로 늘어나서 이제는 경계 대상이 남북한이 대치하고 있는 38선이 아니라 압록강 중국 경계선이 되었다고 한다. 에스겔은 피의 성읍의 심판이 우상으로 인한 것이라고 말한다. 그로 인해 이방과 만국의 조롱거리가 되었다고 한다. 이 '피의 성읍'의 운명은 남의 이야기가 아니라 우리의 이야기이다. 오늘 평화의 성읍으로 회복할 수 있는 이야기를 논의하고자 통일 신학과 통일 리더십을 제안한다.

3. 리더십과 성서의 리더십

리더십(leadership)이라는 말은 도대체 무엇을 의미하는가? 리더십에 대해 학술적으로 용인된 정의가 아직 없다. 리더십을 연구하는 전문가들에게 그들의 전공분야인 리더십의 정의를 내려달라고 하면 12가지도 넘는 정의를 열거한다. 이것은 리더십이 하나의 과학이나 학문이 아니고, 하나의 기술이기 때문이다. 그럼에도 불구하고 리더십 학자들의 몇 가지 정의를 살펴보고자 한다. 리더십은 옳은 일을 행하는 것이다.[471] 번스는 분명한 동기와 목적을 가진 사람들이 다른 사람들과의 경쟁이나 갈

등 관계에서 제도적, 정치적, 심리학적, 혹은 다른 자원들을 사용하여 추종자들의 동기를 불러일으키고, 참여케 하며 만족시키는 것이라고 말한다.[472] 리더십이란 당신이 마땅히 해야 한다고 확신하는 어떤 중요한 일을 하고 싶어 하는 또 다른 사람들을 얻는 것이다(밴스 팩커드). 리더십은 모순들과 그것들이 의미하는 것들을 정복하는 것이다(톰 피터스). 리더십은 영향을 미칠 수 있는 영향력이다(오스왈드 샌더스). 리더십은 다른 사람들을 움직여서 리더와 추종자들이 함께 공유하고 있는 하나의 목표를 향해 앞으로 나아갈 수 있도록 하는 것이다(개리 윌스).[473]

성경에서 말하고 있는 리더십이란 신앙 위인들의 지도력이다. 특히 사사기에 나타난 카리스마적 리더십을 대표적으로 언급한다. 하나님의 영(ruah elohim)이 임한 사사들이 하나님의 종이 되어 이스라엘을 이방의 대적으로부터 구원해내는 사역을 감당한다.[474] 이 리더십은 신약의 예수에 이르러 정점에 다다른다. 예수의 리더십을 가진 기독교 지도자는 어떠한 사람인가. "기독교 지도자는 사람들을 인도하도록 하나님의 부르심을 받은 사람이다. 그리스도를 닮은 성품을 가지고 인도하는 사람

---

471) Warren Bennis, *On Becoming a Leader*(1989; reprint, Reading, Mass.: Addison Wesley, 1994), 재인용. 새무얼. D. 리마, 황을호역, 「셀프 리더십」(서울: 생명의 말씀사, 2003), pp. 22~23.
472) James Macgregor Burns, *Leadership*(New York: Harper Torchbooks, 1978), 위의 책 재인용.
473) 조지 바나, 최기운 역, 「리더십을 갖춘 지도자」, 서울: 베다니 출판사,1999, pp. 27~28.
474) A. Malamat, "Charismatic Leadership in the Book of Judges" in F. M. Cross, ed. *Magalia Dei: The Mighty Acts of God*(New York: Doubleday & Company, 1976), pp. 152~168.

이요, 효과적인 지도력이 발휘될 수 있도록 그에 따른 기능과 능력들을 발휘할 수 있는 사람이다." [475] 복잡한 현대 사회에 있어서 교회의 리더십은 과거의 집단과 교회, 의무와 체면, 충실성보다는 개인과 가족, 기회와 중요성, 효과적인 것에 우선적으로 가치를 두는 것이다. 앤더슨(Leith Anderson)은 변화하는 시대에 그에 맞는 지도력이 필요함을 강조한다. [476] 이원설, 문영식 박사도 21세기의 위기 시대에 비전과 리더십이 요구된다고 주장한다. [477] 우리 시대의 한국 상황과 사회에서 필요한 리더십이 무엇인가.

구약의 대표적 리더는 모세, 다윗, 느헤미야를 들 수 있다. 이들은 모두 민족을 인도한 지도자이었다. 모세는 애굽에 노예로 있는 백성들을 가나안 땅으로 인도한 지도자이었다. 그의 리더십은 하나님으로부터 부여받았다. 모세는 40년 이스라엘 백성을 광야에서 인도하는 사명을 가졌다. 민수기는 모세의 지도력과 제사장의 지도력의 문제를 다루고 있다(민 16:1~35; 민 16:36~17:13; 민 18:1~32). 민수기 25장 1~18절은 제사장 지도력에 대한 하나님의 지속적인 위임의 증거 본문이다. [478] 싯딤에서 이스라엘 백성들의 배교에 대한 제사장 엘르아살의 아들 비느하스가 그 죄를 정리하는 이야기다. 민수기 27장 12~23절은 여호수아가 모세의 지도력을 위임받고, 모세와 아론 대신에 엘르

---

475) 조지 바나, 위의 책, 33쪽.

476) L. Anderson, *Leadership That Works*(Minnesota: Bethany House Publishers, 1999), p. 75.

477) 이원설, 문영식, 「21세기를 향한 비전과 리더십」(서울: 신망애출판사, 1995), pp. 84~108.

478) 필립 J. 붓드, 박신배역, 「민수기」, WBC 5(서울: 솔로몬, 1994), p. 467.

아살과 여호수아가 지도자의 자리를 채운 이야기가 나온다.[479] 민수기는 리더십의 권위가 확고해서 어떠한 도전에서도 넘어지지 않고 그 다음 세대로 계속 이어지고 있고 요시야 시대, 바빌론 포로 귀환 시대까지 계속 이어지고 있음을 보여 준다.[480]

다윗은 이스라엘 나라를 건설하고 국가 체제를 마련한 강력한 왕으로 리더십을 가졌다. 느헤미야는 나라 없는 포로 상태에서 총독의 신분을 얻어 귀환을 주도하며 예루살렘 성벽을 쌓은 리더십을 발휘하였다. 그 외에 책임 있는 지도자 요셉, 위대한 일꾼 기드온, 혼신을 다한 예레미야 등 구약의 인물들은 하나님이 선택한 지도자이었고 다 하나님의 영이 임한 사람들이었다.[481] 그러므로 리더십은 하나님의 영이 임하고 하나님과 함께 하는 사람이 참된 리더십을 가지게 된다.

북한 선교의 과제와 통일 문제가 동시에 제기 되니 통일 · 문화 · 선교 · 신학이라는 복합 다차원적인 통일 신학이 요구된다. 모세의 리더십 연구는 민족을 구원하여 출애굽 하였던 원천과 그 지혜가 무엇인지 알 수 있는 것이다. 더불어 통일 왕국을 완성한 다윗 리더십 탐구를 통하여 통일 조국의 기틀과 통일 시대 준비의 지혜를 얻을 수 있다. 에스라, 느헤미야를 통하여 바빌론 포로에서 해체되었던 나라를 귀환시켜 회복하였던, 그 리더십을 연구하여 장기간의 분단 현실을 극복할 수 있는 명철을 찾을 수 있을 것이다.

---

479) 필립 J. 붓드, 「민수기」, pp. 501~502.
480) 필립, J. 붓드, 위의 책, 328, 353, 562쪽 참조.
481) 황위섭, 「크리스챤 리더십: 지도자 대망론」(서울: 로고스 연구원, 1990), pp. 159~178.

통일 조국을 기대하는 시대의 지도자와 리더십은 무엇인가.

스토웰(Stowell)은 변화하는 시대에 맞는 효과적인 영적 리더십이 필요하다고 말하며 교회에 목자의 리더십이 요구된다고 보았다.[482] 오늘 우리 시대에 교회에 필요한 것은 무엇인가, 바로 통일 리더십이다. 하나님으로부터 지도력을 물려받은 구약의 리더들과 같은 성품의 지도자이어야 한다. 통일 시대를 이끌었던 히스기야 왕이나 요시야 왕, 다윗과 모세, 에스라, 느헤미야가 그 대표적인 통일 리더십의 모델이 될 수 있을 것이다. 히스기야 시대나 요시야 왕은 온 이스라엘(남북 통합)의 통일을 기대하고 유월절을 남 유다 만 실시하지 않고 북쪽 지파를 초청하여 실시하였다(대하 30:1,5,6,10~21,25 대하 35:3, 18). 이것은 역대기 문서 시대인 포로 후기의 상황을 반영하기도 하여 에스라, 느헤미야의 통일 리더십도 알 수 있다.[483] 귀환한 팔레스틴 땅에서 북쪽 사마리아를 회복하려는 의지를 역대기 사가를 통하여 알 수 있다.

참된 리더십의 본보기는 예수 그리스도에게서 찾을 수 있다.

그는 메시야로서 우리들에게 진정한 리더십의 모형이 무엇인지 가르쳐 준다. 최고 경영자 예수라는 책에서 베스는 예수야말로 최고의 오메가 경영의 리더십을 보여준다고 말한다. 예수가 그의 생전에 제자들을 훈련시키고 그들에게 동기를 부여하

---

482) J. M. Strowed, *Shepherding the Church*(Chicago: Moody Press, 1994), pp. 68~69.

483) H. H. Rowley, "Nehemiah's Mission and its Background" in *Men of God*(London: Thomas Nelson Ltd, 1963), pp. 211~245. 느헤미야와 에스라의 시대적 배경에 대하여 참조하라.

기 위하여 사용했던 자아극복, 행동, 인간관계형성 기술은 뛰어난 리더십이었다고 주장한다.[484] 12명의 제자를 만들어 세계를 움직인 리더십은 오늘 통일 시대를 이끌 통일 리더십의 모델이 됨은 자명한 것이다. 지도자로서 예수는 봉사와 사랑, 구속과 겸손, 고난의 정신을 가지고 있었다.[485] 예수는 갈릴리에서 사역을 시작하여 예루살렘에서 십자가에 달리시고 부활하심으로 사역을 마감하였다. 북쪽 갈릴리에서 시작한 사역은 남쪽 예루살렘으로 확대되었고, 그의 통일 이스라엘 리더십은 온 인류를 구원하려는 하나님 나라로 확장된 것이다.

4. 한국 초기 교회의 리더십

한국 초기 교회의 지도자들의 신앙 유형에 대하여 유동식 교수는 3가지로 분류하여 표현하였다. 절망적인 현실을 외면하고 영혼의 구원 운동을 전개하는 보수적 근본주의 사상, 위기에 처한 현실을 개혁하려는 신앙 운동으로 진보적 사회 참여 사상, 거시적 안목에서 한국 문화와 기독교의 복음과의 만남을 통해 문화 전체의 의미를 재검토하려는 문화적 자유주의 사상으로 나누었다.[486] 이 사상의 대표적 리더십을 가진 지도자는 윤치호, 길선주, 최병헌이었다.

---

484) 로비베스 존스, 송경근, 김홍섭역, 「최고 경영자 예수」(서울: 한국언론자료회, 1995), pp. 20~24.
485) 황위섭, 위의 책, pp. 181~194.
486) 유동식, 「한국 신학의 광맥: 한국신학사상사 서설」(서울: 전망사, 1990), p. 45.

윤치호(1864~1945)는 한국 최초의 남감리교 신자이며 한인으로서는 최초로 신학을 공부한 미국 유학생이었다. 그는 정치와 교육과 사회 운동을 통해 그리스도의 복음을 증명한다는 선교 신학을 실천한 최초의 한인이었다. 그는 민족의 독립을 위해 고군분투하여 민족의 갈 길을 제시한 모세와 같은 리더십을 보였다. 이후에 김구 선생이나 김재준, 문익환, 김정준, 서남동 목사 등은 이 입장에 서서 나라의 독립과 통일, 민주를 위해 정치 참여의 리더십을 보였다. 안병무, 김용복, 현영학은 민중 신학을 전개한다. 늦봄 문익환 목사의 예언자적 상징화된 행동은 통일 운동에 자극을 주었다.

보수적 근본주의 사상과 길선주(1869~1935)이다. 그는 직면한 위기의 극복을 위한 교회의 한 태도는 교회의 비정치화의 구령 운동이라고 보았다. 정치적으로 구할 길이 없는 한국을 구하는 참 길은 한국인의 영적 구원에 있다고 믿었기 때문이다. 그리고 종교로서의 기독교의 본질은 실로 영적인 구원에 있다고 믿었다. 기독교의 본질을 개개인의 구령운동에서 찾고, 하나님에 절대성을 말씀인 성서에서 찾는 근본주의적인 보수사상의 전통이 형성되었다. 그리고 그 기초를 놓은 지도적 인물이 길선주 목사였다. 그는 보수적인 성경 무오설과 종말론(말세론)의 강조를 통한 근본주의 신학의 기초를 만들었다. 최권능 목사나 이용도, 김익두, 박형룡, 박윤선 박사 등이 이 입장에 서서 개인 구원과 구령 운동의 보수적 복음적 전통을 이었다.

종교적 자유주의 사상과 최병헌(1858~1927), 그는 한국 신학의 출발을 시작한 인물이다. 그의 일생의 신학적 과제는 재래 종교와 기독교와의 만남의 문제를 해명하는 데 있었다. 그는 복

음적 입장에서 타종교와의 창조적 접근을 시도했다.[487] 문화의
변혁과 기독교의 한국 문화 정착에 입장에서 양주삼, 송창근,
남궁혁, 윤성범, 홍현설, 변선환, 유동식 교수와 같은 분들은 문
화적 종교화의 리더십을 보인 학자들이다. 복음과 문화의 관계
에서 복음의 순수성과 문화의 구원을 가져와야 한다고 본 것이
토착화 신학이었다.[488] 이 신학은 한국 문화 속에 기독교 복음
을 어떻게 이해하고 선교할 것인가 고민하였다. 이 문화 신학은
오랜 시간 문화 속에 복음이 정착되기까지 선교해야 하는 과제
가 요구된다. 전통적인 각 민족의 문화 속에 복음의 본질이 전
해질 수 있기까지는 많은 신학적·문화적 여과를 통하여 복음
이 자리 잡게 된다. 따라서 토착화 문화 신학의 리더십은 보수
적 구령 운동이나 진보적 사회 참여보다 많은 시간과 노력이 요
구된다. 그래서 문화 선교는 기독교 정신이 한 민족, 국가에 지
속되어 복음이 내면화되어 생활화되고 인격적 신앙으로 나타
나고 사회정의가 구현될 때까지 계속된다.

한숭홍 교수는 한국 신학 사상의 흐름을 네 가지, 문화와 사
회, 성서와 신학이해의 범주에서 나눈다.[489] 문화와 신학에서
는 최병헌, 정경옥, 양주삼, 윤성범, 홍현설 등을 다루고, 사회
와 신학에서는 송창근, 김재준, 김정준, 서남동을, 그리고 성서
와 신학에서는 남궁혁, 박형룡, 박윤선을, 신학이해의 다양성에
서는 이용도, 무교회주의자 김교신, 함석헌, 김정환, 장도원, 송

---

487) 유동식, 같은 책, 52~54쪽 참조.
488) 전택부, 「한국교회발전사」(서울: 대한기독교출판사, 1987), pp. 328~329.
489) 한숭홍, 「한국신학사상의 흐름 상하」(서울: 장로회신학대학교 출판부,
1996), pp. 7~18.

두용, 류석동, 김성실, 최태용, 김응조, 정현경(초혼招魂 신학) 등을 다룬다. 마지막으로 계보별로 한국 신학 사상을 장로교, 기장, 감리교 중심으로 열거한다. 한국의 장로교, 감리교의 주류 신학을 중심으로 본 연구라고 할 수 있다. 이것은 루터교나 성결교, 침례교, 그리스도의 교회, 하나님의 교회, 예수교회, 오순절 교회 신학 사상은 배제된 연구이다. 이런 점에서 한국 신학의 통일적 연구가 요구되며 한국통일 신학에 기여한 신학자 연구가 새로운 관점에서 요구된다. 다시 말해 그리스도의 교회 동석기, 강명석, 이신과 예수교회, 감리교회의 이용도, 성결교회 이명직등 새로운 인물과 리더십 탐구가 필요하다.

통일 신학과 리더십의 입장에서 전덕기의 리더십[490]과 이우정, 박순경의 신학은 좀 더 깊은 연구가 요구된다.[491] "전덕기의 현실 참여 신학은 자신의 종교 체험과 한말과 일제 강점기라는 억압적 상황에서 경험했던 역사적 체험을 융합되면서 형성된 것이다. 그런 의미에서 그의 정치 신학은 한국적 역사 상황에서 창출된 토착 신학이라 할 수 있다."[492] 한국 초기 기독교회의 역사를 평가하는 이덕주는 다음과 같이 말한다. "이처럼 1880~1890년대 기독교 복음 수용의 주역이었던 개종 '1

---

490) 이덕주, 「한국 토착교회 형성사 연구」(서울: 한국기독교역사연구소, 2000), pp. 263~281.

491) 노정선, 「통일 신학을 향하여」, 198. "미국 신학, 독일 신학, 영국 신학, 로마교황청신학들의 한계점을 극복하는 길이 무엇인가 하는 점을 제3세계의 여성 신학이 추구해나가야 할 것이다. 이런 의미에서 로즈머리 루터나 도로테 죌레의 신학보다는 이우정(전 한신대 교수)의 신학, 박순경(전 이화여대 교수)의 신학이 훨씬 우수한 신학일 뿐 아니라 예언자적 신학이라고 말하는 것은 당연한 귀결이라고 보아야 할 것이다."

492) 이덕주, 같은 책, 281.

세대' 가 1900년대 부흥운동과 민족운동, 그리고 토착 신학 운동을 통해 복음을 해석·적용한 과정에서 창출된 신앙 양태는 '복음적이고 민족적이었으며 또한 토착적' 이었다. 이것이 바로 초기 한국 기독교 역사가 이룩해 낸 '한국 토착 교회' 의 모습이었다."[493] 한국 초기 교회의 리더십은 바로 복음적이고 민족적인, 그리고 토착적이며 수난의 역사에 동참하는 리더십이다.

그 후 한국 문화의 토착화의 리더십은 윤성범, 변선환, 서남동, 류동식 등이 대표적으로 보여 주었다.[494] 이들은 한국적 문화에서 어떻게 한국 신학을 할 것인가 작업을 한 인물들이다. 이들이 토착화의 과정을 추구한 문화 신학의 리더십을 가졌다고 말할 수 있다.

앞에서 말한 세 가지 입장에서 신학을 한 그들은 각기 자신의 신학과 신앙의 입장에서 신학적 리더십을 발휘하였다. 그러면 오늘날 우리들은 어떤 리더십을 발휘해야 하는가. 한국 역사에 있어서 시급히 풀어야 할 숙제가 통일이다. 이 통일을 어떻게 풀어야 하는 가라는 문제가 우리 시대 신학에 최대의 과제이고, 이 통일 과제를 풀어야 하는 리더십이 요구된다고 말할 수 있다. 따라서 통일 신학을 논의하고 통일 리더십의 과제를 연구해야 하는 필연성이 있다.

---

493) 이덕주, 같은 책, 394.
494) 윤성범, 「한국 유교와 한국적 신학」(서울: 감신, 1998), 서남동, 「민중 신학의 탐구」(서울: 한길사, 1983), pp. 275~312.

5. 통일 신학과 통일의 리더십 과제

이 시대에 한 민족에게 가장 시급히 해야 할 과제가 통일이라면 우리 신학에서 이 통일 신학과 리더십의 문제를 깊이 연구해야 할 필요가 있다. 신학의 방향이 통일의 문제를 해결할 수 있는 내용이 되어야 실사구시(實事求是)의 학문이 될 수 있다. 그 학문을 통하여 우리 시대에 문제를 해결할 수 있는 리더십이 창출될 때 그 리더십이야말로 실용적이고 시대 필요에 응하는 학문이 되는 것이다. 따라서 통일의 문제를 해결하는 신학, 그것이 통일 신학이다.[495] 그 신학에 근거한 리더십을 통한 통일의 역사를 이룰 수 있다면 이것은 민족의 숙원을 성취하는 것이다.

"남북통일이란 민족적 과제가 분단 43년(59년)이 되는 오늘에 이르기까지 미결의 문제로 남아 있어, 남북 분단의 역사적 비극과 상처를 씻고 아물게 하기가 참으로 어렵다는 현실에 처해 있다."[496] 한국 역사에 지난(至難)한 고난의 과정은 계속되고 있다. 구한말 외세의 침입, 일제 36년의 수난, 8·15해방과 더불어 시작된 남북 분열과 분단의 역사는 지금도 진행되고 있

---

495) 김경호, "성서에 나타난 이방인들: 통일시대의 북한 유민들과 외국인 노동자들을 위한 신학", 「시대와 민중 신학」, 1997년 4호, pp. 142~155. 이 글은 통일 신학에 있어서 구체적 문제들에 대한 신학적 근거를 제공할 수 있다.

496) 김찬국, 「성서와 현실」(서울: 대한기독교서회, 1992), p. 262. 이곳에서 김찬국은 "이스라엘의 분열과 통일, 그리고 외세"라는 글에서 구약성서에 나타난 이스라엘 민족사의 분열 역사를 살핀다. 그는 남북 분열의 역사가 강대국의 외세 때문이라고 보고 여러 가지 역사적 원인과 결과를 연구하여 역사적 교훈을 찾고자 한다.

다. 점철된 고난 속에 그 동안 우리 신학은 민주화 운동에 참여한 민중 신학이나 한국 문화에 상황을 극복하고자 한 토착화 신학에 초점을 맞추었다. 이 신학을 아우르며 오늘의 신학적 과제를 수행할 수 있는 신학은 통일 신학이다. 이 통일 신학과 더불어 통일 운동을 이끌 실천적 과제로서 리더십에 대한 연구가 필요하다.

먼저 통일의 개념은 인간의 근원적인 죄의 문제에서 시작된다. 통일은 인간의 원초적 죄에서부터 비롯된다. 죄를 지은 인간은 불안하고 파멸로 이끄는 상태로 나아간다. 이 죄로 말미암아 불완전한 인간은 자신 안에 분열에 이르게 된다. 따라서 죄는 자아와 가정, 사회로부터 분단을 가져온다. 이 인간의 죄에서부터 사회 구조의 분리와 분열은 확대된다. 한 인간의 죄의 분단에서부터 사회에 분열과 국가의 분단, 세계의 분열에 이르기까지 온전하지 못한 상태에 이르게 된다. 여기서 죄를 극복하는 그리스도를 통한 통일과정이 필요하게 된다. 그리스도의 영이 죄를 극복할 수 있게 하는 것으로서 통일 리더십을 생각할 수 있다. 이 리더십은 그리스도에게 먼저 나타나며 우리는 그리스도의 리더십을 받아 들여 죄의 문제를 해결할 수 있다.

한반도의 분단은 희년을 넘어서 한 세기를 바라보고 있다. 이곳에 사는 우리는 이 분단과 통일, 분열과 통일, 분리와 화해, 통일과 평화에 대한 생각을 하지 않을 수 없다. 죄에서 벗어나야 하는 리더십, 죄로부터의 분리가 통일의 리더십이다. 도덕적으로나 윤리적으로, 영적으로 온전한 통일의 상태가 바로 지도력의 원천이 된다.

이 통일은 사상에서도 필요하다. 동양 사상과 서양 사상이 만나서 하나 되어야 하고, 동양 철학과 서양철학, 동양 신학과 서양 신학이 만나서 조화와 상생의 역사를 만들어야 한다. 동양과 서양이 만나고 동양 사람과 서양 사람이 만나서 하나님 나라의 완성을 향한 지혜를 모으고 사랑을 나누어 하나의 세계, 하나님의 세계를 만들어 가야할 과제가 있다. 동양과 서양이 만날 수 있도록 장(場)을 만드는 리더십이 필요하다. 통합과 포용의 리더십이 이 동서양의 융합을 이끌 수 있다. 지금까지 서양은 서양 일변도로 신학을 하였고 동양은 최근에 와서 신학을 받아들여 근 100년간 신학 연구를 하고 있다. 한국의 토착화 신학을 하는 분들이 동서양의 신학의 접촉점을 찾으며 한국의 신학을 연구하려는 경향이 있을 뿐 동서양 통일의 신학 분위기는 아직도 초보에 머무르고 있다. 따라서 동서양 통일 신학이 두 신학의 영역을 이끌 수 있는 리더십이 확보될 수 있다. 이 통일 신학의 리더십은 자연 대화와 화해를 이끌어 제3세계의 평화를 가져올 수 있는 개연성이 있다.

노정선 교수는 통일 신학에 대한 다음의 관점을 제시한다. 분단 시대가 의미하는 바가 통일을 지향하는 이 시기(8 · 15 이후)에 전체 민족 구성원의 의지를 반영한다. 그리고 반드시 그 분단은 청산되어야 할 시대로서 한반도적 인식이 있어야 한다. 분단은 생명과 우주와 신과 자연과 세계, 정치, 경제, 사회, 문화 등을 포괄하여 과제를 형성할 수 있는 포괄적 개념이라고 보았다.[497] 노정선 교수도 신학적 죄와 한국적 분단의 상황을 언급하며 분단 시대의 청산을 언급한다. 우리는 여기서 이 신학의

---

497) 이후천, 『민족해방의 윤리를 향하여』, 나단, 113쪽.

개념과 통일의 현실에 더 나아가 그것을 해결할 수 있는 통일 리더십을 생각해야 한다. 다시 말해 분단의 신학적 근거로서 선악과를 따먹은 죄로 인해 하나님과 인간의 분단, 그리고 인간과 인간 사이의 분단이 곧 죄이다. 이 죄를 극복하는 통일 신학은 죄의 상태에 있는 분단 상태를 해결할 수 있는 리더십을 요구한다. 이 리더십은 철저한 죄의 회개를 통한, 윤리적 인간과 온전한 의인으로서 지도자를 통일 리더로 세우기를 요구한다.

통일의 비전은 두 막대기 이야기(겔 37:15~28)에서 통일될 이스라엘을 보게 된다. 이 에스겔 본문에서 하나님께서 분단의 상황에서 구원하여 주시고, 이스라엘을 정결케 하여 주실 것을 약속하고 계시다. 그리하여 하나님과 인간과의 관계가 올바르게 정립되게 하여 통일된 상태로 인도한다.[498] 이것은 하나님 관계에 있어서 화해가 이루어져야 통일 이스라엘이 가능하다. 이 통일 비전이 리더십의 방향을 제시한다. 이후천은 희년의 내용과 정신이 분단시대를 청산하고 통일로 향하게 하는, 성서 속에서 해결 방법이라고 제시한다.[499] 희년 법에서 통일 리더십의 방향을 찾을 수 있는 가능성이 있다.

통일 신학에 반하는 반대의 개념으로 분단 신학을 들 수 있다. 노정선은 분단 신학은 생명 공동체를 소홀히 하고 무시하려는 두 가지 모습에 대하여 언급한다. 자연에 대한 오만한 태도에 비롯된 것과 남성 중심적 문화에 대한 것이 분단 신학이라고 지적한다.[500] 그는 생태학적 위기와 남성 중심적 문화, 그리

---

498) 노정선, 「통일 신학을 향하여」, 한울, 1988. 56~57쪽.
499) 이후천, 같은 책, 118쪽.

고 제3세계 억압과 압박, 기득권자들의 민중 착취 등에 대한 분단의 문제를 제시한다. 이 문제를 극복하는 것이 통일 신학의 과제라고 본다.[501] 분단 극복의 신학이 통일 신학이라고 할 때 이 통일 신학은 동·서양 신학의 통일과 한반도의 통일, 생태학적 자연의 통일과 남성·여성의 통일 등의 포괄적 의미의 신학 운동을 말한다. 여기서 우리는 통일의 리더십이 통일 신학의 문제들을 해결할 수 있는지 질문하게 된다.

통일 시대를 앞두고 신학자들과 목회자들, 그리스도인들이 추구해야할 리더십은 무엇인가. 희년의 해를 선포하고 통일의 시대를 기원하고 염원하던 때가 있었다.[502] 이제 바빌론 포로 귀환 성취 년 수(주전 597~525년)와 같은 70년을 바라보며 다시

---

500) 노정선, 생명의 자유, 1988 강연록, 10~16쪽. "첫째는, 자연에 대한 교만스런 접근이다. 토지와 그 소산물들은 단지 인간사용의 도구로서 대상화 될 뿐이다. 생명 자체의 역동적 현존이며 원천의 표현으로서 아프리카 사람들이 부르는 모디모(Modimo), 그리고 한국에서의 하늘님(Hanulnim)인 식물과 동물, 그리고 토지 소유권 등의 가치는 잊혀져 왔다. 더우기, 이러한 방식으로 비인간적 삶을 보는 사람들은 똑같은 방식으로 인간의 삶을 보게 마련이다. 인간은 사물이 되고 만 것이다. 둘째로, 분단 신학의 특징은 남성 중심적이라는 것이다. 남성 중심적 사고방식은 자연을 인간착취의 수단으로 종속시킬 뿐만 아니라, 빈민을 기득권을 소유하고 권력 있는 자들에게로 종속시키며, 그리고 남성들이 여성들을 통제하도록 만든다."
501) 이후천, 같은 책, 추천서문. "한반도의 지나간 백년의 역사는 치욕과 굴욕, 감정과 식민지화, 생존권의 침해와 주권의 박탈의 분단 역사였다. 이러한 남과 북의 분단, 가진 자와 가지지 못한 자들의 분단 속에서 그리고 남자와 여자의 분단 속에서 이제 필요한 것은 통일을 향해 나갈 수 있는 신학이요, 토대가 되는 통일 신학이라고 말할 수 있겠다. 서구의 신학들과 서구의 정치 윤리학의 대부분은 한반도의 분단을 지지하고 영구화하는 분단신학이었다(Division Theology). 이러한 분단 신학을 깨쳐버리고, 그 분단 신학의 허위의식을 폭로해버리는 작업이 있어야 민족, 특히 억눌린 한민족의 통일을 향한 신학이 정립될 수 있겠다. 결국 분단신학을 넘어선 통일 신학에로의 서설이 될 것이다."

그 희망의 목표를 놓고 기도하며 준비해야 할 때이다. 이제 통일의 리더십을 제시해보고자 한다. 앞서 성서의 리더십에서 언급하였듯이 구약의 리더십과 예수의 리더십을 본보기로 삼아 통일의 비전을 조망하는 것이 시급하다고 본다. 그 비전이 통일의 리더십으로 나타나고 통일의 과제를 인식하고 수행하려는 개인과 공동체의 의지 속에 통일의 앞날은 다가올 것이다.

「통합적인 통일과 그리스도인들의 과제 : 21세기 최대의 당면과제인 통일을 우리는 어떻게 준비해야 하는가?」라는 책에서 여러 학자들이 통일의 과제에 대한 대안을 제시하고 있다.[503] 백종국은 민족 통일의 이데올로기 성을 극복하고, 반공주의적 경직성을 타파하고, 남한 교회의 십일조 나눔으로 북한 동포를 돕는 것이 선결되어야 한다고 주장한다. 전우택은 남북한의 민족적 이질감을 해소하는 것이 중요하다고 보며, 사람의 통일이 중요하다고 보아 심리적 통일을 해야 한다고 본다. 임성빈은 북한과 남한의 문화적 통합이 중요하다고 보고 세계관의 통일을 주장하며 교회의 역할을 제시한다. 또한 김병로는 민족 공동체를 향한 사회적 과제로 사회적 통일 환경의 현실을 파악하여 분단 경제의 취약성을 극복하고 통일 이후를 대비한 국가 발전 전략과 경제 협력 있어야 한다고 본다. 허문영은 한반도 정세 분석과 6자 회담의 상황 등 외교 관계를 통한 통일 역량

---

502) 통일 희년을 향한 행진, 10~56쪽. 「기독교 사상」 428집, 1994년 8월호(김용복, 한국 기독교 통일 운동과 정부의 통일 정책; 강문규, 인간 띠 잇기 대회와 통일 희년; 서경석, 한반도 통일 문제에 대한 교회의 대응; 김민웅, 김일성 사후 동북아시아와 통일 체제; 미주지역 통일 운동의 현실과 과제)
503) 임성빈외, 「통합적인 통일과 그리스도인들의 과제」(서울: 예영 커뮤니케이션, 2003), pp. 13~236.

강화에 집중해야 한다고 주장한다. 통일 과제에 대해 많이 토론하고 통일 논의의 장을 확대해나가야 할 것이다.

그러면 여기서 진정한 통일은 무엇인가, 질문하는 것은 나침반을 가지고 목표를 향해 항해하는 것과 같은 효과를 갖는다. 문동환 교수는 거짓 통일에 대하여 지적한다. 그는 민중이 주도하지 않는 통일론은 흡수 통일이나 정복 통일의 형태가 되어 거짓 통일이 될 수 있다고 말한다. 그러면서 진정한 통일이 되기 인류 평화를 도모하는 국제단체와 손을 잡고 연대하여 통일 운동을 벌여 나가야 한다고 제의한다.[504] 위로부터의 통일 운동이 아닌 아래로부터의 통일 운동이 전개될 수 있는 통일 리더십이 요구된다. 그래서 민중과 교회가 중심이 된 통일 리더십이 형성되고 통일 운동 방향이 그런 방향으로 전개될 때 진정한 통일이 이루어질 수 있다.

이러한 방향에서 한국 교회의 갱신과 개혁이 요구된다. 한국 교회는 너무 비대해지고 대형화되었다. 한국 교회의 성장 일변도의 문화가 내적 성장과 나눔의 공동체로 탈바꿈을 해야 할 시기가 되었다. 북한 선교에 관심을 가지고 집중적으로 기도하며 정책적으로 교회가 연합하고 지원하는 체제를 수립해야 할 것이다. 통일 운동을 위해 교회가 앞장서서 민간 차원에서 개성 공단과 신의주 특구, 나진 선봉 지역 등에 지원 할 수 있는 길을 모색해야 할 때이다. 교회가 비움과 나눔의 공동체로 나설 수 있는 길이 통일의 신학이 되고 교회 지도자들이 이 통일의

---

504) 문동환, "한민족의 평화 그리고 통일", 조성노 편, 「민족 신학의 모색」(서울: 현대신학연구소, 1992), pp. 96~97.

리더십을 가져야 한다. 그래야만 한국 교회의 희망이 있다.

통일 신학은 민족 신학, 민중 신학, 평화 신학, 문화 신학, 여성 신학, 생태 신학, 종교 신학, 선교 신학 등을 아우르면서 한국의 토양과 문화, 역사와 오늘의 현실에서 장차 해결해야 하는 신학적 과제가 있다. 이러한 차원에서 통일의 리더십도 통일 시대를 향한, 내적 · 외적 통일[505]의 과제를 수행하기 위한 행동 방향과 규범이 요구된다.

6. 나가는 말

본 글에서 한국 교회의 리더십의 부재를 고민하였다. 그래서 성서의 리더십을 통하여 이상적인 리더십의 모형을 찾아보았다. 가장 모범적인 리더십은 예수 그리스도에게서 찾아 볼 수 있었다. 이 리더십을 실현하려고 했던 한국 교회의 초기 지도자들의 리더십 유형을 살펴보았다. 진정한 리더십은 문화 신학적 차원에서 토착화 신학을 적용하여 한국적 그리스도교를 실현하려는 움직임이었다. 이러한 초기 기독교 지도자의 리더십이 오늘날 우리 현실에서는 적용될 수 있는가 라는 질문을 통하여 통일의 리더십이 필요함을 알게 되었다. 통일 신학을 통하여 통일의 리더십이 절실함을 알게 되었고 한국 신학의 방향이 통일 신학과 리더십으로 조망해야 함을 알게 되었다. 한국 교회가 이

---

505) 내적 통일이란 사람과 사람 사이, 문화와 문화 사이의 통일을 말하고, 외적 통일이란 정치, 경제 등 가시적 통일을 의미한다.

제는 비움과 나눔의 공동체가 되어 통일 선교로 나아갈 때 평화 통일의 미래가 열리게 될 것이다.

참고 문헌

김경호, "성서에 나타난 이방인들: 통일시대의 북한 유민들과 외국인 노동
　　　자들을 위한 신학",「시대와 민중 신학」, 1997년 4호, pp.
　　　142~155.

김용복 외 "기독교의 통일 희년을 향한 행진",「기독교 사상」428집,
　　　1994년 8월호. pp. 10~56.

김찬국,「성서와 현실」, 서울: 대한기독교서회, 1992.

로비베스 존스, 송경근, 김홍섭역,「최고 경영자 예수」, 서울: 한국언론자
　　　료회, 1995.

새무얼. D. 리마, 황을호역,「셀프 리더십」, 서울: 생명의 말씀사, 2003.

이덕주,「한국 토착교회 형성사 연구」, 서울: 한국기독교역사연구소,
　　　2000.

이원설, 문영식,「21세기를 향한 비전과 리더십」, 서울: 신망애출판사,
　　　1995.

유동식,「한국 신학의 광맥: 한국신학사상사 서설」, 서울: 전망사, 1990.

윤성범,「한국 유교와 한국적 신학」, 서울: 감신, 1998.

암브로지오 스쁘레아피꼬저 박요한 역,「하느님의 목소리: 예언서 연구」,
　　　서울: 성서와 함께, 2003.

임성빈 외,「통합적인 통일과 그리스도인들의 과제」, 서울: 예영 커뮤니케
　　　이션, 2003.

임성빈 외 문화선교연구원편,「문화선교의 이론과 실제」, 서울: 예영커뮤
　　　니케이션, 2003.

문동환, "한민족의 평화 그리고 통일", 조성노 편, 「민족 신학의 모색」, 서울: 현대신학연구소, 1992.

서남동, 「민중 신학의 탐구」, 서울: 한길사, 1983.

전택부, 「한국교회발전사」, 서울: 대한기독교출판사, 1987.

조지 바나, 최기운 역, 「리더십을 갖춘 지도자」, 서울: 베다니 출판사, 1999.

필립 J. 붓드, 박신배역, 「민수기」, WBC 5, 서울: 솔로몬, 1994.

한숭홍, 「한국신학사상의 흐름 상하」, 서울: 장로회신학대학교 출판부, 1996.

황위섭, 「크리스챤 리더십: 지도자 대망론」, 서울: 로고스 연구원, 1990.

Anderson, L. Leadership That Works, Minnesota: Bethany House Publishers, 1999.

Bennis, Warren On Becoming a Leader, 1989; reprint, Reading, Mass.: Addison Wesley, 1994.

Curtis E. L. , The Books of Chronicles, ICC., Edinburgh: T. & T. Clark, 1976.

De Vries Simon J., 1 and 2 Chronicles(Michigan: William B. Eerdmans, 1989), 254.

Eichrodt, W. Ezekiel, OTL, London: SCM Press, 1970.

Hossfeldt, F. Untersuchungen zu Komposition und Theologie des Ezechielbuches, Wuerzburg, 1977.

Malamat, A. "Charismatic Leadership in the Book of Judges"

in F. M. Cross, ed. Magalia Dei: The Mighty Acts of God, New York: Doubleday & Company, 1976.

Myers, J. B. 1 Chronicles/ 2 Chronicles, Anchor Bible, New York: Doubleday & Company, 1981.

Rowley, H. H. "Nehemiah's Mission and its Background" in Men of God, London: Thomas Nelson Ltd, 1963.

Stowell, J. M. Shepherding the Church, Chicago: Moody Press, 1994.

Weiser, A. The Psalms, OTL, London: SCM Press, 1982.

Zimmerli, W. Ezekiel 1, Philadelphia: Fotress, 1979.

IV. 구약의 그리스도

1. 들어가는 말

그리스도에 대한 생각이 여러 시대에 걸쳐서 폭넓고 다양하게 생각되어 왔다.

구약시대부터 신약시대를 거쳐 속사도 시대에 이르기까지 그리스도의 의미가 다양하게 사용되어 왔던 것이다. 크게 보아서 구약 시대에는 메시야라는 말로서 그리스도가 다윗의 왕권으로 완전한 이스라엘을 다스리는 왕으로 오실 것을 바랬고, 신약 시대에는 그리스도인들은 그들에게 오신 그리스도가 십자가에 못 박히고 부활하신 주로서 함께 하시는 하나님을 보았던 것이다. 또한 부활하신 그리스도가 다시 살아서 역사하시는 성령님을 체험하며 수난의 종으로서 낮아지신 주님이 자신들과 함께 고난 받는 것을 경험하였다. 그리고 그 주님이 다시 오실 것이라는 기대감을 가졌다. 속사도 시대의 그리스도는 핍박받는 시대에 구세주와 대제사장, 고난 받는 종으로 보였다. 그러면 오늘날 그리스도는 우리에게 어떠한 분으로 보이는가? 본 소고에서는 구약에 나타난 그리스도에 대하여 살펴봄으로 그리스도의 의미를 알아보고 오늘의 그리스도에 대한 의미를 재고하고 음미하는 기회를 갖고자 한다.

2. 구약의 그리스도란

그리스도라는 말이 구약 성경에서는 메시야라는 말로 쓰인다. 메시야라는 말은 '기름 붓다', '기름을 바르다' 라는 동사에서 파생한 말로서 '기름부음 받은 자' 라는 뜻을 가진다. 어떤 물체나 사람에게 기름을 붓는 일은 고대 근동에서 널리 행해지는 관습으로써 이스라엘에서도 거룩한 것을 구별할 때 행해졌다. 그래서 예배에 관계된 모든 기물, 즉 회막, 증거궤, 상, 등대, 분향단, 번제단, 물두멍 등 성전 기구에 기름을 발랐다. 그런데 신약 성경에 선한 사마리아 사람 이야기에서 강도 만난 사람에게 상처 난 부위에 기름을 발라주는 모습이 나온다. 여기서 기름은 소독과 치유의 목적으로 기름을 바르는 것을 볼 수 있다. 메시야라는 말은 사람에게 기름을 바르는 의식에서 기원하였다는 것이 자명하다.

사람에게 기름을 붓는 의식이 제사장에게 행해졌고(출 30:30, 레 8:30), 왕과 예언자에게 행해졌다. 그래서 그리스도는 왕과 제사장, 예언자의 기능을 가진 자로서 삼중직무를 가진다. 메시야 용어가 구약에서 39회가 나오는데 이 말은 '야웨의 기름 부은 자'라는 기본적인 형식의 명칭이(사울; 삼상 24:6,10, 삼하 1:14,16. 다윗; 삼하 19:21) 나오고 '그의 기름 부은 자' '야곱의 하나님의 기름 부음 받은 자' (삼하 1:31) 등으로 나타난다.[506]

메시야라는 표현은 대부분의 경우 당시 통치하던 유다나 이스라엘의 왕을 우선적으로 지칭하는 것이었고(29번), 단 한번

---

506) E. Jenni, "Messiah, Jewish", *IDB*, Vol, 3. p. 360.

페르시아의 고레스를 가리키는 말로 쓰였다(사 45:1). 야웨와 왕사이의 밀접한 관계를 말하거나 야웨의 신(삼상 16:13)에 의한 재능과 왕의 신성함을 표현할 때 이 용어를 사용하였다(삼상 24:26; 삼하 1:14, 16, 19:21). 따라서 하나님의 택함을 받은 고상한 위치를 표현하는 특별한 명칭이라고 볼 수 있다.[507]

3. 메시야 사상의 시대적 이해

메시야사상의 배경은 시편의 왕정신학과 예언서에 나타난 다윗 계약에서 볼 수 있는데 이 계약 사상은 이스라엘 백성이 이상적인 왕을 기다리는 희망의 근간이 되어왔다.[508] 이것은 야웨가 그 왕을 통해 이스라엘의 적들을 패배케 하여 그의 통치아래 끝없는 복을 준다는 내용이었다.[509] 이상적인 왕에 대한 기대는 다가오는 영원한 다윗 왕조로서 표현되고 있으며, 그 희망이 실현되는 날은 야웨에 의해 이스라엘 백성이 세상에서 구원과 명성을 얻는 날이다.[510]

"주의 종 다윗을 위하여 주의 기름 받은 자의 얼굴을 물리치

---

507) *Ibid.*
508) 남윤수, 구약의 메시야사상에 관한 연구, 연세대 대학원 석사 논문, 1989년, pp. 10~12참조.
509) J. Bright, *A History of Israel, 3rd, ed.*(Philadelphia: The Westminster Press, 1981), p. 452. 참조. 시편 96편 3~9절.
510) B. W. Anderson, *Understanding the Old Testament*, 3rd ed.(New Jersey: Prentice~Hall Inc., 1975), p. 578.

지 마옵소서. 여호와께서 다윗에게 성실히 맹세하셨으니 변치 아니하실 찌라……저희 후손도 영원히 네 위에 앉으리라 하셨 도다"(시 132:10~12).

"나 야웨가 말하노라. 보라 때가 이르리니 내가 다윗에게 한 의로운 가지를 일 으킬 것이라. 그가 왕이 되어 지혜롭게 행사하 며 세상에서 공평과 정의를 행할 것 이며 그의 날에 유다는 구원 을 얻겠고 이스라엘은 평안히 거할 것이며……"(렘 23:5~6).

이러한 메시야 사상이 어떠한 연유에서 비롯되었는지는 확 실하지 않다. 이스라엘 미래에 대한 운명을 예언하는데서 비롯 되었는지 다윗 왕조가 영원하기를 바라는 희망에서 비롯되었 는지 확실하지 않다.[511]

1) 다윗에 대한 예언은 시편 18편(삼하 22:2~51)에 나온다. 호세아 1장 11절은 유다와 이스라엘이 한 지배자 밑에서 연합 될 것을 예언한다. 포로 시대의 에스겔이 꿈 꾼 이스라엘의 미 래상에는 다윗 왕조의 영원한 통치가 포함되어 있다. 그가 백성 의 참된 목자가 될 것이다.

"인자야 너는 막대기 하나를 취하여 그 위에 유다와 그 짝 이 스라엘 자손이라 쓰고 또 다른 막대기 하나를 취하여 그 위에 에 브라임의 막대기 곧 요셉과 그 짝 이스라엘 온 족속이라 쓰고 그 막대기들을 서로 연합하여 하나가 되게 하라 네 손에서 둘이 하

---

511) F. D. Gealy, "Christ" in *IDB*, pp. 563~572.

나가 되리라……그들로 한 나라를 이루어서 한 임금이 모두 다 스리게 하리니……내 종 다윗이 그들의 왕이 되리니 그들에게 한 목자가 있을 것이라……내 종 다윗이 영원히 그 왕이 되리라……열국이 나를 이스라엘을 거룩케 하는 여호와인줄 알리라 하셨다 하라"(겔 37:16~28).

다윗에 대한 기대감을 실은 구약 기록 중 마지막 시대의 것은 학개 2장 21~23절과 스가랴 4장 6~10절이다. 두 예언자가 모두 스룹바벨을 정점으로 왕정이 끊긴 포로 시대를 마감하고 다윗 왕정으로 다시 돌아오기를 기대하였다. 즉 다윗 왕조로의 환원 기대가 있었다고 본다. 그러나 그것은 페르시아(바사)제국에 대한 반란으로써 성취되는 것이 아니다. 그것은 하나님의 신에 의해서 가능하다고 말한다.

"나 만군의 여호와가 말하노라 스알디엘의 아들 내 종 스룹바벨아 나 여호와가 말하노라 그 날에 내가 너를 취하고 너로 인을 삼으리니 이는 내가 너를 택하였음이니라. 만군의 여호와의 말이니라"(학 2:23).
"만군의 여호와께서 말씀하시되 이는 힘으로 되지 아니하며 능으로 되지 아니 하고 오직 신으로 되느니라"(슥 4:6).

2) 다윗 왕정이 영속하리라는 생각은 포로 시대 이전과 포로 시대, 그리고 그 이후에 따라 개념이 변화되는 것을 알 수 있다. 시편 132편은 영원한 왕정에 대한 포로시대 이전의 소망이 나타나지 않는 것 같다(비교: 시 78:65~72, 89:19~37). 그러나 아모

스 9장 11~12절은 포로시대 이후의 신탁으로 추정된다.

"그 날에 내가 다윗의 무너진 천막을 일으키고 그 틈을 막으
며 그 퇴락한 것 을 일으켜서 옛적과 같이 세우고 저희로 에돔의
남은 자와 내 이름을 내 이 름으로 일컫는 만국을 기업으로 얻게
하리라"(암 9:11~12).

이사야 시대(주전 742~701)[512]의 문헌인 이사야 9~11장의
신탁은 다윗 중심 예언의 절정을 이룬다. 평강의 왕이 나타나
며, 그가 공평과 정의로써 다스리며 다윗의 왕좌에 굳게 세운
정사는 영원히 끝이 없을 것이다(사 9:6~7). 이새의 그루터기에
서 새 순이 돋아날 것이며, 여호와의 신이 그 위에 내려오고, 그
는 공의로 다스리고, 가난한 자를 옹호하며, 심지어 사나운 짐
승도 평화롭게 살게 될 것이다.

"이는 물이 바다를 덮음같이 여호와를 아는 지식이 세상에 충
만할 것이니라"(사 11:1~9).

이사야의 예언에서는 미래의 다윗 혈통에서 난 메시야가 이
스라엘 위기의 시대에 살아가는 현실에서 정치적인 해방과 완
전한 공의와 정의를 실현할 그리스도를 대망하였다.
포로 시대에 다윗의 메시야 사상은 후기 메시야 사상에 영향

---

512) 젤린, 포러, 「구약성서개론」, 김이곤 외 2인역, 서울 : 대한 기독교 출판사,
1983. p. 437.

을 미친다. 즉 수난 받는 종으로서 그리스도 사상이 나타난다. 제 2이사야에서는 다윗이 배후로 물러나지만 다윗에 대한 하나님의 확실하고도 변함없는 사랑은 결코 사라지지 않는다. 그리고 하나님은 영원한 언약을 세우는 것으로 나온다(사 55:3). 그러나 거기에는 왕정을 재건하겠다는 어떠한 약속도 없다. 전체로서의 백성은 기대의 대상이 된다. 고통을 당하며 많은 인간의 죄를 지고, 범죄자를 위해 기도로 중재하는 여호와의 종은 가끔 하나의 개인으로 묘사되었다(사 52:13~53:12). 그러나 그는 다름 아닌 이스라엘 자체의 상징으로 나타난다(사 49:3). 이같은 관념은 후기 메시야 사상과 기독론의 발전에 대단히 중요한 의미를 가지게 되었다.

바빌론 포로 시대 이후의 문헌으로서 요엘과 나훔과 스바냐에서는 하나님 자신이 직접 행동하시는 모습으로 나타난다. 거기에는 이상적인 왕에 대한 언급이 전혀 없다. 말라기에서도 마찬가지이다. 다만 말라기에서는 여호와의 크고 두려운 날이 이르기 전에 선지자 엘리야를 보내게 된다는 것이 다를 뿐이다.

> "보라 여호와의 크고 두려운 날이 이르기 전에 내가 선지자
> 엘리야를 너희에게 보내리니"(말 4:5~6).

후기 시대의 저작인 다니엘서에서 헬라화 종교강압정책을 요구하는 셀루시드 왕조시대, 유다를 극심히 핍박하는 묵시문학의 시대에는 그리스도가 새 시대를 오게 하며 메시야의 날에 인자 같은 이가 지극히 높은 자 성민을 대표하여 악이 지배하는 어둠의 세력, 짐승의 왕국을 대체하고 영원히 지배권을 행사

하게 될 것이라고 말한다.

"인자 같은 이가 하늘 구름을 타고 와서 옛적부터 항상 계신 자에게 나아와그 앞에 인도되매 그에게 권세와 영광과 나라를 주고 모든 백성과 나라들 과 각 방언하는 자로 그를 섬기게 하였으니 그 권세는 영원한 권세라 옮기 지 아니할 것이요 그 나라는 패하지 아니할 것이라…… 나라와 권세와 온 천하 열국의 위세가 지극히 높으신 자의 성민에게 붙인바 되리니 그의 나라는 영원한 나라이라 모든 권세 있는 자가 다 그를 섬겨 복종하리라" (단 7:13, 14, 26~27).

4. 그리스도의 신약적 이해

구약의 그리스도 이해는 신약의 그리스도 이해와 연관을 가지지 않으면 그 의미가 바르게 이해되지 못한다. 따라서 근본주의 구약 신학자 게할더스 보스(Geerhardus Vos)의 메시야 이해513)는 의미 있는 것이라고 볼 수 있다.514) 그는 예수 그리스도가 메시야 의식을 가졌는데 다섯 가지 요소를 발견할 수 있다고 보았다. 즉 제왕적 요소, 종말론적 요소, 초자연적인 요소, 메시야 의식의 구원론적인 면, 메시야는 단순히 한 인간이 아니라

---

513) Geerhardus Vos , *The Self—Disclosure of Jesus*, New York, 1926, pp. 11~34.
514) 에드워드 영, 김정훈 역, 『구약신학 입문』, 서울: 도서출판 바울, 1994, pp. 123~135.

바로 하나님이라는 사실 등 다섯 가지 요소를 말한다. 그래서 그리스도는 절대적인 권력으로 하나님 나라를 치리하시며(단 2:28; 사 9;6,7), 마지막 날에 구원하시는 메시야이심을 나타내신다는 것이다(암 9:11; 사 2:2). 그리고 초자연적인 요소는 메시야의 탄생과 치리를 이루고 출애굽 때나 이세벨의 우상숭배의 위협을 받을 때, 바빌론 포로 때 등에 하나님께서는 자신의 능력을 발휘하셨다는 것이다. 그래서 그러한 초자연적인 요소는 구약 약속 전체에 부각된다고 주장한다.[515] 그리고 네 번째 메시야의 구원론적인 요소는 레위기의 제사와 이사야 53장만 보아도 알 수 있다고 한다. 마지막으로 메시야가 신적인 존재로서 다니엘 2장에서 영광가운데 구름타고 오시는 인자로 나타나고, 미가서 5장 2절에서는 메시야의 신성이 잘 나타난다고 한다.

> "베들레헴 에브라다야, 너는 유다 족속 중에 작을지라도 이스라엘을 다스릴 자가 네게로 나올 것이라. 그의 근본은 상고에, 태초에니라."

구약의 메시야의 다양한 사상은 신약의 그리스도를 이해하는 데 결정적인 영향을 주었다. 또한 그리스도의 구원 사역을 이해하도록 하였다. 대표적으로 하나만 예를 들면 그리스도가 십자가에 못 박히는 사건은 이사야 53장의 고난 받는 종의 모습을 통하여 메시야 대속의 고난을 이해하게 하였던 것이다.

> "그가 찔림은 우리의 허물을 인함이요 그가 상함은 우리의 죄

---

515) *Ibid.*, p. 133.

악을 인함이라 그가 징계를 받음으로 우리가 평화를 누리고 그
가 채찍에 맞음으로 우리가 나음을 입었도다"(사 53:5)

5. 나가는 말

오늘날 구약의 그리스도가 우리에게 무슨 의미를 가질까?
IMF 위기를 넘어 시급한 통일의 과제가 요구되는 한국 교회와
그리스도의 교회, 그리고 우리에게 어떤 의미를 가질까? 우리
는 앞서서 구약의 그리스도의 개념이 시대별로 변화된 것을 살
펴보았다. 다윗·솔로몬 시대에는 완전한 통치자로서 다윗의
혈통을 통한 메시야 기대 사상을 보였고, 포로 시대에는 고난
받는 메시야 상을 찾아볼 수 있다. 그리고 포로 이후에는 오실
메시야 상이 나타났다. 신약 시대에는 그리스도가 '말씀이 육
신이 되어 성육신 하신' 메시야를 볼 수 있었다. 그리스도에 대
한 구약의 이해는 신약의 역사적인 그리스도의 나타나심을 이
해하는 역할을 하였다고 볼 수 있다. 그래서 예수 그리스도라는
고백이 신앙고백이 되었던 것이다.

오늘 우리는 IMF의 벽을 넘었고, 이제 분단과 고난의 벽을
넘을 수 있는 확신을 가질 수 있는 근거가 구약의 그리스도 이
해에서 찾게 된다. 우리를 위해 상함을 받고 질고를 당하신 그
리스도(사 53:10)께서 우리를 구원하시는 것이다. 무너진 천막
을 일으키실 그리스도(암 9:11)께서 이 나라를 다시 일으키시어
선교하는 나라로 삼으실 것이다. 기묘자와 모사, 평강의 왕 그
리스도께서 공평과 정의로 이 나라를 억울한 사람이 없이 다스

릴 것이다. 이외에도 많은 그리스도의 구원하심이 있지만 마지막으로 이 땅에 그리스도께서 오신 모습이 지금 우리에게 요구하는 그리스도의 상이라고 생각한다. 앞으로 어떻게 살아가라고 하는 그리스도의 음성을 들으며 그 음성이 사는 날까지 메아리치기를 바라며 이 글을 마친다.

"인자가 온 것은 섬김을 받으려 함이 아니라 도리어 섬기려하고 자기의 목숨을 많은 사람의 대속물로 주려 함이니라"(막 10:45).

참고문헌

남윤수, 「구약의 메시야사상에 관한 연구」, 연세대 대학원 석사 논문, 1989.

에드워드 영, 김정훈 역, 「구약신학 입문」, 서울: 도서출판 바울, 1994.

젤린, 포러, 「구약성서개론」, 김이곤 외 2인역, 서울 : 대한 기독교 출판사, 1983.

Anderson, B. W. Understanding the Old Testament, 3rd ed., New Jersey: Prentice~Hall Inc., 1975.

Bright, J. A History of Israel, 3rd, ed., Philadelphia: The Westminster Press, 1981.

Gealy, F. D. "Christ" in IDB

Jenni, E. "Messiah, Jewish", IDB, Vol, 3.

Vos, Geerhardus The Self~Disclosure of Jesus, New York, 1926.

구약의 개혁신학

2006년 10월 25일 초판 1쇄 발행

지은이 박신배
펴낸이 이명권
펴낸곳 크리스천헤럴드

등록 / 제 99-2
주소 / 서울특별시 광진구 광장동 353
전화 / 02) 446-8391, 446-8399
팩스 / 02) 452-3191
imkkorea@hanmail.net

ISBN 89-87118-34-7

값 12,000원